书山有路勤为径,优质资源伴你行
注册世纪波学院会员,享精品图书增值服务

高效带徒弟

杨涛杰 　　　　　著

电子工业出版社
Publishing House of Electronics Industry
北京·BEIJING

未经许可，不得以任何方式复制或抄袭本书之部分或全部内容。
版权所有，侵权必究。

图书在版编目（CIP）数据

高效带徒弟 / 杨涛杰著. —北京：电子工业出版社，2022.9
ISBN 978-7-121-44284-1

Ⅰ.①高… Ⅱ.①杨… Ⅲ.①企业—学徒—用工制度—研究—中国 Ⅳ.① F279.23

中国版本图书馆 CIP 数据核字（2022）第 167018 号

责任编辑：杨洪军
印　　刷：三河市龙林印务有限公司
装　　订：三河市龙林印务有限公司
出版发行：电子工业出版社
　　　　　北京市海淀区万寿路173信箱　　邮编100036
开　　本：720×1000　1/16　印张：20.25　字数：324千字
版　　次：2022年9月第1版
印　　次：2022年9月第1次印刷
定　　价：85.00元

凡所购买电子工业出版社图书有缺损问题，请向购买书店调换。若书店售缺，请与本社发行部联系，联系及邮购电话：（010）88254888，88258888。

质量投诉请发邮件至zlts@phei.com.cn，盗版侵权举报请发邮件至dbqq@phei.com.cn。

本书咨询联系方式：（010）88254199，sjb@phei.com.cn。

序一

很有价值的探索。先不用看书的内容，《高效带徒弟》这个书名就非常有吸引力。因为如何有效、高效实施好新时代中国特色的学徒制度，培养更多更优秀的技能人才，是国家技能振兴的人才发展战略，也是建立和完善国家现代职业教育体系、创新技能人才培养模式之重要的实践探索。

我带着一种激动和职业兴趣，翻阅学习了书的全部内容。阅后感受很深，启发颇多。虽然说我多年来一直参与师徒培训的研究，包括完成了新时期学徒制部级课题的研究，还包括国家技能大师工作室制度建设的研究等。技能大师工作室是一种高师带高徒的新型学徒制创新模式。虽然如此，这本《高效师带徒》的问世，还是勾起我对国家推行中国特色学徒制的一些思考。能够让更多人去思考、去实践新时代中国特色学徒制，培养更加优秀的技能人才，可能就是这本《高效带徒弟》的创新价值所在，因此本书值得广大读者，特别是职业教育培训工作者去关注。

师带徒这种培养技能人才的模式，曾经被一度否定过，但实践证明，它是无法被否定的。职业学校教育永远不可能取代职业培训，特别是职业技能培训。新版《职业教育法》明确规定，职业教育包括职业学校教育和职业培训，并提出"国家推行中国特色学徒制""以工学结合的方式进行学徒培养"。实践经验已经充分证明,"育训"结合培养技能人才,将成为技能人才培养的一种趋势,而在这一技能人才培养发展的趋势中,学徒制培养绝对不能缺位。由此可见,《高效带徒弟》之探索,有多么重要,这可能就是作者的远见所在。他看到了师带徒过程中的问题,即师带徒培训的有效性如何提升,且提出了自己的破题方略。

为了加大技能人才队伍建设,提升员工岗位职业技能,国家高度重视新时代学徒制度建设。中国共产党第十九届五中全会提出"探索中国特色学徒制"的战略要求。于是2021年6月,人社部联合财政部等五部门印发了《关于全面推行中国特色企业新型学徒制 加强技能人才培养的指导意见》(人社部发〔2021〕39号)。另外,前面我已经提到,新版《职业教育法》规定,国家推行中国特色学徒制。推行中国特色学徒制已经上升到国家法律的层面,可见国家对新时代学徒制度体系建设的重视程度之高。但是怎么落实好国家这一要求,还有若干文章要做,特别是学徒培训的内容和技术方法,是实施好中国特色学徒制两篇非常重要的大文章,必须要在学徒培训的实践过程中进行不断的探索和完善。希望《高效带徒弟》一书,在实施中国特色学徒制度不断探索的路上,带给大家更多的启发,让大家共同推进中国特色学徒培训的健康发展,助力国家现代职业教育体系建设的健康发展。

为了更好探索中国特色的学徒制度,尽快建立中国企业特色的学徒制度体系,我建议大家向《高效带徒弟》作者学习,特别是企业培训师,要以高度的岗位责任心和担当,大胆进行实践探索,以中国特色学徒制培养技能人才,提升员工岗位职业技能的适应性,也为建立中国特色学徒制度体系提供自己的经验和智慧。

探索具有中国特色的学徒制,并建立具有中国特色的学徒制度体系,是国家对职业教育培训工作者的要求,也是职业教育工作者的奋斗目标,职业教育培训工作者,必承担起这个时代的重任,去努力,去实践,去探索;要做到在探索中贯彻新发展理念,实现在创新中探索,在探索中创新；要在遵循技能人才培养和成长规律的基础上，探索中国特色学徒培训发展的基本规律。具体来讲，我有三个建议和大家共勉：一是，紧紧扣住学徒制培训的企业生产经营和产品技术个性化特征，以及员工岗位技能的个性化要求，强化学徒培养的企业化岗位、个性化特色。二是，紧紧扣住时代产业发展特色，特别是针对技术更新和产业转型对技能人才提出的新要求，强化技能培养的时代性特色。三是，紧紧扣住提升学徒制培训有效、高效培养技能人才的三大要素，即"企业培训师岗位工作能力建设、学徒培训的课程建设和内容开发，以及针对性强且又灵活的教学技法"等。只有抓住这三大要素，才能抓住学徒培养质量保证的根本。

创新永远在路上，让我们共同努力吧！助力中国特色学徒制健康发展，职业教育工作者责无旁贷！

毕结礼
资深职业教育和职业培训专家
中国职工教育和职业培训协会副会长
中华职教社专家委员会专家
中国职业技术教育学会教学创新工作委员会专家指导委员会委员
人力资源和社会保障部原正厅级职员

序二

与杨涛杰正式认识是在北京开往上海高铁上的邂逅。甫一坐定就掏出书来看的我，被他意外打断："您是田俊国老师吧？我上过您的课，读过您出版的每一本书。"寒暄中，我了解到他在公司专门负责专业技能人员的培训，曾经参加过我给他们内训师上的一门课。于是，他就从在我的课和书中所学知识的应用聊起，一边恭维我的知识很实战，一边向我请教实践中的问题。我原本想应付几句回来继续看我的书，没想到被他的连环问抓住不放，而且每个问题都很有质量。显然，没有实战过的人不会碰到这些问题，不善钻研的人也不会将其当作问题来琢磨。后来，杨涛杰聊到他对我当时的印象是没有架子、毫无保留和耐心细致，而我当时可能确实被他高质量的问题所吸引，竟没顾上端架子。记得那段时间我正在做教学设计的主题学习，刚刚发展出自己个人版本的关于知识、技能以及态度的教学策略（所幸这些策略也在电子工业出版社出版了，书名为《金课开发15讲》），就非常过瘾地与涛杰聊了一路的技能教学。在我大量阅读并初步建构出自己课程开发体系的那个当下，最渴望有人向我提出高质量的问题。而涛杰的每一个高质量问题，都是我把散落在脑海中的碎片化的知识和经验进行知识组块的线索。我借助他的问题来验证我理论的有效性，他借助我的理论解决在实战中遇到的实际问题。我们越聊越投机，也越聊越深，大有相见恨晚的感觉，那种快感与当年王羲之兰亭雅聚时的曲水流觞就差一壶酒了。相谈甚欢,感觉时间过得飞快,一晃功夫就到了上海。我原本准备看的书一页没看,却丝毫不后悔,因为读人永远比读书要鲜活有趣。

2017年我创业后,杨涛杰很自然地成为我举办的首期弟子班学员,与我一起在教学路上陪伴成长、协同进化至今。2018年我再次应邀给他们公司讲授"赋能领导力",涛杰确实陪我喝了一回大酒。席间我鼓励他把这些年在技能教学方面积累的经验结集成书,既是用输出倒逼转化的方式梳理自己的知识经验,也能帮助业内从事技能教学的同人少走很多弯路。酒酣耳热之际,他拍桌子决定写书,我欣然应诺给他的书作序。前不久,涛杰给我微信留言:"师傅好!我的书稿已经出来了,期待您的点睛之笔。"我欣喜地浏览了全稿,感慨万千,再忙也要拨冗作序,兑现我的承诺。

首先,涛杰这本《高效带徒弟》给我印象最深的是实战沛然。这些文字都是基于实战项目的总结和升华,所以很有说服力。我经常说,实践是检验真理的唯一标准,实践也是发展真理的唯一途径。唯有不断地在实践中验证各路理论,再根据实际效果持续复盘迭代,才能逐渐发展出属于自己的独到主张。张横渠说:"吾学既得于心,则修其辞命,命辞无差,然后断事,断事无失,吾乃沛然。"在事上磨出来的理论无疑是沛然的。其次,通透深刻。读者很容易感受到他在师傅带徒弟这个较窄领域内涉猎很广,研究很深,每个心得的背后都试图探究其原理和根源。有千年历史的师徒制自有其不可替代性。一方面,多数技能的传承靠的不是言传,更多依赖身教;另一方面,学技能不是简单地克隆师傅的手艺,而伴随着徒弟的再发展和再创造。下学可以言传,上达必由心悟。师傅的言传身教和徒弟的身行心悟缺一不可,每一个师傅带徒弟的过程都是基于师徒二人的旧知经验、教学风格、根器悟性基础上发展出来的独特艺术品。师傅带徒弟没有简单可照搬的傻瓜化套路,却有可遵循的底层原则和策略,每一个具体的师傅带徒弟过程都是对这些原则和策略的灵活运用。显然，涛杰这本书对这些原则和策略做了很好的阐释。再次，细致周到。理论上看师傅带徒弟方法策略清晰明了，但不付诸实践永远感受不到理论的局限。所有的理论都是原则性、方向性和指导性的，只有付诸实践的时候才会感觉到只有普适的理论还远远不够。高手和一般人的专业差异体现在细节上，细节决定成败。这本书更是揭示了师傅带徒弟过程中的很多被忽视的细节。比如，示范演示、自我对话、刻意练习、反馈纠正、支持指导、拓展应用等环节的关键诀窍。最后，立体全面。难能可贵的是，这本书并没有将师带徒局限在技能的传递上，而是主张要把徒弟当作全人而立体施教。传授知识技能的同时，师傅还要兼顾徒弟的心灵滋养和品格塑造；帮学生掌握具体岗位技能的同时，还提升其学习方法。事实上，师傅带徒弟的过程也是自己修身的一道必要工序，中间有不少环节是需要师徒同修的，师傅并非蜡烛般照亮别人牺牲自己的一味付出，更像有不同角色分工的同修共进，陪伴学习。

涛杰历经数年，几易其稿、反复打磨的这本书就像珍馐荟萃、慢火细炖的滋补老汤，无论你是为人师者还是为人徒者，乃至想用师徒制的方式提升组织能力的培训工作者，都值得仔细品味，一定会受益匪浅的。

田俊国
著名教学设计专家、领导力专家
易明教育创始人，原用友集团副总裁、用友大学校长

前言

2014年我从公司的人力资源部调任培训中心，初入培训这个行业，我是一脸的茫然，幸好培训中心有两位资深人士，一位是培训中心主任康书亭，另一位是培训经理雷承杰。在两位导师的帮助下我恶补了基础知识，这才有了稍许底气，于是申请到一线去，看看大家有什么样的培训需求，我能为大家做点什么。

我第一站到了甘肃某风电场，来到这儿的第一天我就被震撼了。检修归来的工程师们不是穿着湛蓝色的工作服，戴着白手套，而是满身的油污，油渍从领口一直滴到了脚面。有位员工笑着对我说："到了冬天，裤子都可以直挺挺地立起来，早起节省了不少穿衣服时间！"我在这个电场待了十多天，访谈了他们中的每一位。在交流中大家提到最多的是没有师傅带，会干的不会讲，会讲的不会干，工作全靠摸索，没有工作方法的苦甚于工作条件的苦！在场站期间，我见到了大家自己动手搭建的培训教室，还有用纸箱组建起来的电路教具……在如此艰苦的环境里，大家依然乐观好学、积极向上。我现在依稀记得他们和蔼的脸庞，也就在那时，我下定决心要开发一门师带徒课程。

初心不改，使命在肩。在随后的几个月里我先后走访了公司最艰苦的几个风电场。其中一个风电场的员工一个月才有一次下山机会，原因是新员工太多，稍有点经验的都被调往新开工的项目上去了。新员工的培养靠"师傅"自己总结的经验，没有教材，没有教具，也没有教导计划，而这些"师傅"也不过刚有2~3年的工作经历。即便如此，一个师傅也要带四五个徒弟。由于技能水平普遍不高，大家每天工作都战战兢兢，生怕稍许的差错造成安全事故，精神压力超过身体的劳累。随着访谈的深入，大家的诉求也逐步清晰起来。我深切地感受到工作现场才是培训人的历练场，员工的成长才是培训人的责任田，一线人才的培养既是企业高端稳定的需要，也是每一名员工渴望成长的热切期盼。

致天下之治者在人才，成天下之才者在教化。把一线的优秀经验固化下来，让优秀经验在公司内部传承，让大家明白自己的发展路径，让优秀的人培养优秀的人，实现工作与生活的平衡。让大家穿着湛蓝色的工作服、戴着洁白的手套在蓝天、白云下工作，那将是多么美妙的一幅画卷啊！带着脑海里这幅壮美的画卷，我和技能团队终于在2016年完成了技能一级课程的开发，为师带徒提供了内容支撑。同期，我开发了"高效带徒弟"课程，为师带徒提供了方法支撑。我带着课程在公司总部、分公司和场站讲授了十几期，随着对技能培训认识的深入，师带徒课程也经历了多次升级和改造。即便如此，课程无论在深度上还是与需求的契合度上都仍有不小的差距。

山重水复疑无路，柳暗花明又一村。从2017年开始，我参加了田俊国老师弟子班的系列课程。受田老师的启发，我带着升级的方法论重新开发了"高效师带徒"课程。新版课程较好地融入了近些年来的技能教学实践，并结合了认知心理学和教育心理学的研究成果。再版后的课程犹如脱胎换骨一般，受到学员的高度评价。从2018年开始，"高效师带徒"课程累积交付超过60期，为公司培养的授证师傅超过300名，这些师傅带着标准课程和教导方法重新开启了新型师带徒之旅，他们每年可以为公司带出超过600名的徒弟。如今，技能一级课程、技能二级课程加授证师傅，累积为公司培养的技能员工超过了2 000人，他们将持续为新能源事业的高速发展和高质量发展贡献力量。

非道弘人，人能弘道。2019年，我和项目运营团队一起将师带徒与技能人才培养方案融合，形成了"星火计划"。"星火"寓意师傅像星星之火一般，将技术和文化传递到公司的每一个角落。整合后的"星火计划"顺应了移动互联时代的发展要求，内容交付实现了在线化、实时化，线上基础理论和实操教学与线下师带徒相结合的方式顺利翻转了课堂，极大地提升了学习效能。此外，社群化运营也开启了跨区域交流和经验分享，让组织智慧在公司内部流动起来。新型师带徒成功地解决了新能源点多、面广、人少、培训成本高的行业难题，这些都让我看到了未来师带徒的无限种可能。

风起于青萍之末，浪成于微澜之间。经过7年的探索，如今的新型师带徒已经不再是传统师带徒的口口相传和以身示范，而是整合了项目设计、项目运营、社群互动、课程开发、实操作业、文化植入等为一体的整体解决方案。新型师带徒的实施既可以让组织摆脱工作传承的难题，又可以让员工有更多的时间发展自我，实现工作与生活的平衡。7年前植入我大脑中的画卷正在变为现实。期待新型师带徒可以培养更多的优秀师傅，帮助更多人提升职业技能，提高我国企业的竞争力，更期待新型师带徒能够在更多的地方扎根，助力国家技能型人才培养的升级！

以我观物，故物皆着我之色彩。受本人理论功底和实践范围的限制，书中疏漏瑕疵之处在所难免，恳请批评指正！

目 录

第一章 时代呼唤新型师带徒 **001**
　　第一节　师带徒的历史沿革　　002
　　第二节　时代的变迁　　008
　　第三节　新型师带徒　　016

第二章 师傅的核心素质 **023**
　　第一节　师傅因状态而有差异　　024
　　第二节　系统知识　　028
　　第三节　教导方法　　042
　　第四节　情感支持　　059
　　第五节　塑造品格　　075

第三章 师傅如何带徒弟 **085**
　　第一节　建立以技能为基础的培养体系　　086
　　第二节　探索技能学习的规律　　093

第四章　师傅教徒弟　**097**

　　第一节　开发内容　100
　　第二节　教导计划　117
　　第三节　激发动力　135
　　第四节　示范演示　156

第五章　徒弟自己教自己　**169**

　　第一节　尝试练习　172
　　第二节　自我对话　188
　　第三节　反馈修正　201
　　第四节　实践演练　219

第六章　徒弟熟练掌握　**231**

　　第一节　刻意练习　233
　　第二节　支持指导　249
　　第三节　拓展应用　261
　　第四节　复盘总结　286

后记　**304**

参考文献　**306**

第一章 时代呼唤新型师带徒

第一节 师带徒的历史沿革

人生不是一支短短的蜡烛,而是一支由我们暂时拿着的火炬,我们一定要把它燃得十分光明灿烂,然后交给下一代。

——乔治·萧伯纳

教育的目的是让学生摆脱现实的奴役,而非适应现实。

——马库斯·图留斯·西塞罗

一、师带徒是一个古老的话题

几年前，我参加了一个外部培训，培训中穿插了一个学习活动，培训老师请每个小组列出大家正在使用的培训方式。每个小组都倾尽所能将想到的培训方式列到了白板上面。随后培训老师让每个小组按自己认为重要的方式进行排序。我们小组的排序是教练辅导、行动学习、案例分析、情景模拟、课堂讲授、师带徒。接下来真正的挑战开始了。老师问：假如你的公司不得不压缩培训经费、缩减培训专职人员，培训经费缩减到几乎没有，专职人员缩减到只剩下你一人，还要保持人才培养的水平，你们会依次舍弃哪些培训方式？最后保留的会是哪个？于是所有的小组在艰难的抉择中不断地画掉认为珍贵的培训方式，保留力所能及的培训方式。最后，培训老师让每个小组汇报研讨结果，六个小组中居然有四个选择了师带徒。

这个结果让我颇为震惊，培训老师接下来的解读更耐人寻味：通过这个活动大家需要反思的有三点，其一，最后保留的可能是我们最容易忽视，但普及率最高、学习转化效果最好的方式；其二，培训方式不重要，抓住学习本质才重要，"君子务本，本立而道生"，培训的价值不在追求形式上，而在追求成果的转化上；其三，学习和成长不是培训部门的事情，而是全体员工自己的事情，很多单位的培训部门倾其所有，成功地把员工自己的事干成了培训部门的事。

从那天课堂之后，师带徒这个古老的话题走入了我的视野，但在后续的调查中，师带徒的现状却是另一番景象。在课堂上我经常会问大家这样几个问题：第一，你所在单位是否已经实行师带徒？（一般情况下，大家都会举手。）第二，你觉得是否有效实施了师带徒？（一般情况下，很少有人举手。）第三，说出你认为没有效果的原因。这时候，课堂马上会活跃起来，大家各抒己见，不一会儿就罗列出数十条。其中的共性原因如下：

（1）徒弟不肯学。

（2）与徒弟沟通困难。

（3）单位没有奖励/机制保障。

（4）工作容易，带人很难。

（5）上级不重视，逐步形式化。

……

总结之后，我会接着问师傅们一个问题：你们觉得这些原因里面，来自师傅的多，还是来自单位的多？

这些问题既是师傅们的疑惑，同时也是很多单位面临的困难。我带着相似的问题询问了很多培训经理，他们的共性回答如下：

（1）如何总结和提炼以往的工作经验，然后快速在工作中得到应用？

（2）如何让新人快速成长？

（3）如何把一个人的优秀转化为整个团队的优秀？

（4）如何让会做工作的人也会带徒弟？

（5）如何让团队自我更新，保持生机和活力？

……

现实中的师带徒很像是"一半是海水，一半是火焰"，一方面，师带徒在中华文化中的群众基础非常好，推广师带徒几乎不需要像教练、行动学习那样投入前期的宣传费；另一方面，绝大多数单位在实施师带徒的过程中，普及率最高的活动是拜师仪式和签订师徒协议。其间最为经典的对白是，单位领导对师傅说："名师出高徒，以后徒弟的成长就靠你了！"师傅看了看单位领导，意味深长地回答道："师傅领进门，修行在个人啊！"

二、师带徒的内涵

师带徒的现状并不能掩盖它过去的辉煌。在文字出现以前，人类以狩猎为生，父母通过示范的方式传授子女们各种生存技能，这些技能的掌握成为个体乃至族群生存繁衍的基础。随着语言和文字的发展，社会交往愈加密切和复杂，族群的数量也随之扩大，个体所需掌握的知识和技能超越了父母所能掌控的范围，师带徒应需而生并伴随人类发展至今。师带徒作为人类最为基础的成长方式之一，不仅在我国而且在西方历史上都有着举足轻重的地位。

华夏文明历史悠久，师带徒的典范更是数不胜数，如鬼谷子与孙膑、庞涓，计然与范蠡，长桑君与扁鹊等，尤以孔子为代表，其弟子三千，其中的七十二贤者开创了师徒传承的典范。随着时代的发展，师带徒从单纯的技艺传授发展成为一种制度安排，它不仅是一种以口传身授为主要形式的技艺传承，更将其与雇佣关系、职业操守甚至师门和行规等融合在了一起，形成了极具中国特色的师徒制。时至今日，在中医、制瓷、制茶、相声、古建筑等诸多领域有数不胜数的优秀师徒，师带徒在中华文化和技艺的传承中功不可没。

与中国的师带徒发展类似，欧洲技艺的传承随着行会而兴起并逐步发展成为以行会为纽带的劳动组织。行会有管理制度、会费制度并且对入行评估严格把关。行会内部以学徒制为基础，徒弟一般需要与师傅同住同劳动5~10年。徒弟从基础操作开始，依靠师傅的传承掌握工作所需的各项技能。优秀的徒弟会成为下一代师傅，就这样代代传承下来。例如，苏格拉底、柏拉图和亚里士多德的师承关系；达·芬奇师从韦罗基奥，韦罗基奥的师傅是多纳泰罗，而多纳泰罗则向吉贝尔蒂学艺；米开朗基罗师从基尔兰达约，而基尔兰达约的师傅是巴尔多维内蒂。在罗曼·罗兰所著的《名人传》中这样描述米开朗基罗的从师生涯："他从小一直住在一个石匠家里，生活就是与锤子和凿子打交道，直到他遇到了基尔兰达约并成为他的一名学徒。他的工作是在大教堂里素描、调色、准备壁画等，这些工作一直做了14年，直到24岁那年他创作了《圣母怜子图》，自此才一鸣惊人。"

中西方文化差异巨大，但在师带徒和技艺传承上却有着诸多相似之处。

一）师带徒的灵魂是在实践中完成学习

无论是具有典型技能特点的绘画、雕刻、制茶、制瓷等行业，还是像孔子、亚里士多德、释迦牟尼这样的圣哲的教诲都以实践作为学习的范本，都提倡在实践中进行学习。《论语》收录了孔子与其弟子之间大量的谈话内容，很多结论也都是基于大量的实践和事例。例如，"学而时习之，不亦说乎？有朋自远方来，不亦乐乎？人不知而不愠，不亦君子乎？"这些事情经常在我们身边发生着。"吾爱吾师，吾更爱真理"，亚里士多德擅长使用生活化的故事来阐述深刻的道理，他坚持以实践的方式传递自己的学说。

二）师带徒的核心是主动学习

亚里士多德在其著作《形而上学》的开篇讲到，"求知是人类的天性"。追求知识是人类最基本的自然属性，我们从达·芬奇、米开朗基罗的人生轨迹里面就能看到他们主动求学的人生历程。孔子的弟子荀子不远千里到鲁地求学，李斯辞去了在楚国的公职前往临淄，韩非子隐藏太子的身份主动求学于稷下学宫等，他们的经历无不体现了主动求学的精神。《论语》里面记载了很多师徒之间的对话，这些对话中有很多弟子主动求问的场景。例如，《论语·八佾篇》有这样一段记载，子夏问曰："巧笑倩兮，美目盼兮，素以为绚兮。何谓也？"子曰："绘事后素。"曰："礼后乎？"子曰："起予者商也！始可与言《诗》已矣。"［子夏（荀子）问孔子："动人的微笑多么美，漂亮的眼睛秋波荡漾，洁白的质地画着绚烂的画，是什么意思呢？"孔子说："先有洁白的底子，然后才可以画画。"子夏说："那就是说礼仪产生于仁义之后吧？"孔子说："启发我的是子夏啊，从今以后我就可以和你讨论《诗经》了。"］这是一幅多么生动的主动求学场景啊！

三）师带徒的目的在于获得职业技能

从这个角度来讲，师带徒可以说是一种纯粹的培养方式，它的目的很明确，就是要获得职业技能。传统观点认为师带徒只是存在于手工或动作技能领域，但我们回顾历史不难发现，师带徒也是培养学者、专业技师和艺术家这些高端人才的主要方式。今天很多医院的主治医师常常带领一些徒弟实习，这些徒弟往往有着硕士或博士学历，在实践中跟随师傅获取职业技能仍然是他们重要的成长方式。

第二节 时代的变迁

你所采取的观点将深刻影响你所过的生活。

——卡罗尔·德韦克

人们之所以不愿改变,是因为害怕未知。但历史唯一不变的事实,就是一切都会改变。

——尤瓦尔·赫拉利

一、时代的划分

师带徒有着辉煌的过去，也有它需要适应的当下和未来。如何将师带徒融入当下和未来的工作中，首先需要认识我们所处的时代。

在过去，一年是一个时间单位，而现在，一年只需要90天。一年是传统的计时单位，而90天则是互联网的纪年单位。我们可以说，"地上一年，云端四年"。这一定义来自谷歌首席未来学家雷·库兹韦尔，因此又被称为"库兹韦尔定律"或"加速回报定律"。他认为技术的力量正以指数级的速度迅速向外扩张，更多的、更加超乎我们想象的事物将会出现。也就是说，科技正以不同寻常的加速度改变着我们的世界，原来要几百年甚至上千年才出现的变革，现在只需要短短的20年左右，而且这个时间在未来还会进一步缩短。

20世纪70年代，美国人类学家玛格丽特·米德在《代沟》一书中提出了"代沟"的概念，并提出了人类社会发展的三段论，分别是"过去即未来"的后象征时代，"现在即未来"的互象征时代，以及"未来即现在"的前象征时代。

在后象征时代，成年人的过去就是新生一代的未来，老人们早已为新生一代定下了一生的基调。在这个时代，由于缺少文字记载和传播，每一次变化都要与已知的东西相联系，都需要根据老年人的记忆和行为模式进行，生活方式是不可改变的，永远如此。这个时代的发展依赖于代代相传，它的延续依赖于老一代的期望，又依靠年轻人对老一代期望的复制，这种复制能力几乎是根深蒂固的。

笔者小时候生活在农村，每年快到种植冬小麦的季节，父辈们都会向村里辈分最高的"四爷"请教。"四爷"会捋着胡须讲："秋分早，霜降迟，寒露小麦正当时！"然后跟大家一起分析今年应该什么时候在什么地形种植。后来又逐渐发展出了"白露种高山，秋分种平川，寒露种沙滩"的说法。大家看待"四爷"的眼神里充满了崇拜，每年如果缺少了这样的指点，人们种麦子时心都不踏实。那个时代的典型特征是后辈向前辈学习，前辈积累的经验就是指导大家劳作的纲领。伴随而来的另外一个产物就是"权威文化"，这种权威主要来自前辈所掌握的知识和经验。在当时能聆听"四爷"的教诲，等同于现在去听一场大师级的报告会。那个时代推动社会前进的主要力量来源于这些前辈，服从前辈的权威、按他们的要求做事逐渐成为一种文化氛围。下一代人学习的榜样就是这些前辈，成为上一代人的模样是下一代人奋斗的目标。

随着第一次和第二次工业革命在全球范围内的扩展，互象征时代到来了。第二次工业革命之后的技术进步和工业化演进彻底改变了人与人、人与自然的关系，计算机、原子弹、人造卫星、喷气式飞机、登月等一次次刷新了我们对这个世界的认知。社会成员的主要行为模式也在发生着改变，就在不久前老人还能说："你要知道，我曾经年轻过，可你却从未老过。"可现在，年轻人可能会说："你从来没有在我的年代里度过你的年轻岁月，再也没有这个可能了。"

玛格丽特·米德早在50年前就预言了前象征时代的到来。这种变化不是由我们主观决定的，而是由社会发展速度和未来的可预期性两个主要因素决定的。互联网技术的发展使智力成果的集中成为可能，而移动互联技术的进步则大大增加了获取这些成果的便利性，人工智能让数据快速升级和算法加速迭代。约翰·布罗克曼编著的《人类思维如何与互联网共同进化》中有这样一段描述："我们是隐喻性的全球脑神经元，正处在一个全新的社会组织体系的边缘地带，这个组织体系将连接你、我、他的互联网神经轴突布满全球。"现在的青少年再也不需要像后象征时代和互象征时代那样通过聆听他人的教诲来获取知识和经验的增长了，他们可以针对自己感兴趣的某个领域轻松地开展专题研究，坐在任何有网络的地方吸取先贤们的经验，浏览当下的最新实践成果。不但如此，互联网还实现了任意两个点的人彼此连接，共享信息，并基于这个新的共享信源做决定。在这个时代，人人成为专家具有了可能性。

二、工作与学习模式的变化

科技是第一生产力。自工业革命以来，科技就成了推动人类社会变迁的隐形力量，并正在推动整个社会日新月异的发展。

工业革命始于18世纪60年代的英国。其开始的标志是1765年哈格里夫斯发明了珍妮纺织机，机器的发明及运用成为这个时代的标志。18世纪末19世纪初，英国人瓦特改良了蒸汽机，蒸汽机的广泛使用极大地提升了劳动生产率。工业革命带领着人类从农业社会进入工业社会。此后，大量的英国农民因圈地运动失去土地走向工厂成为产业工人，他们丢掉的不仅是以前使用的锄头，还有以前的生活方式。当时他们所要学习的是如何操作或维修纺织机、蒸汽机等，这些新技能与农业劳动相比呈现了实质性差异。他们开始以劳动力和职业技能作为谋生手段，在工厂里工作成为他们的新职业，他们正式从后象征时代迈向了互象征时代。

社会学家和经济史学家更倾向于将第二次工业革命的起始时间定为20世纪初，而引发这场工业革命的标志性事件发生在1870年。这一年，美国辛辛那提屠宰场的第一条生产线投入使用。这条生产线承载了第二次工业革命的两个典型特征，第一个是劳动分工，第二个是以电为动力。随同这个时代一起发展起来的还有泰勒制和福特制。弗雷德里克·温斯洛·泰勒通过观察生产线的作业特点和工人的工作特点，提出了将作业标准化和规范化的思路。通过多次的实验对比，泰勒发现他的工作方法降低了对人的要求，缩短了工人的成长周期，激励了工人的工作动力，提升了整体的生产效能。于是泰勒在1911年出版了《科学管理原理》一书，泰勒也因此被尊称为"科学管理之父"。泰勒制的主要内容和方法包括工作方法标准化、管理和劳动分离、实行具有激励性的计件工资制、挑选和培训工人等。

泰勒制对整个社会工作效率的提升产生了重要的影响，而将泰勒制推向产业化的是汽车大王亨利·福特。1908年，福特开发了举世闻名的T型车，T型车一经推向市场就引来众多用户的疯狂订购。为了从根本上解决产能问题，福特将泰勒制深度应用于T型车的生产线，并首创了一种独特的生产管理制度——福特制。

福特制的主要特点是在产品标准化、作业标准化的基础上，利用传送装置使生产过程流动起来，所有的工人和零部件在流动中完成产品。整个过程就像流动的水一样流畅，这就是流水线的最初版本。在流水线上各道工序的工人，运用其所掌握的技能将各种作业在时间上协同起来。传送装置的速度决定了工人每天完成作业的速度。福特制通过把流水线上的各种操作简单化、程序化，大幅度降低了对工人技能水平的要求。很多工人经过简单培训就可以胜任指定工序的工作，这样一方面可以迅速地扩大产能，另一方面能够大量使用对技能要求不高的非熟练工人，从而大幅度降低劳动力成本。

泰勒制和福特制不仅在第二次工业革命中扮演了重要角色，时至今日我们的很多产业仍然深受其影响。通过产品标准化和作业标准化，大幅度降低了作业的难度和复杂度，从而降低了对工人技能水平的要求，这使得批量化培养产业工人成为可能，工人技能要求的标准化催生了培训内容的标准化。产业的大发展引发了对产业工人的爆发式需求。为满足经济发展的需要，培养产业工人的现代学校也在这个时期应运而生。

仔细比对一下这些学校的教学模式与泰勒制和福特制的确有着诸多相似之处：零件标准化对应课程标准化；工序标准化对应授课标准化；工时标准化对应课时标准化；产能标准化对应考试标准化；产品标准化对应学生标准化。

工业化进程与教育普及化是推动社会进步的双螺旋结构，工业化需要大量的产业工人，为教育普及化提供了用武之地，而高素质的产业工人又进一步助推了产业升级。

伴随着第三次工业革命的兴起，各类工作的知识密集程度大幅提高。在福特制时代众多需要由人工来完成的工作，如今被自动化设备所代替，由此开启了以高等教育为代表的专业化教育阶段。在中等教育普及之后，各大经济体开始推广高等教育，专科、本科、研究生和博士生高学历教育的规模逐年扩大。以我国为例，从1999年开始大幅度扩大高等教育的招生数量，增加专业化人才的基数、提高专业化人才的质量成为赢得未来竞争优势的基础保障。

伴随着高等教育的日益普及，大量的知识型工作者进入职场。回想20世纪，知识型员工所占的比例不过20%，现在这个比例已经越来越高了；20世纪的生产模式更依赖劳动者勤劳的双手，今天的生产模式更多依靠智慧的大脑。大量知识型工作者进入职场，让工作成果更多依赖他们的知识，工作任务由单一型变为复合型，工作内容由具体变得抽象，工作成果从有形变为无形。

彼得·德鲁克在《21世纪的管理挑战》中指出，20世纪管理学的最大贡献是将体力劳动者的生产力提高了50倍，而21世纪管理学的挑战是如何将知识员工的生产力提高50倍。

三、传统师带徒面临的挑战

在以知识型工作和专业化为应用场景的时代背景下，传统的师带徒不但优势得不到发挥，其弊端也会被放大，越来越难以融入企业的人才发展体系之中。

一）培养初级人才易，培养高级人才难

很多单位将师带徒定义为新员工的入职教育，但入职转正后就消失了。很多人认为，师带徒的培养模式在新员工入职前三年的效果较为显著，但培养中高级人才的效果不好。传统的师带徒已经难以适应当前的环境，所以如何借助专业的教学设计和运营管理发挥师带徒在中高级人才培养方面的作用成为新的课题。

二）外显动作容易学，心智技能传授难

师带徒在培养显性动作技能方面的效果得到了普遍的认同。由于显性动作具有可视性，模仿起来相对容易，同时将简单动作串联起来的难度也较低，比较符合一般的学习规律。而高阶技能需要思维的深度参与，越是高阶技能所需的心智技能的比重越大。当以知识为驱动的心智技能成为工作的主要内容时，这种隐藏在大脑内的知识和技能如何系统地表达出来，便成了师带徒的难题。

如果不借助教学方法和工具，这些内隐的心智技能很难成为多数人听得懂、学得会的知识与技能。如何将内隐技能外显化，摆脱师带徒只能用在初级人才培养上的现状同样值得我们探索。

三）内容差异大，难以系统化

"名师出高徒"既表达了大家对名师的认可与期盼，也道出了师带徒的局限与不足。这是传统师带徒最不容回避的一个问题，徒弟的水平

因师傅的水平不同而呈现出系统性差异。

如何在师傅个性化的基础上建立相对统一的教导内容，将师傅带徒弟的个性化与组织需要的统一化整合起来，借助内容开发明晰的学习路径，让符合条件的师傅都可以带出"高徒"，在当下仍具有不小的挑战。

四）培养周期长，规模小

劣势藏在优势的影子里。现阶段职业竞争愈加激烈，工作压力不断增加，师傅也是企业的员工，也要完成自己的本职工作，而用在带徒弟的时间相对有限。这就带来一个无法回避的事实，带徒弟是师傅完成既定任务的额外劳动，师傅时间的碎片化决定了带徒弟的效率不高。同时，师带徒模式以工代学，以完成工作任务为导向，分配什么任务就学习该任务的相关内容。这种分散的学习方式难以构建起系统性的知识体系，师傅难以系统地去做，自然也难以系统地去教。在此情形下，师傅能一带一或者一带二已属不易。

如何将系统培养与师带徒的岗位培训相结合，如何将系统知识学习与碎片化的在岗学习相结合，这些都是企业需要面对的现实问题。

五）师傅对徒弟的影响力减弱

在企业中，师傅和徒弟都是雇员，在法律意义上的身份和地位也相同。随着互联网的发展，获取知识的途径日益多元化、便捷化，师傅面临着知识更新的难题。作为互联网原住民的"90后""00后"更有优势接触和获取新知识，而师傅作为知识导师的角色受到了空前的挑战。另外，大多数师傅也是职场的普通人，难以在各个方面做到为人师表，因此，师傅对徒弟的影响力在逐步减弱。

第三节 新型师带徒

蒙以养正，圣功也。

——《周易·蒙卦》

有勇气在自己生活中尝试解决人生新问题的人，正是那些使社会臻于伟大的人！那些仅仅循规蹈矩过活的人，并不是在使社会进步，只是在使社会得以维持下去。

——泰戈尔

一、时代的召唤

2018年11月，中华人民共和国人力资源和社会保障部（以下简称人社部）与中华人民共和国财政部（以下简称财政部）联合发布了《关于全面推行企业新型学徒制的意见》（人社部发〔2018〕66号），要求以习近平新时代中国特色社会主义思想为指导，创造性地提出企校合作、企校双制，将技能人才的培养主体和使用主体有机结合，创新中国特色产业工人和技能人才培养模式。为落实中国共产党第十九届五中全会提出的"探索中国特色学徒制"的工作要求，人社部、财政部、国务院国有资产监督管理委员会、中华全国总工会和中华全国工商业联合会五部门于2021年6月8日联合印发了《关于全面推行中国特色企业新型学徒制 加强技能人才培养的指导意见》（人社部发〔2021〕39号），要求面向各类企业全面推行中国特色企业新型学徒制培训，进一步扩大技能人才培养规模，为实现企业高质量发展提供有力的技能人才支撑。

立足新发展阶段、贯彻新发展理念、构建新发展格局、推动高质量发展，实现中国制造向中国创造转变、中国速度向中国质量转变、中国产品向中国品牌转变。实现这一转变的关键是大量中高端专业技术和专业技能人才，他们的培养既需要移动互联、云计算、人工智能的科技辅助，又需要十年如一日的技艺积累和精神传承。时代呼唤大国工匠、呼唤工匠精神，也呼唤师带徒的回归。

二、新型师带徒的特征

从工业1.0的固定化应用场景，到工业2.0的精细化应用场景，到工业3.0的专业化应用场景，再到工业4.0的多元化应用场景，时代是需求的提出者，也是最强的召唤者，师带徒模式迫切需要做出顺应时代的调整。

从以知识为中心到以技能为中心。在后象征时代，皓首穷经是无数知识分子毕生的追求。苏轼在少年时期就写下了"识遍天下字，读尽人间书"的对联，虽然最后修改成了"发愤识遍天下字，立志读尽人间书"，但可以想象在那个时代，读尽人间书并不是一个不可能完成的任务。而在知识大爆炸的今天，人类正在以前所未有的速度创造着新知识，如今每年出版的新书一个人一辈子也读不完，依靠掌握尽可能多的知识来换取竞争优势的时代一去不复返了。"急学先用，以用促学"是这个时代的新命题，而能够提供多任务、多场景、跨学科的解决方案，并将方案转化为现实技能则更具有价值。如今很多大学毕业生感叹待遇不如快递员，市场的价值逻辑已经在转变，市场愿为创造价值的技能付费而不再是那些没有用武之地的知识。

从长者为师到人人为师。在"过去即未来"的后象征时代，年长者是后来者学习的榜样，年长者也是后来者一生想要成为的样子。到了"现在即未来"的互象征时代，专业化的发展会使得年长者具有一定的先发优势，但随着专业分工向纵深发展，年长者很容易陷入本行是专家、跨行是"小白"的尴尬局面。到了"未来即现在"的前象征时代，多学科、多任务、跨领域成了新常态，难有人再有乾纲独断的能力，各行之间的交叉融合成了新趋势。个人除了搞清楚自己的专业以外，还需要围绕任务和问题去学习或整合其他专业知识。拥有专长才能被需要，学习其他专长才会被认可，人人为师的时代已经到来。

从个体学习到团队学习。在行业和专业加速融合的当下，除了要保持个体学习的持续精进外，加快组织内部和组织之间的学习也成为企业应对变化的新举措。早在20世纪80年代杰克·韦尔奇就认识到了这个趋势。他在通用电气公司倡导"无边界组织"和"工作外漏计划"，鼓励全员共享、共创、共赢。他重建了位于克劳顿维尔的企业大学并亲自担任讲师。他说："我每次到克劳顿维尔都很兴奋，我从学生身上学到的和学生从我身上学到的一样多。"微软首席执行官萨提亚·纳德拉接替史蒂夫·鲍尔默后在组织内大力推广团队学习，他倡导"黑马部落"活动，鼓励组织资源围绕新想法和新创意而流动，形成了极具微软特色的年度盛典。我国的很多企业也在推广团队学习，其中较为流行的就是"行动学习"，其目的也是要推动知识的融合和再创造。

从个体计划到组织设计。任何有系统、有规划的团队学习都是自上而下形成和推广开来的，如果每个个体都计划和执行自己的成长路径，个体计划的任意性则往往会导致整体的无目标性。如何让全体员工像一个人一样思考、像一个人一样行动，这就需要在组织文化、价值观和组织学习上进行整体设计。

在这场组织成长和组织学习的转型中，新型师带徒作为连接个体学习和组织学习的桥梁，被赋予了新的使命，它自身也亟待焕发新光彩。

时代需要师带徒，更需要师带徒的与时俱进，为师带徒赋予新内涵。在百年未有之大变局的时代背景下，如何在科技革命、万物互联、智能制造的时代背景下，继续发扬师带徒的优势，又如何通过优势互补抵消其不利因素，经过七年的探索和实践验证，我们倡导通过新型师带徒为组织和个体赋能。

新型师带徒的主要特点包括如下三个层面。

一）理念层面：蒙以养正

《周易》第四卦"蒙卦"这样写道："蒙，山下有险，险而止，蒙。蒙亨，以亨行时中也。匪我求童蒙，童蒙求我，志应也。初筮告，以刚中也。再三渎，渎则不告，渎蒙也。蒙以养正，圣功也。"大概意思是说，一个人在蒙昧无知的状态就需要教育来启发他的智慧，而教育的原则不是师傅去求着徒弟学，而是通过多种手段激发徒弟的内在动力，让徒弟求着师傅教，只有师徒的志向一致才会达到理想的效果。而对于如何教？应重在启发而不是告知，教育的根本目的是通过教来塑造徒弟纯正无邪的内在品格，这才是圣贤的功业。

蒙卦解答了如何通过教的形式达到育的目的，而育的核心是"养正"，培养一个人纯正的内在品格，这恰是师带徒需要传承的理念。

二）组织层面：系统设计、整体运营、联机协同、机制保障

组织力量的加入是新型师带徒区别于传统师带徒的重要特征。带出一个徒弟靠师傅，带出一班徒弟靠培训，带出一批批徒弟则要靠组织，传统师带徒更多的是运用了师傅和徒弟两个人的力量，而在如今的时代背景下，内容开发、平台运营、机制设计等并非单个师傅的努力可以达成的，只有通过组织的力量才有可能为师带徒赋予新内涵。

1. 系统设计

以工作任务为导向，以系统知识为基础，通过技能整合知识和态度，将教导内容、教导方法和情感支持融为一体，建立以体验为主线的师带徒，这些都离不开系统设计。在这个时代，设计超越了形式和功能，成为满足人们需要的首选。丹尼尔·平克说过："人们为设计买单，而不再是产品，吸引人的是风格而不再是物品本身。"

2. 整体运营

系统不是各部分功能的简单叠加，而是围绕目的的展开与整合。师带徒在组织的人才培养体系中需要与其他培训形式一起运营，这样才能通过优势互补发挥整体效能。我们提倡将师带徒与自学、工作辅助、E-learning、在岗实践、课堂学习等进行整体运营。

3. 联机协同

一个师傅的力量是有限的，一群师傅的力量就是无限的，有了互联网的加持，一群师傅之间联机协同工作就成为可能。通过师傅之间的协同，每个师傅都可以成为"超个体"，徒弟可以同时拥有众多师傅的智慧。在师带徒项目的实施中将设计、内容、运营、师傅和徒弟协同起来可以极大地释放每个人的能量，这是我们这个时代赋予师带徒的独特优势。

4. 机制保障

要发挥整体协同效力，也需要将师徒这一非正式组织有意识地打造成为正式组织，给予师傅一定的物质和精神激励。企业可以通过组织认可、组织激励和资源保障建立师带徒的循环，通过增强机制的设计不断遴选优秀师傅进入这一团队，通过调节机制的设计不让不符合要求者脱离这一团队，保障师傅群体的动力和活力。

三）个体层面：内在驱动、情感支持、双向提升、持续迭代

1. 内在驱动

缺乏内生动力时外在激励是永远不够的，拥有内生动力时外在激励可能是多余的。个体不是内容的被动接受者，而是主动创造者。

2. 情感支持

徒弟会忘记师傅教给他的内容，但不会忘记师傅带给他的感受。师徒因内容结缘，因情感维系，因情谊铭记。情感不能成为师徒关系的积极因素，就会发展成为消极因素。有意识地运用和发挥情感在师带徒中的纽带作用是新型师带徒的重要特征。

3. 双向提升

师带徒从传统的以师傅为中心的枯竭模式，发展到以徒弟为中心的成长模式，再发展到师徒双向提升的共生模式。共生的背后是师徒通过互相学习实现知识和品格的双向提升。

4. 持续迭代

一个设计良好的师带徒体系可以让所有参与者从中受益。笔者很早就提出了"五赢法则"：师傅有收获，徒弟有提高，内容有改进，项目有升级，机制有完善。这样的师带徒才具备持续迭代升级的可能性。迭代是这个时代聪明人的笨功夫、笨人的聪明办法，是个体和团队超越的最慢的快车道。

第二章

师傅的核心素质

第一节 师傅因状态而有差异

教育包括很多方面，但是它本身不教你任何一个方面。

——约翰·戴维森·洛克菲勒

只有透过个人的学习，组织才能学习。

——彼得·圣吉

聊到师带徒这个话题，每个人的大脑里都会闪现出师傅的原型。这个原型的首要特点是技能水平高，在大家的默认模式中，技能水平高就可以成为师傅。在与这个群体持续多年的交往中，我发现每年都有不少师傅在社群里面进进出出。经过持续的大浪淘沙，我的结论是：师傅不因技能水平而有不同，却因状态而有差异。

一、师傅的种类

一）以目的为中心的师傅

为建立内部传帮带机制，经过审批公司对带过徒弟的师傅实施了加分奖励，这对于有晋升需求的员工来讲是个额外收益。正是这个福利吸引了不少人加入师傅这个团队，但有些人在完成了加分之后便很快离开了师傅团队，除非还有晋升的需要。

二）以内容为中心的师傅

徒弟向师傅学习技能，师傅首先要有技能。有些师傅就是把所要传授的内容排成队列，从头到尾教完就算完成任务。师傅以内容论高下，徒弟以水平见高低。

三）以自我为中心的师傅

徒弟怎样做？做什么？不重要。重要的是让师傅满意，让师傅开心，因为师傅最重要。这是典型的以自我为中心的师傅，更打着"棍棒出孝子、严师出高徒"的旗帜来展现这种状态。以自我为中心的另一种表现是无论什么样的徒弟都需要主动适应师傅的风格和特点，任徒弟千百变，师傅自岿然不动。

四）以徒弟为中心的师傅

这类师傅在教学中评估徒弟的知识和技能水平，考察徒弟的现状，观察徒弟的学习方式和学习特点，为徒弟制定个性化的发展方案。师傅通过了解徒弟主动调整内容、进度和教导方法，保持以徒弟为中心。

五）以共生为中心的师傅

良好的师徒关系既不是利用关系，也非长幼关系，亦非单向付出关系，在当下的时代背景下新型师带徒可用一个妥当的词来形容——共生。

师徒之间需要建立的是相互启发、共同促进、相互提高的共生关系。师徒之间亦师亦友，相互取长补短，在师徒共同学习的过程中完成双向升级，正如阿吉里斯所说的，"感谢我的学生们，我从他们身上学习甚多"。

二、师傅需要具备的核心素质

要与徒弟形成共生的关系，就对师傅提出了更高的要求，在核心素质上师傅需要具备系统知识、教导方法、情感支持能力和塑造品格能力等。

一）系统知识

系统知识不同于我们传统认知的技能或知识，而是围绕目的构建起来的一套组合体，只有系统知识才能系统解决问题。在实践中我们发现，系统知识既是成为师傅的基础条件，也是师傅之间形成差异的原因。

二）教导方法

系统知识好比内容，那么教导方法就是对内容的加工方法，二者同等重要，缺一不可。师傅在运用教导方法的过程中提高徒弟的学习效能，同时师傅也因教导他人而提高自己。

三）情感支持能力

俗话说，"一日为师，终身为师"，通过身份连接强化师徒关系。在人人为师的今天，师徒关系更多的是通过体验增强感受，通过感受建立情感，通过情感发展情谊，通过情谊重塑关系。

四）塑造品格能力

十年树木，百年树人。系统知识会因时代进步而更替，教导方法会因需求而更迭，情感支持会因距离而疏远，唯有品格相伴一生。师傅所有外在的努力都是为了塑造徒弟内在的品格。

第二节 系统知识

无知往往来自自信而不是知识。

——查尔斯·罗伯特·达尔文

我不追求复杂性表面上的简单，但是我愿意将我的生命献给复杂性深层下的简单。

——奥利弗·温德尔·霍姆斯

在知识大爆炸时代最不缺的可能就是知识。知识随处可见，随时可以获取。如果"知识就是力量"，我们应该愈加自信和从容才对，但为何大家常常感叹"学了这么多，仍然改变不了人生"？在后象征时代，持有知识就可以创造价值，在20世纪，传播知识和运用知识也可能创造价值。如今我们已经进入了创造知识的时代，而知识的创造离不开系统知识这个根基，系统知识也就自然成了师傅的核心素质之一。

一、知识需要被放到不同层面来看待

我们每天典型的生活场景可能是这样的：早上打开手机会收到很多推送信息，浏览一下感兴趣的内容，稍不留意半小时过去了；坐到办公桌前打开某个应用，然后点击一下新闻或定制频道，一小时又过去了；工作间隙收到微信好友的信息，回复或者闲聊几句，不经意间打开朋友圈，点赞一番后发现朋友圈的文章甚是有趣，不知不觉被吸引了半响；下班回家的路上点开喜马拉雅、得到等App或者听一本书，就这样知识陪伴了一路的时光；晚上躺在床上禁不住刷一下短视频，不知不觉已经晚上11点了，想起明天还要上班只好"忍痛"放下手机；第二天早上，一睁眼看到了推送的内容，新的一天又开始了……

这就是我们被"知识"包围的场景，我们给它取了一个动听的名字，叫"碎片化学习"。知识有很多种变形，它可以是我们看到的一条新闻，可以是我们阅读的一本书，可以是一篇文章，也可以是解决完某个问题的心得体会。对知识的不同理解常常困扰着我们，究竟自己学到了知识，还是没有学到知识？回答这个问题需要回到原点，我们为什么要学习？当然，这个问题也会有很多种答案。我的理解是学习是为了应对不确定性。正是由于我们所处的内外部环境在不断地变化，我们才需要不断地学习。我们也会随着环境不确定性的增加，进而增加学习的比重。因此可以说，知识的有效性取决于它带给我们的确定性，知识是对不确定性的确定性应对。

在搞清楚知识是什么之前需要先区分数据、信息、知识和智慧四者之间的关系（见图2-1），对四者的关系我们通过一个例子来解读。

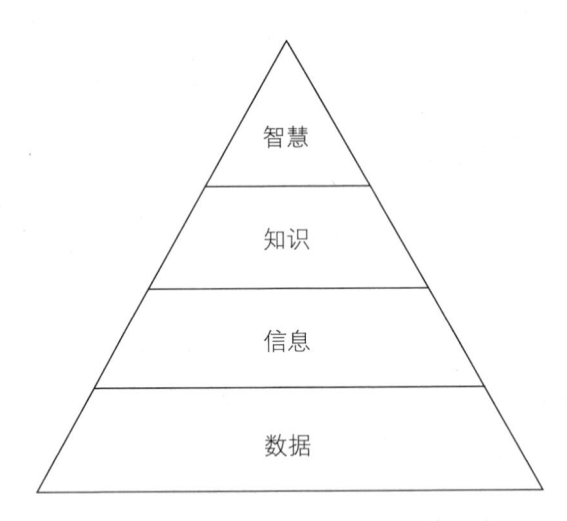

图2-1　数据、信息、知识和智慧的关系

最底层的是数据。数据只代表其本身的意义，如赤、橙、黄、绿、青、蓝、紫，每一个都代表了一种色彩。而对这些数据进行命名或者将数据归入相应类别后，情形就不一样了。它们都可以被归类为颜色，而颜色就是一个信息了。这个信息可以按照不同的类别进行细分，如冷色系、暖色系等，当然也可以按心情进行区分，如活泼色、喜悦色、阴郁色等。了解了这些只能算知道了一些信息，离知识还差着一段距离。我们还需要进一步了解这些颜色之间的变化和转换关系。比如，黄、蓝、红是三种基本色，又称为"原色"；黄、红混合形成橙色，黄、蓝混合形成绿色，蓝、红混合形成紫色，那么橙色、绿色和紫色是第二组颜色，被成为"次色"；将相邻的一个原色和一个次色混合就会形成第三组颜色——红橙、橙黄、黄绿、蓝绿、蓝紫、紫红；将这12种颜色按照色素粒子从小到大排列就会形成一幅色轮图，在色轮图上这12种颜色按对角线分布又会形成对冲色……通过这个例子要说明的是，掌握了不同要素之间的关系和结构才称得上掌握了"知识"，而对于一个绘画或调色的专业人士来讲，掌握色彩的知识仅仅是入门水平。知识是一个结构化的系统，没有被结构化的只能称为信息。从这个角度来讲，我们平时接触到的被冠以"知识"名号的很多内容，其实更多的是信息或者数据，因此，对知识最大的误解是把信息当成了知识，碎片化的知识是信息，结构化的信息才是知识。

在知识之上的就是智慧，智慧可以被简单地理解为识别和构建知识的能力。智慧不仅是一个学科或一个门类的知识，还需要调用多个知识系统，根据所面对的情形选用或组织恰当的知识来解决问题。例如，绘画就涉及了构图、造型、色彩、层次等多个专业的内容，而色彩仅是其中的一个。有智慧的个体和团队会依据要解决的问题，调用多个知识系统，用知识系统进行交叉检验，在多个知识系统之间的差异和重叠中找到解决路径，这就是智慧。

二、被隐藏的系统知识

只有那些被我们结构化和系统化处理过的信息才能称为"知识"，而要把散落的信息变成结构稳定的知识，就需要对这些信息进行深度加工和实践验证。这些有着稳定结构的知识按照一定的目的和关系组合起来，才有可能构建成知识系统。也正是在这个关键点上，知识工作者与"伪知识工作者"真正拉开了距离。

职业教练古典在《跃迁》中将这种被大量知识碎片和信息充斥的大

脑形象地称为"豆腐脑",寓意各种杂乱的信息相互交织在一起,理不出头绪和方位,难以找到真正的用途。著名投资家查理·芒格对这个问题的理解更是超越常人,他曾谦虚地讲:"我认为沃伦(巴菲特)和我比其他人更了解我们自己的能力,如果我认为自己有什么值得骄傲的东西,那就是我知道自己知道什么、不知道什么。"而被问及如何看待自己的投资对象时,查理·芒格说过,"对所在领域总是自信地回答但其实一窍不通的人,我都是敬而远之的"。

系统知识对一名知识工作者的重要性如同战士手中的武器一样,但我们不得不面对的现实却是很多"专业人士"难以构建起自己专业领域的系统知识,而这与我们当下的学习方式存在很大的关联。当我们要学习一个领域的知识时,通常的做法是把它分解成一个个小的部分,然后分别来学习。这种方式比较符合大脑缓慢接收和分次存储的特点,但这样的结果使系统知识被分解成不同学科,学科被分解成不同课程,课程又被分解成不同章节,章节被分成很多个知识点,每个知识点又被按计划分配到不同的时间进行讲授。这样学习和接收知识的结果往往造成我们只见知识点,不见知识系统,以至于关注了众多的树木而常常忽视了整个森林。正如社会学家莫兰所说,"我们的思维方式让我们在事物被分解开来时看得很清楚,而在它们彼此联系起来的时候却变得很近视"。

系统知识既要看到整个森林,又要看清每棵树木,而碎片化知识则只见树木,不见森林。是否掌握系统知识会在实践层面有怎样的差异呢?小张的故事就是个很好的例子。

跟随师傅工作已经将近一年,终于可以作为工作负责人独立承担检修作业任务了,我既高兴又有些担忧。高兴的是,自己终于可以独立工作了，担忧的是，自己的能力还有所欠缺，万一出现了纰漏可怎么处理。

带着忐忑的心情我开启了自己的新角色。有一次，我承担了主变绝缘油滤芯更换作业。出发前师傅特意提醒我将重瓦斯退出后（一种保护装置）再做更换，我点了点头并记在心里。到了现场之后，我开始分派工作、布置工具、检查安全装备……一顿忙活之后滤芯换装完毕。我满意地看着团队的工作成功了，自信地通知运行值班启动主变。我们收拾完工器具、整理好现场，一群人有说有笑地驱车离开了。

没走出一里地，运行值班电话就到了："监控系统报警，主变重瓦斯动作！"听到这个消息后，我的脑袋"嗡嗡"地响，故作镇定地回想，这是要跳主变的节奏啊。要是跳了主变，我可是要负重大责任的。我一边通知司机返回场站，一边思索着对策。思来想去只能向师傅求救，结果师傅不紧不慢地说："别着急。你是不是重瓦斯保护没有退出？""我的天！师傅出发前提醒我的事情，居然被忘得一干二净！"我瞬间呆住了。师傅接着说："你们先别动，我过去看看！"听了师傅的话，我就像吃了一颗定心丸一样，让我急剧跳动的心脏暂时舒缓了一些。我们到达现场后，看到主变阀门已经开始"呼呼"地往外漏油，再看瓦斯动作后冒出的缕缕青烟……我越看越揪心，整个人瘫软到了地上。

师傅终于来了。师傅和平时一样，查看完工作日志和现场设备情况后，办理工作手续。师傅搬了把梯子，对我们说："你们做好防护，以防我掉下来。"听到这话我愈发害怕了，本来是设备事故，要是再造成人身事故，我可怎么办？我的心揪了起来。师傅拿出工器具，把梯子靠上主变。我目不转睛地看着师傅，师傅用扳手拧开瓦斯阀门口，把气体放出，之后将阀门复位……他的每一个动作都吓得我后背嗖嗖地冒冷汗。一会儿工夫，师傅面带笑容地对我说："别紧张，已经完事了。"没过一会儿，运行值班的电话来了，报警已经消失。

我深深地出了一口气，丢了半截的饭碗又被找了回来。我这激动的心、颤抖的手外加泪汪汪的眼睛才一点点地恢复到了初始状态，看着师傅淡定自若的样子，我的心里充满了敬仰之情。

具备系统知识的师傅可以清晰地辨别问题出在系统的那个子系统中，能够准确定位是子系统的哪个部件出了问题，针对特定问题采取针对性的举措。在这个例子里，徒弟只看到了系统的一部分，只能做到按既定的流程办事，而一旦偏离了既定流程，就失去了应对能力。

三、如何构建系统知识

如何构建系统知识？这要先从笔者的一个经历说起。

有一次，我去听韩老师讲的主变课程。一上午的课程，韩老师从套筒讲到呼吸器，再讲到主变油……听完之后，我的整体感觉是内容讲得没错，可是这些知识的作用、这些知识之间的关联并不清楚。我带着这个好奇心找了三本关于主变的书，拿着这些书的目录与韩老师的课程大纲做了一下对比。不比不知道，一比很"奇妙"。这几本书的大纲和韩老师的授课大纲大同小异，甚至很多元器件的排列顺序都一样。这愈发让我想一探其中的究竟。到了周五的评课会上，我就把这个疑问拿出来讨论。各位专业老师也都面面相觑，有位老师发言道："我们从大学就是这样学习的，大学老师怎么教我们的，我们就怎么教给员工。"还有的老师发言道："这说明这是个经典的课程顺序，大家都这么做肯定是有原因的，一定不会错。"我接着问："假如你们讲得都对，谁能告诉我背后的原因？"大家你一言我一语，也没有讲出个所以然来。我只能反向求证道："有没有老师不是按照这样的顺序编课的？"大部分老师用沉默做了回答。

正在尴尬之时，邵老师举手发言："我来讲一下我的课程结构吧。我讲的是风机传动链上的齿轮箱。齿轮箱是一个增速装置，它的元器件多达上百个。在教学环节，我原来采用的方法跟韩老师类似，但学员们的反馈效果并不理想，原因是这些元器件和系统之间的关系并没有厘清，于是我做了一些调整。齿轮箱的主功能是增速，核心就是将高扭矩低速度转换为低扭矩高速度，那么增速系统就是齿轮箱的核心系统。这个系统里面包括了太阳轮、行星轮……由于齿轮之间的啮合力和高转速会破坏材质，因此就需要加入一个保护系统，这个系统里面包括了齿轮箱油、油管……齿轮箱在高速旋转中会使油温升高，过高的温度会降低油的保护作用，于是引入了一套调节装置用来散热。这套装置在北方的寒冷地区面临相反的问题，由于温度过低阻碍了油路和油的性能，需要进行加热。这套调节油温的加热和散热装置包括散热器、加热器……这套加热和散热装置需要在设定的温度区间工作，低于区间温度下限启动加热，温度达到区间温度停止加热，超过区间上限启动散热。这就需要一套温度控制装置，这套装置里面包括了温控开关、PLC……除此之外，由于油和金属的长期摩擦形成了金属屑，个别极端情况下会发生断齿的情况，因此需要将这些杂质过滤出来。这套过滤装置包括了磁力棒、滤芯……这样包括了增速系统、保护系统、调节系统、控制系统和过滤系统的齿轮箱就基本讲完了，它们之间的关系也厘清了。这样讲的好处是将一百多个元器件归集到了五个主要的子系统里面，每个元器件在系统里的功能和关系很清晰，再者，系统之下细分出的子系统，按照关系进行归集后也一目了然。除了上述好处外，学员对齿轮箱构造和系统的理解会深刻很多。比如，冷却装置目前既有使用风冷的也有使用空冷的，这些不同的解决方案可以相互替代，不会再纠结于某个具体形式……"

听完邵老师的发言之后，我的感觉就两个字：通透！邵老师在对知识点进行结构化加工的同时，更看重知识点之间的关系和目的。为什么构建知识系统比知识本身还要重要？这就是莫兰所说的，"我们的思维方式让我们在事物被分解开来时看得很清楚，而在它们彼此联系起来的时候却变得很近视"。按照这个路径，我们找到了系统知识的五个关键要素：目的、组块、要素、关系和细节。

一）目的

构建这套知识系统是为了解决什么样的问题，目的可以由不同的层级来构成。比如，风力发电是要解决如何将自然的风能高效转化为电能的问题，而风机的传动系统要解决把机械能转化为电能的问题，而传动系统上的齿轮箱要解决如何将高扭矩低转速转化为高转速低扭矩的问题……上一级的目标决定了下一级的目标以及要素和要素之间的关系。再如，汽车因动力系统不同分为燃油车和电动车两大类，而在将人和货物安全、快捷运输到目的地这个更高目标上二者并没有不同。在动力系统上，燃油车围绕如何将化石能源转化为机械能上构建知识系统，而电动车围绕如何将电能转化为机械能上构建知识系统，只要目的调整了或目标改变了就需要重塑整个系统知识。

在围绕目的构建系统知识上很像埃文·马斯克所说的"第一性原理"（First Principle Thinking）。马斯克将第一性原理奉为自己的商业哲学。他认为每个事物的存在、每个现象的发生都不是无缘无故的，一定存在着一个本质的原因。马斯克曾这样表述"第一性原理"：我运用第一性原理，而不是类比思维去思考问题，是非常重要的。我们在生活中总是倾向于比较，对别人已经做过或者正在做的事情，我们也都跟风去做,这样的结果,只能产生细小的迭代发展。第一性原理的思考方式,就是一层层地拨开事物的表象,看到里面的本质,再从本质一层层地往外走。第一性原理可以简单地阐述为:先回归事物的本质,再思考如何去做,而不是先做,再思考本质。

著名法学家奥利弗·温德尔·霍姆斯曾说过,"我不追求复杂性表面上的简单,但是我愿意将我的生命献给复杂性深层下的简单"。抓住了事物的本质,事物就自然简单起来了;抓住了系统知识的目的,知识的构建也就简单起来了。在《人是如何学习的》一书中,作者约翰·布兰思福特着重比较了专家和新手在知识组织上的差异,结果发现:专家的知识不是简单的堆砌,而是围绕核心"大观点"或者"概念"组合起来的,这些"大观点"引导着他们去构筑和拓展自己的领域。

二)组块

在了解组块之前,我们从一个故事开始。

大李和小李是两兄弟,各自成立了加工厂,都生产机架供应周边的总装厂。起初,二人的生意并没有多大差异。几年过后,小李的加工厂生意不断,越做越红火,相同的员工数量产量却是大李的好几倍。大李的加工厂却大不如初,几乎到了难以维持的程度。大李疑惑不解,我们兄弟两个做的生意相同,为什么小李的加工厂却远远超越了我?

大李来到了小李的加工厂,仔细请教一番后终于发现了其中的缘由。原来机架有几百个零部件,大李的做法是将几百个零部件依次组装,在组装的过程中但凡发生意外情况(如某个员工外出、某个员工请假,甚至接打电话之类的事情)都会延缓组装的进度,第二天还需要重新梳理前一天每个人的工作进度,这样完成一个机架的时间就被大大延长了。而小李的做法是将十几个乃至几十个小部件组合成一个组件,把几个组件再组合到一起，机架就完成了。

小李和大李的不同工作方式很像我们对知识的加工方式，一些人是从零部件（信息）开始组装的，而一些人则是通过组件（知识组块）开始组装的，这两种加工方式的结果显而易见。不要小看大脑加工方式的这一小步，这却是专业领域成长的一大步，人与人之间在知识上的实质性差距正是从这一步拉开的。人类大脑的工作风格偏好组块化的知识，排斥分散和凌乱的信息。丹尼尔·列维汀在《有序》中讲到，人类的大脑一旦遇到凌乱不堪就会自然进入厌烦模式，大脑会不自觉地对其进行加工，让它们按照一定的规则排布开来。这个独特的功能是人类祖先在自然界进化中获取的，并进一步发展为人类大脑的工作方式。

三）要素

要了解要素，以笔者的一个经历做案例再合适不过了。

2016年暑假，我陪儿子参观秦始皇陵，其间导游向大家提问："兵马俑千人千面，几乎找不到完全相同的两个造型，古人是如何做到的？"这一问题着实难住了我，我一路思索直到走到一个坍塌的俑坑时，导游才揭开了谜底。顺着导游的手势我们看到，坍塌的俑坑里面兵马俑由于受到重力的挤压而相互碰撞，东倒西歪的。这些碰撞后损坏的兵马俑却有着一些共同的特征，如脸部、发髻和脖颈等处沿着相同的剖面裂开了。到此，我们已经理解了，兵马俑是拼装起来的。这种组合的艺术早在公元前200年就已经成熟并被广泛应用了。

兵马俑这个案例对我们构建系统知识有着重要的启示。系统知识越广，所包含的组块就越多，当组块超过了一定数量后，我们就会陷入新的凌乱，而解决这一问题的办法就是对组块进行二次组装。二次组装后，组块数量变少，层级变高，我们称之为要素。

(四)关系

在了解了系统知识的目的之后,要素之间的关系就成为上接目的、下接组块的关键环节了。下面从笔者的一个经历谈一下关系。

员工技能考评里面有一个电器接线的考试科目。这个科目的基本内容是给每个学员一个电路图和一批电子元器件。电子元器件有开关、电源、导线、用电器等,稍微复杂的还会用到PLC等一些控制装置。考试开始后,教员会将需要实现的功能发给学员,学员的任务是实现这些功能,根据电路图的提示将元器件连接起来。这个考试内容可以简单地理解为高中物理并联、串联电路的升级版。这是一个典型的告知目标,自己确定元器件,通过导线构建各个要素之间关系的考试。这个科目的考试成绩起初很不理想,大量学员对每个元器件很熟悉,而对这些元器件之间的关系和所构建的整体却很迷茫,平均通过率只有三分之一左右。有一次,我问授课的王老师:"学员的成绩为什么会这么低?"王老师认真地回答:"电路的连接有三种基本形式——自锁、互锁、联锁,元器件之间发生的所有连接都是这三种形式的变形,不掌握这些连接关系就难以通过电路图追踪到故障的来源。"听完了王老师的讲解,我追问了一句:"如果让你对这个连接关系进行精炼总结的话,那会是什么?"王老师沉思了片刻,说:"是流动的符号、浓缩的系统、在线的高德。"原来我看到的每个元器件在电路图上都是一个符号,而在王老师的眼里它们是一群随着关系而流动起来的实体,关系又将各个元器件连在一起,它们关系的贯通就是系统整体功能的实现。反之,只要定义了终点,关系就像在线的高德地图一样指引各个元器件找到自己的位置。

在系统知识里,如果我们只是孤立地记住一些知识,并试图把它们硬凑起来,其结果是仍然无法真正理解任何事物……我们需要依靠关系或者由关系演化形成的模型来安排这些知识。知识在组块之后通过关系建立关联，这种关联在知识组块之间打上了结，形成了相互影响和关联的知识系统。而这个稳定的知识系统会滚动地发展下去，每次学习新的知识组块都会与不同的系统建立关联，并可以对已经成型的内容进行更新，这样整个知识系统在动态的更新中也得到了升级。关于要素及其关系的研究，前人在很多领域里已经积累了丰富的素材，并逐步稳定化和模型化，我们更习惯地称之为"基模"。

五）细节

细节决定成败。系统知识所有构件最终的承载者就是展现在我们面前的细节，无论构成知识最小单元的知识点，还是构成技能最小单元的要点，它们既代表了本身的水平，也反映了系统知识的整体水平。关于细节的部分会在本书第四章开发内容部分做详细介绍，这里不再赘述。

对系统知识的构建可以自上而下也可以自下而上完成。一般而言，初学者需要经历自下而上构建的过程，掌握了方法后就可以尝试自上而下地重构了。拥有稳定且保持更新的系统知识是知识型工作者的重要标志，也是成为师傅的重要条件。

围绕目标构建系统知识也是形成知识创造力的基础，在我们所处的时代更是超越了知识本身，成为名副其实的高阶能力。提到好莱坞，我们会联想到一系列英雄电影，包括《蜘蛛侠》《星球大战》《指环王》《哈利·波特》《黑客帝国》《狮子王》《美国队长》《钢铁侠》《绿巨人》等。可是当我们在电影院里沉迷于这些英雄人物的曲折故事和动人情节时，不会想到他们是由同一个人间接创造出来的，这个人就是约瑟夫·坎贝尔，他被誉为"好莱坞神话学教父"。1949年，坎贝尔出版了《千面英雄》一书并发布了"英雄之旅"路径图。他总结了众多英雄人物的发展轨迹和历程，提出英雄的轨迹包括启程、启蒙和归来三个阶段，包含日常生活、历险的召唤、拒绝召唤、遇到导师、跨越阈值、考验、征途、磨难、回报、回归、复活、带回灵药12个过程。该著作对好莱坞英雄电影的影响深远，很多英雄都是《千面英雄》的间接产物。如今透过《千面英雄》再看好莱坞英雄，原来他们不过是"系统知识"的副产品。

有了构建系统知识的方法就有可能去创造知识产品，把自己变成生产新知识的工厂，而不仅是学习的容器。这可能就是我们应对不确定时代的确定方法。

教导方法

第三节

教育不是填坑,而是点燃照明之火。

——威廉·巴特勒·叶芝

人身上最富有人性的标签不是学习能力,而是教诲能力。

——玛格丽特·米德

有一次，笔者在课堂上讲完师傅的教导方法后，一位学员站起来说，现在终于明白了，原来师傅就像厨师，传授的知识好比食材，而教导方法好比厨艺，当了这么多年的师傅，现在才搞明白自己有食材、没厨艺，每次都拿着生瓜、土豆蛋儿硬往徒弟的嘴里塞，还问徒弟好不好吃……这位学员的类比可谓恰当之极，好的内容还需要通过师傅的加工后才会变成徒弟爱吃、易消化的大餐，而这个加工的技艺就是师傅的教导方法。

一、教导中的行为主义

我大学刚毕业到了风电场工作，师傅老张是一位40多岁的中年人，他带着浓厚的地方口音，要听懂他说的话对我来讲存在不少困难。

第二天要跟师傅做电机检修，我内心一阵激动。第二天一大早我们就到达了工作位，师傅说拿"起子"，我拿起"扳手"就送了过去。师傅看了以后再次用浓重的口音对我讲了一遍"起子"，我愣住了，因为"起子"在我老家方言中的意思就是扳手。师傅无奈地看了看我，只能用普通话逐字对我说"螺—丝—刀"。我这才听明白，于是赶紧把螺丝刀递到了师傅的手里。师傅不满意地看了我一眼。

之后我开始处处小心，内心不断地提醒自己"别再出错"，生怕再惹怒了师傅。过了一会儿，师傅对我说："测一下绝缘。"我确定自己听清楚了，于是拿起绝缘表对着电机的三相电开始测相间绝缘，测完之后高兴地向师傅汇报数值。可没等我说完，师傅满脸通红地冲着我吼道："你傻呀！咱们做的是电机对地检测，怎么会去测相间绝缘？测绝缘之前要先测电压，万一带电了，你小子今天就完了。你这专业是跟谁学的？安规没学？……"看着师傅咆哮的样子，我彻底蒙了，心里犯着嘀咕："师傅不会打我吧？"一阵狂风暴雨后，师傅对我下达了终极指令："你回去好好地学安规，罚你抄写50遍，看你以后还长不长记性……"

我低着头回到工作地，用一周的时间抄写了50遍安规，但这件事从此深深地烙在了我的脑海里。当我再次看见师傅时已经没有了之前的亲切感，只有一种讲不出来的尴尬，我学习的积极性也大不如前，生怕出错后伴随而来的是阵阵咆哮。

张师傅的这种教导方式在师带徒的实践里很常见。张师傅并非有意为之，但会经常为之，习惯为之。这种无意识行为方式的背后有一个统一的称号——"行为主义"。行为主义在20世纪掌控教育思想长达几十年之久，今天仍有很多人推崇这种主张。行为主义认为学习就是要在刺激和反应之间建立连接，代表人物包括约翰·华生、伊万·彼得罗维奇·巴普洛夫、爱德华·李·桑代克和伯鲁斯·弗雷德里克·斯金纳等。他们的观点虽然在具体陈述方式上存在差异，但在本质上是相同的。

华生是行为主义的创始人。他认为刺激和反应之间的连接是直接的，这个过程中不存在心理、思维的参与，学习的本质就是形成习惯，在刺激和反应之间建立稳固的关联。在习惯的养成上，华生强调频因律和近因律的作用，频因律就是用的次数多的行为容易形成习惯，近因律可以理解为最近用的行为更容易发展成为习惯。

桑代克认为刺激和反应之间的连接是通过试错的方式实现的，这就如同我们想要到达一个地方，起初通过不断尝试的方式找到路径，下次再到这个地方，自然就会按照上次的路径行走。这样就建立了情景（situation）和反应（response）之间的关联，这个关联简称S-R。这个试误的过程主要受到了练习律、效果律和准备律的影响。

斯金纳也是行为主义的代表人物之一，由他发明的"斯金纳箱"

更为大家所熟悉。他认为人的行为大多是操作行为，主要受到强化律的制约，强化的方式包括正强化（给予奖励、肯定等）和负强化（给予惩罚、批评等）。无论是正强化还是负强化，都是针对行为发生的概率展开的。斯金纳后续实验表明，负强化在消除行为的作用上十分有限，惩罚或批评不能使行为消失或改变，只能暂时得到抑制。惩罚或批评等负强化手段只有与正强化相结合才有效。可以说，斯金纳的实验和主张大大拓展了行为主义的边界。

行为主义将人的学习简化为动物反应，忽视了人的思维价值，也忽略了人的主动性。他们把人的大脑看作黑箱，既然难以理解里面究竟发生了什么，不如把它放在一边暂时忽略它。有着行为主义思维和行为的师傅，看徒弟就像斯金纳箱里面的小白鼠，因此田俊国形象地称行为主义为"驯兽"模式。行为主义在20世纪得到推崇并非偶然事件。我们在前面已经提到，在规模化大生产阶段，泰勒制和福特制盛行，卓别林主演的电影《摩登时代》形象地展示了工人们在流水线上做重复劳动的场景。因此过于机械地重复同样的动作，以致看到别人衣服上的扣子都想拿着扳手拧几圈，人们的思维和行为模式在一遍遍的重复中被固化下来。即便如此，亨利·福特还曾表达过这样的感慨："我明明只需要一双手，却需要雇用一个完整的人。"持有行为主义观念的师傅在实践中会有怎样的表现呢？

1. 行为主义的师徒角色观

行为主义的初始研究对象大多是从动物反应开始的，无论是斯金纳箱里的小白鼠，还是巴普洛夫研究条件反射的狗。与此相对应，行为主义的师傅常常将徒弟视为要驯化的"动物"，而他们往往充当驯兽师的角色，他们的目标是要把动物训练成自己要求的样子。

2. 行为主义的师徒方法观

角色确定后，教导的方式和方法也就确定了。教导的目的是要建立刺激和反应之间的关联，指令和命令的方法最原始、直接和高效。命令和指令越过所有的中间环节直接建立S-R联系，为了使徒弟的行为符合期望，在教导的过程中正强化和负强化成为必需品，奖励和惩罚的刺激度会随着期望而不断增加，"胡萝卜加大棒"也会愈演愈烈。

3. 行为主义的师徒结果观

相比行为主义效果律的检验方法，师傅们恐怕难以建立这样的评价方法和反馈机制。S-R的强化效果会促使评价方法简单化，对行为改进的反馈逐渐被师傅下命令的反馈所取代，效果律逐渐被"服从"所取代，衡量的效果变成了对师傅指令的服从程度，其结果跟华生的描述很类似：我只在乎他做出了什么，至于他大脑里面发生了什么都已不再重要。

二、教导中的认知主义

有一次，我到外单位授课。当时互动引导的授课理念已经贯穿我的授课过程。课程刚开始，学员的参与和发言不是太积极。轮番调动之后，大家的热情逐渐高涨。当课程正讲到精彩之处时，突然"丁零零"的铃声响起，学生们的神情从兴奋很快下滑到了松懈，好不容易建立起来的课堂氛围瞬间瓦解，没办法只能休息。十分钟后铃声响起，大家都自觉地回到教室，课程继续进行。正当与学员的互动交流处于精彩之时，铃声再一次像长了眼睛一样响起。这次，我没有顾忌铃声仍然继续讲课。结果没过几分钟，大家看手机、喝水等的动作就开始多了起来，没办法我只能中断课程，休息十分钟。此时我才弄明白铃声跟中小学的课堂一样是上下课的指令。

不得已，我只能调整自己的节奏以适应上下课铃声的安排，趁着间隙我浏览了其他教室的授课情况。不看不知道，看完以为自己又回到了高中时代。只见讲台上的老师手握翻页笔，一张张地翻着PPT。有的学生认真地做笔记，有的学生拿着书饶有兴趣地翻着，有的学生把头埋在胸口不知道在做什么，还有的学生直接把胳膊一摊睡着了……而这些丝毫没有影响老师的授课状态，他仍然不紧不慢地念着PPT……

一天的课程结束后，培训中心的刘主任特意留出时间带我参观。我参观了针对每个岗位设计的学习地图，以及每个教室的排课计划。他还专门向我介绍了不同岗位任职资格对应的课程、课时和取证要求等。我特意询问："像综管、后勤、人力资源这些没有明确证书的职位怎么要求？"刘主任立刻兴奋地说道："这可是我们单位的良好实践，这些岗位的人员必须取得中级及以上职称，这些职称包括经济师、工程师等。"我继续问："这些资格国家不是正在逐步取消吗？"刘主任马上严肃地说："这些资格还是很有价值的，是跟每个人的退休工资挂钩的……"出于好奇我继续问："这些资格跟他们的实际工作内容相关吗？"刘主任思索了一番说："相不相关由人力资源部门来定，我们是具体执行培训任务的部门，我们的工作是保证他们学会、考过……"

事无对错，只有观念不同。与刘主任推崇的各种举措相比，我更关心他的教导理念，采用这种主张或行为方式的师傅在当下可以用比比皆是来形容。这种教导思想和行为的背后是另一个教育流派——"认知主义"，也被称为"格式塔主义"。认知主义的代表人物有很多，其中包括沃尔夫冈·苛勒、杰罗姆·布鲁纳、爱德华·查斯·托尔曼，以及我们熟知的罗伯特·加涅、阿尔伯特·班杜拉等。

苛勒是格式塔心理学的代表人物，他受大猩猩完成取香蕉任务的启发，提出了"完形-顿悟理论"。他认为学习是通过顿悟实现的，而顿悟是对目标和达成目标的手段与途径之间的理解，通过顿悟逐渐构建了自己的知识"完形"（完形的德文发音就是"格式塔"）。学习的目的在于构建完形，学习的过程就是不断构建完形的过程。

布鲁纳是美国的认知心理学家，他主张学习在于使学科的基本结构转变为学生头脑中的认知结构，因此，他的主张也被称为"认知-结构说"。布鲁纳的观点很明确，学习的实质是在学生的大脑里形成认知结构，有了结构之后就有可能做到举一反三，而形成这个结构的过程包括获得、转化和评价三个阶段，也就是我们熟悉的知识学习、知识转化、知识评价，像极了我们今天的上课、做练习题、考试。

托尔曼是认知主义的另一位代表人物，他在著名的"迷宫实验"中推导出了"认知地图"主张，他认为知识结构的构建不是漫无目的的，而是个体有指向性的一种行为。为了达到预期的目的，对环境的认知是重要的手段和途径，个体在与环境的不断交互作用中形成了对实现目标路径的整体认知，这就是认知地图。认知地图形象地阐述了认知结构在教育中的关键和核心作用。托尔曼的目的和认知地图成了指导教育实践的重要依据，对现代教育实践影响深远。

认知主义的另一位代表人物就是加涅。加涅是20世纪最有影响力的教育学家之一，他的信息加工理论对教育实践同样影响深远。加涅主张教学的过程要匹配学习阶段展开，为此，加涅提出了教学事件的八个主要阶段，分别是激发阶段、领会阶段、习得阶段、保持阶段、回忆阶段、概括阶段、作业阶段、反馈阶段。这八个阶段与我们的信息接收、存储、转化、提取相匹配。

以上代表人物虽然强调的侧重点不同，但都重视认知结构的作用，强调认知结构是学习的核心和实质。在师带徒领域，认知主义的师傅是绝对的主力，这种思维和行为方式的习得与我们当下的教育环境有很大的关系。这种教育思想被田俊国形象地称为"砌墙"，师傅的工作类似于在徒弟的大脑里面砌上一堵知识的墙。

1. 认知主义的师徒角色观

由于深受学历教育模式的影响，现实中的师徒很容易进入认知主义的角色里，在这个角色里师傅更像站在讲台上的老师，而徒弟更像坐在教室里的学生。老师的工作就是把教学大纲里面的知识转换到学生的大脑里，这个知识结构就像一面完整的"墙"，而要完成这面墙的建设就需要一块块的砖，这些砖就像一门门的课程、一次次的考评，所有的科目都完成了，就代表这面墙已经砌完了。在实践中，苛勒、托尔曼和布鲁纳主张的学习是个体与环境交互作用的过程被简化版的教学大纲取代，在交互中形成完形、认知地图的过程被简化版的课堂灌输所取代，通过环境检验学习成效被简化版的考试所取代，于是师傅变成了砌墙的工匠，课程变成了一块块的砖，考试成绩代表了墙的质量。

2. 认知主义的师徒方法观

在简化版认知主义的实践指导下，砌墙的速度和质量代表了师傅的水平，快速和高效地完成砌墙成为工作的首要目标，而衡量墙的质量的标准也逐步达成了一致——分数。分数成了衡量教育成效的通行法则，人们终于找到了应对教育这个影响人生复杂问题的简单解，教育这个世界级难题在遇到分数后得到解决。目标一旦确定，达成目标最近的路径很快就在反复的实践中被打造出来，直接的填鸭速成法更为高效，说教和灌输成为这条捷径上的首选。如果灌输不奏效，驯兽模式会被再度启用，砌墙加驯兽结合成为一套组合拳。

3. 认知主义的师徒结果观

当教育被简化成分数这个简单解之后，追逐分数就自然成为师傅们的首选，徒弟学成什么样子变得不再重要，分数达到标准才重要，至于徒弟是否会保持学习的动力，是否能真正从中受益，是否能将所学应用到工作中也已不再重要。教学大纲+灌输+分数的模式如同把徒弟放在车床上，最终我们收获了一个个标准件。

三、教导中的建构主义

初到公司参加工作，我就结识了电气工程师苏师傅。从库房到工作现场需要一个多小时的车程，这一路上有的人相互寒暄聊一些奇闻趣事，有的人趁机休息一会儿……而苏师傅则是提前占上最后一排，拿出他的英文手册不停地翻看着。

有一次做电气滑环检修，我准备好工器具就要出发，苏师傅拦住我，看了一遍我的工器具说："把50牛顿·米的力矩扳手带上。"既然师傅让带，估计会有用，我也没有问其中的缘由就带上了。到了现场，我按工作要求进行了断电、验电、挂牌、上锁等一系列程序，告诉苏师傅可以拆除电气滑环了。苏师傅却出乎意料地说："等等！你别着急，再想想刚才的作业有没有问题。"我愣了一下，心里想："我都是按规程进行的作业，怎么可能会有问题呢？"于是我自信满满地说："没有问题！一切都已准备好了。"苏师傅俯下身指给我说："我们要拆除这个部件，与它相连的电源都有哪些？你是否全部做了验电？"看苏师傅这满脸认真的样子，我谨慎起来，逐项重述了验电位置，居然发现出线侧的电源线未进行验电，拆除后对本体也未进行放电和再验电。我一时愣住了。这才发现我所谓的"好"与师傅认为的"好"还差得远呢。我也意识到自己工作的粗糙和大意。

完成拆除后，我把新的电气滑环安装到位，直接从工具箱拿出扳手进行安装。这时候苏师傅突然问我："电气滑环的螺栓力矩定值是多少？"我突然被问住了，看着他说："以前安装电气滑环都是直接拿扳手拧上去的，没有用过力矩扳手。"也就在这一瞬间，我突然明白了师傅让我带力矩扳手的用意。我立即蹲下来翻阅手册，才发现手册中对力矩值有明确的规定，是50牛顿·米。我不好意思地拿出力矩扳手设定力矩值后开始对螺栓进行加固，之后对苏师傅说："已经完成了。"没想到苏师傅却对我说："你的力矩值对吗？"我看了看力矩扳手，顿时脸红了，原来我的力矩值设定的是48牛顿·米，与标准相差了2牛顿·米。苏师傅拿过力矩扳手，重新设定了力矩值为50牛顿·米，然后对我说："你重新加固一下。"我难为情地重新加固了一遍，确认每个螺栓都达到标准值之后，对苏师傅说："这次肯定没问题了吧？"不料苏师傅却对我说："你的力矩扳手校验过没有？"我顿时被问得卡了壳，出门时只是匆忙拿了一个，丝毫没有顾及是否校验的事情。这时候翻过来看检验标签，发现已经过期了。我的脸又一下子红了，心里想："师傅干吗这么较真！这总不能赶三小时回到仓库再取一个吧。"不料苏师傅却说："没关系，用我的吧，我这个已经重新校验过了。"这时我一颗悬着的心终于落了地。

一个工作前前后后被返工了三次，让我感到脸红的不是工作本身，而是自己的工作质量与苏师傅的差距。这件事情已经过去很久了，但苏师傅的工作标准却通过三次返工移植到了我的工作中。

苏师傅对待徒弟的方式与前面的驯兽和砌墙模式形成了鲜明的对比，对徒弟的正向影响程度也超越以往。苏师傅的教导方式有如下几个突出的特点。

徒弟成了学习的主体。苏师傅结合工作场景紧紧围绕工作展开教导，从工作开始的那一刻苏师傅就已经预设了教导过程，从徒弟的工作习惯入手，从拿取工器具开始已经设计了可能出现的场景。这个教导围绕徒弟成长中的"缺陷"展开，教导的中心工作是苏师傅巧妙地把这些"缺陷"弥补上，学习的主体从苏师傅身上顺利转移到了徒弟身上。苏师傅是教导场景的设计者，徒弟是学习过程的主体。

师傅的作用是促进徒弟思考。在整个过程中，苏师傅通过工作场景观察徒弟的举动，对徒弟出现的错误没有立即制止，也没有立即纠正，而是通过观察、提问的方式引发徒弟的思考。徒弟在反思中逐步意识到自己的问题所在，并通过自我改进的方式加以修正，自己的缺陷自己弥补。在逐步深入的提问中，徒弟完成了自我成长。

知识是徒弟基于自身经验的建构。知识的学习不是苏师傅将准备好的内容灌输到徒弟的大脑里，而是徒弟在实践工作中自己加工后的结果，是徒弟与场景交互作用后的收获。只有经过徒弟自己加工过的内容才真正属于徒弟。在这个过程中，徒弟建立起了工作场景和技能之间的关联，并自然形成了S-R关联。

教学的过程是师徒的相互协商。苏师傅给场景，给任务，给问题，却不给答案。答案通过与徒弟在探讨中形成。在这个过程中苏师傅更像答案的"助推者"，而徒弟更像自己悟出了答案。

外在变化引发内在变化。在这个过程中，苏师傅不仅完成了传递知识和技能，更将自己的工作标准、工作态度乃至工作品格一起传递给了徒弟。徒弟在这个过程中看似学到的没有沉甸甸的教材多，但他学到了很多书本里面无法获取的内容。

这种教导方式就是建构主义。建构主义认为知识是学员主动建构意义的过程，是新旧经验之间相互作用的结果。建构主义的代表人物有利维·维果斯基、恩斯特·冯·格拉塞斯菲尔德、默林·维特罗克和R.J.斯皮罗等。与行为主义和认知主义不同，建构主义有着自己的价值取向。

一）建构主义的师徒角色观

建构主义认为，知识是个体主动建构完成的，因此知识具有个体属性，也就是说，知识可以有个体的不同版本，每个人都可以依据自己对知识体的理解进行解读，每个人也都是依据自己的解读方式去行动的。学习的过程不仅是对新知识的理解，也是对新知识的分析、检验和批判。知识的运用也不是简单的套用，而是依据具体的场景进行改造后的结果。知识不是固定的模板或结构，而是随着外部世界的变化而不断变动的。建构主义主张徒弟是学习的主体，师傅是帮助徒弟建构的导师，师傅提供各种辅助条件帮助徒弟完成学习。师傅的角色更像"园丁"而徒弟更像"苗木"，师傅开展育苗工作的前提是熟悉各种苗木的习性和成长条件，其工作重点是创造出适合苗木成长的条件，让苗木自己努力成长。正如伽利略所说，"你不可能教会一个人任何事情，你只能帮助他找到适合的做事方法"。

二）建构主义的师徒方法观

建构主义认为，每个人都带着自己的理解来感知外在世界，每个人的大脑也都不会是空白的仅用来接受别人的主张或观点。师傅不能无视徒弟先前的知识或经验，而要做到激发其原有的知识和经验为新知识的学习服务。学习是个体对知识的主动建构过程，学生不是被动的学习者，也不是刺激的被动接受者，而是意义的主动建构者。学习是学习者与自己旧知之间的反复双向互动后的结果。知识不能脱离场景而单独存在，是在与具体场景交互后形成的。人类的学习是在场景中完成的，是不断与场景调适和适配的结果。在这种情况下，师傅更多采用引导和反馈的方法，通过引导或创造条件让徒弟的学习自然发生。《论语·述而篇》讲到："不愤不启，不悱不发。举一隅不以三隅反，则不复也。"孔子也提倡老师要主动引导学生完成学习，只有学生自己掌握的才真正属于学生自己。正如教育学家保罗·科尔贺所说："人们永远不会通过灌输学会任何事，他们必须自己去发现。"

三）建构主义的师徒结果观

在建构主义的主张下，教学不再是传递内容，而是激活学生的知识系统，促进新知识与旧知识之间的关联，促进学生系统知识的建构，实现知识的重组、转化和改造。教学的结果也不再是围绕知识的灌输和检验知识的存在形式而展开，教学更多被赋予了"育"的内涵。师傅不是让徒弟变成自己想要的样子，也不是把知识塞进徒弟的大脑，而是通过创设各种场景让徒弟成就他自己本来的样子。

从行为主义到认知主义再到建构主义，三大流派渐次发展，在不同时期对教育和教学均产生过重大影响。我们也不难发现，建构主义的很多观点与认知主义的苛勒、布鲁纳、托尔曼的观点有着相似之处，而加涅在《学习的条件》里也强调学习者已经具备的知识是学习新知识的基础条件，掌握不了新知识的原因与所具备的知识水平有关。加涅在《教学设计原理》中更突出了学生作为学习主体的地位，强调在教学设计中调动学生的积极性，让学生更为主动地参与到教学中。可见，认知主义和建构主义呈现相互借鉴、相互融合的趋势。

教育学家约翰·杜威说过："如果我们用过去的方法教育现在的学生，就是在剥夺他们的未来。"从工业1.0时代的蒸汽革命到工业2.0时代的泰勒制和福特制,培养大量适合简单作业的产业工人是教学的首要目标,这为行为主义提供了广阔的市场。到了以控制化和自动化为代表的工业3.0时代,专业教育兴起,专业化的人才需要完整的知识体系或知识地图与之相匹配,认知主义应时而生。如今我们在工业4.0的时代背景下,数字化、网络化、智能化成为科技先导,多学科、多领域、多交叉的学科融合正在催促教学模式的转变,教育不是灌输而是通过不同的理念来促进学习已经越来越成为共识。

四、从驯马师到马语者

要驯服一匹马,我们通常有如下三种方式。

第一种方式是用绳索或者棍棒迫使它去接受,让它忍受被控制的屈辱。一旦表现出反抗,就给它戴上枷锁,最终它只能接受或妥协。这匹马在经历了伤痛、狂躁、沮丧和畏惧之后最终选择臣服。

第二种方式是为这匹马开发一套教程和评价体系,按照教程的要求从第一页做到最后一页。在每个阶段都有评价的标准。为了有说服力,再开几次评审会,邀请专家们制定出一匹好马的评价指标体系,进行马与指标体系的符合度分析,然后依据分析结果开展针对性的训练计划。

第三种方式是成为马语者,就像史蒂文·斯皮尔伯格导演的电影《战马》中的主人公艾尔伯特那样,与小马驹一起成长,像对待自己的家人一样,为它刷毛,为它喂草料,经常抚摸它、亲近它,发自内心地喜欢它。等你翻身跃上马背的时刻,它就不会把你掀下马背。这时候已经到了自然而然的状态,你和它有共同的愿望、共同的语言。你希望到哪里去,它就会带你前往。

李昌镐被誉为棋坛"石佛"，稳健、厚实的棋风是他的典型标志。他是韩国首位实现围棋大满贯的棋手，他的成长离不开师傅曹熏铉的教导。李昌镐坦言自己的棋风与师傅有着明显的差异，师傅曹熏铉棋风凌厉，攻势迅猛，但师傅并没有要求李昌镐改变风格，而是鼓励李昌镐保持自己的风格，并进一步对李昌镐说道："你的围棋是由你的气质决定的。"李昌镐的另一位师傅田永善也评价李昌镐："他就是输，也坚持自己的风格方式，这一点令我特别满意。"正是在这样名师的引导下，"厚实"的棋风成就了李昌镐。他正是凭借自己的风格，将对手引入自己擅长的领地，并取得最后的胜利。

乔希·维茨金是世界级的象棋大师，他的成功离不开导师布鲁斯的教导。在《学习之道》中他这样描述导师布鲁斯："在没有开始练习象棋之前，布鲁斯陪我玩游戏。他懂得如何约束自己，同时又不减弱我对象棋的热爱或者压抑我内心的想法。很多老师都不懂得这种平衡状态，而是逼学生采取某种固定的模式。多年来，我曾遇到过很多这样的老师，也逐步意识到，从长期来看他们这种做法对学生极具杀伤力。布鲁斯并没有把自己当成博学之人，而更多的是把自己当成我成长过程中的向导，而非权威。如果我们意见不一致，就会进行面对面的探讨，而非单方面的训话。通过对象棋内容的传授，布鲁斯进一步加深了我对象棋的热爱，并且从未让技术性的东西影响我对象棋的内在感觉。这种内心的历练让我总能在不利的情况下翻盘，并逐渐形成了自己的风格，那就是让棋局变得复杂，然后以自己的方式走出棋局，棋局越乱自己越有信心。在这种局面下，对手的自信心会逐渐减弱，主动权开始逐步掌握在我的手里，直到最后赢得比赛。"

约翰·伍登是美国著名的篮球教练，ESPN曾评价他是"20世纪最佳教练"，他以球员和篮球教练的身份同时入选篮球名人纪念堂。伍登在起初执教的时候坦言："作为一名球员，所有的经历和技巧让我笃定我对篮球相当了解，但不幸的是，我对如何教人却一无所知。这就好比一个衣帽架，上面挂着很多帽子，好的教练在不同时刻会选择戴不同的帽子，这些帽子的头衔包括示范操作员、纪律检查员、裁判员、导师、心理辅导师、支持者、行为榜样、伯乐等。教导他人最大的悖论在于，在你学会教导之前，没有人会告诉你究竟怎样才能教会另一个人。"

《管子·修权》篇有云："一年之计，莫如树谷，十年之计，莫如树木，终身之计，莫如树人；一树一获者，谷也；一树十获者，木也；一树百获者，人也。"追求短期效果的师傅更像"树谷"之人，只为自己当期的效果而工作。追求中期效果的师傅则更像"树木"之人，努力把徒弟塑造成自己眼中的栋梁之材。追求长期效果的师傅更像在"树人"，他们的努力既不为自己赢得掌声，也不为彰显自己显赫的业绩，只为了徒弟有丰盈的人生。

《道德经》曰："善行无辙迹；善言无瑕谪；善数不用筹策；善闭，无关楗而不可开；善结，无绳约而不可解。是以圣人常善救人，故无弃人；常善救物，故无弃物，是谓袭明。故善人者，不善人之师；不善人者，善人之资。不贵其师，不爱其资，虽智大迷，是谓要妙。"这段话的大概意思是说，善于行走（的人），不会留下轨迹；擅长言谈（的人），不会在语言上留下破绽；善于计数（的人），不用筹码也能计算；善于闭守（的人），不用门闩别人也无法把门打开；善于捆绑（的人），不用绳结别人也不能解开。因此，有道的人善于做到人尽其才，在其眼里绝不会有无用的人；经常善于做到物尽其用，在他眼里绝不会有无用之物。这就叫作内藏着的聪明智慧。所以，善人可以作为不善人的老师，不善人可以作为善人的借鉴。如果不尊重善人的指导，不珍惜不善人的借鉴作用，即使自以为聪明绝顶，其实也是个大糊涂，这就是精深微妙的道理。

那些按照自己的好恶教导别人的师傅，不正是老子笔下的"大迷"吗？而真正践行了教导智慧的师傅，不也正是老子笔下的"袭明"吗！

第四节 情感支持

没有事实,只有感受。

——戴尔·卡内基

人们也许会忘记你说过什么,但他们永远不会忘记你带给他们的感受。

——卡尔·布赫纳

情感不能成为师带徒中的积极因素，就会成为消极因素，没有中间态，如何让情感在师带徒中恰到好处地发挥作用，是师傅需要具备的核心素质之一。

一、师徒的连接时刻

大学毕业后，我在从业的第一家公司结识了第一位师傅——周师傅。周师傅平时也算和蔼，为讨好他，我有时会给他带上几盒烟，周师傅高兴了就会教我一些小窍门，这样的师徒关系在公司很普遍，这种状态一直维持到九月的一次会议上。

会议中，场长通报了上周对各个工作场所的检查情况，其中重点不合格项目中有周师傅工作过的检修站。听到这里我心里一阵紧张，之后仔细看一下日期发现自己当天不在现场，悬着的一颗心终于落了地。场长一边讲解不合格项目的照片一边阐述不合格的原因，突然，把话锋转向周师傅说道："周师傅解释一下什么原因，为什么不按工作标准操作？"周师傅站起来说："场长，这也不能全怪我。小李是新来的，他对咱们的很多工作标准和要求还没有完全领会和掌握，再说了，新人的成长不也需要时间吗？当然，我这个师傅的确有不尽职的地方，你说呢，小李？"师傅一边说一边给我使眼色。我碍于情面，又没有办法在周会上说清楚，就缓缓地站起来唯唯诺诺地说："场长，我下次一定改正……"接下来场长对我劝诫了一番，还拿我做了反面典型，要求大家引以为戒，一时间我成了会议的焦点。

这件事情之后，我心里的这道坎一直没有过去。到工作现场就有一种莫名的委屈感，见到周师傅更是浑身不自在，做工作分外别扭，没过多久，我就辞职并应聘到了另一家公司。

到新公司的第二个月就遇到了王师傅。签完师徒协议之后就算正式拜师了，按照惯例我送了王师傅了一条香烟，王师傅看了看说："你考虑得倒是很周全，可你忘了师傅我不抽烟啊。"我很尴尬，可王师傅不但没有责怪我，还给我不少关照。第一次跟着王师傅处理故障，心里很兴奋，当王师傅拆解完变频柜向我讲解内部结构时，心里更是"砰砰"地跳个不停，感觉跟着王师傅开了眼。难掩内心的兴奋，我匆匆收拾完工具就离开了机舱。第二天，刚修理的风机居然报了故障，我百思不得其解，不知哪里出了问题。登上风机一看，原来是昨天着急离开，风机的变频柜柜门没有锁止，从而导致风机运行时把柜门挤压变形，整个柜体也都跟着错了位，这要是更换下来估计要有几万元的损失。我惊恐地看着王师傅，王师傅看到我害怕的样子却只是浅浅地笑了一下。

晚班会上，我坐在后排，双手紧握着的笔记本很快被汗水浸湿了。我焦急地等待着批评或处分的到来，有了上次与周师傅的经历，我决定主动承认错误，最多也就是处分。我抬头看着坐在前排的王师傅，他像往常一样平静地坐在那里，像什么事情都没有发生过。场长果然提到了昨天发生的问题，没等场长讲完，我就从座位上站了起来，正要开口讲话，王师傅回头用力地把我摁回座位，站起来对场长和全体人员说："这是我昨天工作没有做检查造成的，作为一名老员工……"听着王师傅的讲解，我手心里的汗也逐渐褪去了，但胸口却压上了一块大石头。

会议结束后，我对王师傅说："这个事故明明是我造成的，您为什么要承担？"王师傅笑着对我说："小伙子，我是项目负责人，工作中出现了问题，自然由我负责。你刚到公司，对工作还不够熟悉，关键是不要再犯同样的错误，下次引以为戒就好。"王师傅的话就像在我的心里开了扇窗户一样，让我一下子敞亮起来。我拉着王师傅的手说："我真是非常幸运能遇到您这样的好师傅！"……

王师傅因为这件事情受到了批评，但我们的关系却更加牢固了。现在每次工作开始和结束我都会仔细检查，每次检查时也都会想起可敬的王师傅，每次回味起来心里都是美滋滋的。

"我"前后经历了两任师傅，两任师傅带给我的感受却大不相同，我与两位师傅的关系也呈现了云泥之别。这种人际关系的连接力究竟来自哪里？

1. 身份认同

我与周师傅尽管有香烟为媒，但却只有师徒之名，我与王师傅尽管没有香烟相伴，但却有了师徒之情。这个关键点不是由外在的师徒协议或吃喝宴请决定的，而是由内在的身份认同决定的。王师傅无私地传授技能、挺身而出承担责任从内在深切地表达了对"我"的认同。

2. 共同经历

共同的经历可以增强人际的连接力。对处于低谷的"我"而言，王师傅的勇于承担让"我"得到了情感支持，师徒情谊得到了升华。

3. 共同目标

共同爱好作为媒介也有助于提高师徒关系的黏性，而共同目标让师徒连接更有力，也更持久。

无连接，不师徒。师徒之间的关系不是一纸合约或一个制度所能承载的，师徒一起工作、一起经历、一起体验、一起感受、一起成长。连接师徒的不是协议而是认同，让师徒回味的不是仪式而是经历，促进师徒关系的也不是称呼而是目标。

二、师徒的欣喜时刻

入职的第一天在欢迎的掌声中落下帷幕。我回到宿舍正在整理床铺，传来"咚咚咚"的敲门声，打开房门，只见门口站着一个体型健硕的大汉，"你们谁叫刘兴？"看着眼前这个高我半头的大个子，我心里一阵疑惑，我刚到公司好像没犯什么事。弱弱地回了一句："我，我就是。"没想到这个大个子见了我像见到亲人一样，拉着我的手就是一阵端详："不错！不错！"看着他这个样子，我一阵疑惑，这是从哪里冒出来的"程咬金"？大个子看出了我的不解，说道："我也不绕弯子了，你看咱们两个体型相近，以后你就做我的徒弟吧。"听了这句话，我心里就更迷糊了。以前听说过徒弟拜师傅，师傅赶着认徒弟还是第一次碰到。我被突如其来的大个子师傅给击蒙了。经过一番交谈才知道他姓罗，是这个电场的老员工……就这样，我和罗师傅签订了师徒协议。

工作第一天，罗师傅送了我一个笔记本。我看着厚厚的笔记本，心想这要用很长时间才能写满。罗师傅很正式地对我说："今天是你职业生涯的第一天，这是我送给你的职业礼物。希望你在上面书写好职业的每一分收获……"当我拎着这个比扳手还重的笔记本时，感觉到了那份沉甸甸的嘱托。

随着我对场站逐渐熟悉，才知道罗师傅是名副其实的技术"大拿"。每当我和罗师傅工作归来，大家看我的眼神都充满了羡慕，我心里也是一阵窃喜。转眼八个月过去了，按照公司的要求，我要去支援新场站的建设。临走的那个晚上，罗师傅请了几个同事一起为我送行。罗师傅又拿出一个笔记本对我说："你刚到工作岗位的时候，我送了你一个同样的笔记本，我让你记录下每天的成长历程。同样，我也在相同的笔记本上记录了你的每一次成长。我还记录了很多工作的详细步骤、注意事项和处置故障的窍门，你可以跟自己做的笔记对应一下，这算是师傅送你的出师礼吧。"我翻开这个外壳一模一样的笔记本，看着上面的日期和用不同颜色标注的事项，眼睛湿润了。

第二天，我怀着激动的心情离开了我职业生涯起点的风电场，离开了那个"送上门"的罗师傅。到了新岗位后，我时常把罗师傅的笔记本放在桌边，每当我看到笔记本上不同颜色的标注时，那个心直口快、为人豪爽的罗师傅仿佛来到了我的面前。

让刘兴难以忘记的是送上门的罗师傅，还有那个厚厚的笔记本。笔记本上密密麻麻的各种颜色的标注更像是罗师傅用心点亮的指明灯。刘兴的故事告诉我们师徒之间有很多情感支持的方式。

1. 意料之外

罗师傅一反常态的操作程序，主动登门认徒弟，让刘兴有些不知所措。以前都是徒弟找师傅，这位罗师傅主动去找徒弟，正是这场意料之外的惊喜，让二人的情感有了很多的趣味，也让师徒关系更近了一层。

2. 刺激度

刺激度与意料之外有着直接的关系。"天上掉下来"的罗师傅居然发给自己一个笔记本，而且对刘兴的每次工作都做了详细的记录，这种用心程度大大超越了常人。一个厚厚的笔记本成了师徒的交流媒介，笔记本作为一个载体，更是徒弟成长和师徒关系的见证。

3. 感官体验

刘兴的感官体验不是来自吃吃喝喝，而是来自笔记上不同颜色的标注、不同内容的组合。这让他看到了技术"大拿"是如何炼成的，同时工作秘籍的交付也让他有意料之外的惊喜。

师徒之间的欣喜体验可以大大提高情感支持的程度，这与我们大脑的记忆模式有很大的关系。我们会记住那些欣喜或愉悦的感受，而忘记事情原本的样子。

三、师徒的峰谷时刻

我们公司有一个变电站被称为"魔鬼站"。这个变电站每年都会发生两三次安全事故,八名员工里面已经有五名受到处分,剩下的三名是入职不到三年的新员工。2019年,我通过竞聘被"任命"到这个没人敢去、也没人想去的"魔鬼站"。

摆在我面前的队伍的状态已经处于低谷。对我而言,这里不是加油站就是滑铁卢,没有退路的我只能硬着头皮上。刚到变电站看到站里的员工情绪都非常低落,一副溃不成军的样子。经过深思熟虑,我与五名受处分的员工结为特殊的师徒。公司的张总在拜师仪式上勉励我们把处分当成进步的起点,当他拉着我们六人合影的时候,更像是与我们一起吹响了重新出发的号角。有了师徒这层关系,很多平时不好意思讲出来的话就容易讲了很多。我的第一项工作就是跟受过处分的每名徒弟聊天,每天开会的主题不是怎么做好工作,而是怎么把大家"逗乐"。就这样持续了近两个月,大家的状态才逐渐恢复到正常水平。

五月的一天,徒弟张树和李良在做完安全措施之后准备倒闸操作,我刚好巡视到了现场,建议他们再复核一次。在逐项的排查中居然发现"接地装置"存在漏查。工作结束后我也惊出了一身冷汗,如果张树和李良再背一次处分,就要降职、降级了。这件事之后,大家对我也信服了不少。我借机号召大家只要依靠专业技能,加工认真细致,安全这个死结我们一定可以解开。

我看时机已经成熟,就把专业知识的学习列入每天的工作计划里。我依据变电站所需掌握的内容,按照每个人的业务专长进行了分工。每个人先专攻一个领域,再做横向交叉。对于变电站里每个设备的性能和操作要点,每天下班后大家轮流讲一小时,我率先示范,把这个工作习惯一直坚持下来。接下来，我们一起分析每次事故的原因，寻找针对性举措，发现事故预想和反事故演练是我们的薄弱环节，于是从2020年年初开始我们制订了反事故演练计划。

2020年的雷雨季节，我们按计划做了近一周的反雷击事故演练。事有凑巧，7月29日变电站被雷暴击中，全场停电。以前遇到这种情况，大家会手忙脚乱。这次可就不同了，我们井然有序地按照演练计划逐项完成了恢复工作。整个抢修过程只用了14小时，刷新了公司的抢修速度记录，雷击事件不仅没有成为我们的"滑铁卢"，反而成了团队的"光荣榜"。紧接着变电站全体员工得到了公司的表彰，之前受过处分的五名员工因在这个事件上有立功表现，提前结束了处分期。其中李良更是成了公司的"香饽饽"，代表变电站多次在公司做主题分享。我们在公司的"魔鬼"形象也逐渐消除了，张总给我们团队送了一个新称号——"天使团"。经过这一番磨砺之后，"丑小鸭"变成了"白天鹅"，"魔鬼"变成了可爱的"天使"。

这是邹师傅与他五个徒弟的经历。从他的描述中我们没有看到他和团队经历困难时的痛苦和难堪，看到的是走出低谷过程中的欣喜和享受。从士气低落到稍有平复，从拜师仪式到重新出发，从促膝长谈到重拾信心，从每日一课到应急演练，从事故后的慌乱不堪到井然有序，从受处分到赢得尊敬，在触底反弹的过程中惊喜不断。在这个过程中，邹师傅与五个徒弟的师徒情谊大大超越了以往，在峰谷的轮回中，引发了师徒情感的升华。

1. 里程碑

从谷底到高峰不是一步完成的。这个爬坡的过程邹师傅将其分成了调节气氛、恢复信心、自主学习、勤加演练、轻松应对五个阶段，每个阶段都能看到团队士气和人员状态的改善，所有成员正是在这个经历中增强了情谊。

2. 赢得认可

所有的努力都是为了打个漂亮的翻身仗。从"魔鬼团"到"天使团"，师徒得到了同事和上级的一致赞誉，大家也从谷底走上了高峰，团队在赞誉中得到了非同寻常的认可，师徒情谊在此刻也得到了升华。

3. 自我突破

从"丑小鸭"到"白天鹅"，师徒在共同的成长经历中经受了很多的委屈，迎接了很多的挑战。正是在这个磨炼的过程中，邹师傅带领徒弟一起走过情绪关、自信关、成长关、挑战关和突破关，正是在成长中的自我突破，师徒才取得了最后的荣耀。

在低谷收获成长，在高峰收获荣耀。"峰谷定律"让师徒经历了一次轮回，也让师徒情谊锁定在了彼此的成长道路上。

四、师徒的意义时刻

董师傅是单位电气试验的主考官，更是我们公认的技术标兵，没想到我居然成了他的徒弟。

上班的第一天，董师傅递过来一个本子对我说："你看这是什么？"我好奇地打开董师傅给我的本子，只见上面是密密麻麻的一排排小字，除了标题之外，下面的字用不同的颜色做了各种标记。正当我想问个究竟时，董师傅却说："这是我的工作记录，你看后自己也要做这样的工作记录，格式可以参照我的来做，也可以自己做一下创新。"这就是我的入职第一课，从学习记笔记开始。

我按董师傅的要求记录下工作的点点滴滴，再按照类别进行二次整合，两年下来，我足足记了九本。我和董师傅探讨专业的方式就是拿笔记对话，这也成了我心目中的"华山论剑"。一转眼快到出师的时间了，我虽然对自己的专业技能有一定的把握，却没有独立带班组工作的自信，总感觉董师傅在身边才牢靠。

一次，董师傅带我去做极性试验。刚收拾完工器具，他接到紧急通知，遗憾地对我说："实在是分不开身了，虽说今天的工作比较复杂，但我相信你一定可以带领工作班完成任务。"我看着董师傅收拾完装备匆匆地走了，又看了看眼前的工作班组成员和工器具，只能硬着头皮带领大家完成今天的工作了。

分配工作，核对设备状况，做安全措施，交代工作要点和标准，时不时地拿出随身的工作手册核对关键点……就这样，我带领团队试探着完成了所有流程。当推上电源发现一切顺利的时候，我兴奋得差点哭了出来，我居然可以独立带班完成试验，太了不起了！我带着自信的笑容回到单位。没想到在门口有一个人迎面走来："我没有看错人，我就知道你一定会独立完成的。"我兴奋的眼泪再也止不住了……

为了让徒弟从依赖走向独立，董师傅刻意安排了这个场景。当徒弟看见师傅的那一刻，也明白了其中的深意，这一刻也因成为徒弟的出师时刻而变得意义非凡。师徒的情感支持因徒弟发现了自身价值，发现了工作意义，发现了自我升级而变得更加牢固，在这个过程中，引发师徒情感变化的关键点有以下几个。

1. 高师指点

在徒弟具备成长主动性后，引发徒弟变化的主要推动力就来自师傅。从工作总结到笔记记录再到"华山论剑"，这些都让徒弟的成长进程大大加快，很快就具备了独立带领团队的能力。为了迎接这个节点，董师傅还刻意创造条件迎接这个不同寻常的时刻。

2. 发现价值

董师傅的高明之处在于通过创造场景让徒弟发现自身的价值。徒弟发现自己通过认真对待、合理分工、逐项核对、遵循规程就可以达成既定的工作目标，这也为其解锁下一个发展阶段储备了能量。

3. 认知升级

通过一连串的努力，徒弟发现自己从依赖师傅升级到独立完成工作，从个体完成工作升级到带领团队完成工作，在与师傅相处的两年时光里，实现了自我升级，那个拥抱的时刻就是最靓丽的出师仪式。

五、情感体验圈

著名经济学家、心理学家丹尼尔·卡尼曼通过研究发现，人们对一段经历的评价取决于两个时刻：峰值和结尾。著名行为心理学家希思兄弟也发现，那些令人愉快的峰值时刻包含了四种情感的融合，分别是连接感、惊喜感、荣耀感和认知感。

通过对师带徒案例的解析，我们也发现了影响师徒情感体验的四个核心要素，它们分别是：连接、欣喜、峰谷和意义，这四个核心要素共同组成了师徒连接的纽带，让师徒情感更为牢固和稳定，我将其称之为"情感体验圈"（见图2-2）。

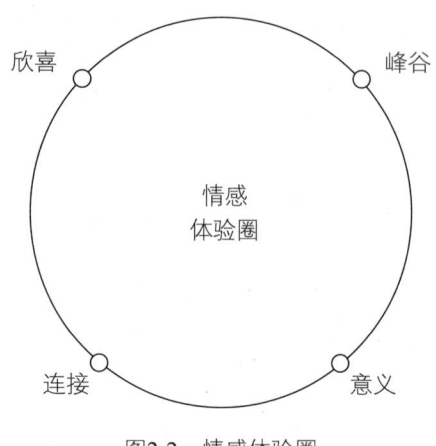

图2-2　情感体验圈

发现了情感体验圈后，师徒之间的情感设计就往前推进了一大步。情感体验圈从内涵上确立了师徒情感进化的逻辑，在它的指引下，一个个各具特色的活动被开发出来。

一）师徒和连接设计

建立师傅和徒弟之间的情感关联，将师傅和徒弟一起经历过的重要时刻、一起经历的情感起伏转化为连接的纽带，将凝结了情感的物品或仪式转化为连接的桥梁。让师傅和徒弟因这些连接点而亲近，在连接点上拉近彼此的关系。

1. 拜师仪式

传统的拜师仪式是师徒各自签一份协议。改进的拜师仪式是在众人的见证下师傅向徒弟做出郑重的承诺，徒弟向师傅做出保证，二人以自我承诺的形式将这份责任担在肩上、放在心里，历届的师徒、在场的同事作为见证人，敦促承诺的兑现。

2. 成长手册

成长手册由组织负责整体设计，师傅持有其中的教导手册，徒弟拿着其中的学习手册，师徒二人详细制定每周和每月的工作内容。每项学习内容完成后，师傅给徒弟的学习结果签字，徒弟给师傅的辅导过程签字。这既是师徒履约的过程记录，也是师徒履行承诺和责任的情感记录。这里面可以记录师带徒过程的重要时刻，也可以承载师傅对徒弟的寄语以及徒弟对师傅的期待。等到出师仪式的那天，师傅和徒弟互换手册，这个场景便成为他们职场的珍藏记录。

3. 一封家书

对于大学毕业生来说，进入职场两个月左右便可以熟识同事、熟悉工作环境，虽然逐步走向独立却依然依恋父母，而父母将子女送到公司后对其工作和生活情况也牵挂有加。现在不缺少联络的手段和通信工具，需要的是真挚的情感流露。恰在此时组织新员工一起向父母报平安，说说自己的所见所闻，还可坚定在工作中成长的信心。在徒弟给父母书写自己的感受和努力要达到的工作状态时，师傅也代表公司表达组织的关切。家书书写完毕后，可以请有感而发的徒弟和师傅进行现场分享，借助家书，师傅将徒弟从师徒协议的形式接纳转变为实质认可，家书的情感连接能量很强大以至于多年后常被提及。

4. 优势互换计划

有些徒弟不仅有专业，还有说、拉、弹、唱的特长。在师傅教徒弟专业技能的同时，徒弟也可与师傅签订一份教导计划，师傅在工作时间教徒弟，徒弟在业余时间教师傅，这种安排既不会让师傅产生单向付出的枯竭感，也让整个师带徒的内容更加丰富，整个团队的文化氛围也因此被带动起来。

二）师徒的欣喜设计

外在的认可和奖赏会激发人的内在愉悦，抓住这些关键时刻就可以为整个师带徒过程注入快乐。

1. 当众夸奖

正向肯定可以帮助徒弟建立激励循环。师傅从问题思维切换到优势思维，鼓励徒弟强化自己的优势领域，受到当众夸奖的徒弟，更倾向于保持和强化自己的行为。

2. 第一次上岗

徒弟第一次上岗是他职业生涯的新起点，也是师傅与徒弟注入惊喜的绝佳时刻。师傅亲手为徒弟戴上安全帽、系上安全带、检查安全装备等既是做好工作前的准备，也是向徒弟传递安全的工作理念。

3. 集体生日会

作为一项传统而有意义的活动，经过设计的集体生日会更加令徒弟难忘。通过集体生日共话难忘时刻，讲述情感故事，书写生日寄语等，大家在一片祥和而热烈的氛围中感受团队的力量。

4. 工作之美

企业运用党工团力量，组织各种兴趣小组，发现每个员工的兴趣爱好，为工作注入乐趣和生活气息，在欣喜时刻也为工作赋予美好的体验。

工作中的欣喜既可以由偶然情况触发，也可以通过精心设计的场景引发。增加工作中的欣喜体验会将快乐融入成长的过程，从而将工作中的劳累替换为喜悦。

三）师徒的峰谷设计

生活中有高峰也有低谷，在低谷中我们收获了成长，在高峰中我们收获了自信。这种自我成长中差别较大的心理体验会成为记忆的锚点，在师带徒的实践中可以在关键环节设计这样的峰谷时刻。

1. 工作方法命名

有些员工在平凡的工作中练就不平凡的本领，为企业的工作方法创新做出了贡献。企业可以用员工的名字命名该项工作方法，每当大家使用该项工作方法的时候都会提及创新者的名字，这种长期的荣耀感会超越奖金等物质奖励的短期快乐。

2. 师徒工作坊

在实际工作中解决了业务难题或者攻克了难关，可以以师徒之名成立工作坊。一方面，可以激励更多的师徒加入攻坚克难的工作中；另一方面，师徒事迹在公司内外的传播本身就是一种荣耀体验。

3. 关键时刻

在师徒的成长笔记中加入一些关键性的成长环节，如通过试用期考核、通过技能等级评定等作为徒弟成长的节点，在徒弟成长的道路上这些都是一个个的里程碑。这些短暂的关键成长对一个人的影响远超长期的平淡无奇。

4. 师徒秀

师徒秀可以分为固定内容和随机内容，固定内容可以是师徒共同完成一个挑战性任务，随机内容由师徒自选。积分最高的师徒将会成为成长之星，师徒秀兼具了成长性和乐趣性的诉求，很受欢迎。

四）师徒的意义设计

对工作和生活意义的追求是每个人都会思考的问题。在人生的不同阶段对意义的理解也会有很大的差异，找到人生的意义或者为工作和生活赋予意义都将对一个人影响至深。意义上前进的一小步却是人生道路上的一大步。没有意义的人生，不是重复自己的过去，就是在重复别人的过去。

1. 共绘蓝图

师徒共绘蓝图，致敬未来的自己。我们将这个活动标准化为九宫格，纵坐标是过去、现在和未来，横坐标是画面、标签和关键计划。先从自己的过去开始，然后是对未来的畅想，最后做好现在，用现在的努力连接起过去和未来。师徒做完后互相签名作为对方的支持者，可以将其挂在办公桌或工作台上，作为自己的未来宣言。

2. 吹牛大赛

师徒分别选择当年的一项挑战性任务作为吹牛资本，一个团队集体参与的效果会更好，也可以由评审团对吹牛指数进行评级，然后发布在团队的公告栏里，年底各自取回并向大家汇报进展情况。

3. 阅读计划

师徒共同制订每年的阅读计划，滚动列出书单，相互分享所学和应用情况，把读书变为日常的一部分，把阅读变为生活的一种形式。

4. 出师仪式

很多单位在师徒仪式上往往重拜师轻出师，出师仪式是对整个师带徒过程关键点的回顾和总结，是徒弟成长的一个重要里程碑，兼具了连接、欣喜、峰谷和意义的体验，更具有纪念意义。

丹尼尔·平克说过，"一切都是经过设计的，设计是实用性与意义性的结合"，通过设计连接、欣喜、峰谷时刻将日常的情感体验与未来的意义巧妙地结合在了一起；"一切都是经过设计的，未经设计的结果不值得期待"，通过设计师带徒的情感体验圈，增强双方的感受，构建起牢固的师徒情感联系，让相伴成长变得触手可及。

第五节 塑造品格

大成若缺,其用不弊。大盈若冲,其用不穷。

——老子

遭受苦难,会产生毅力,毅力催生品格,品格催生希望。

——《罗马书》

到底是知识技能水平决定了一个人的未来表现，还是其他因素？这个命题估计会引发很多的争论和思考。在师带徒的实践中，对于师傅对徒弟哪些方面的塑造更能影响徒弟，我们从实践和理论两个层面分别予以阐述。

一、师带徒的实践差异

我和师傅早上8点半出发，水没顾上喝，饭没顾上吃，直到下午2点半才返回基地。我是又渴又饿，外加累，匆匆忙忙吃完饭，牛饮了一壶水，一头扎进被窝里，想美美地睡个饱觉。刚进入梦乡，只听到一阵"咣咣"的砸门声，"这是谁呀？这么烦！不管是谁，蒙头睡觉是当下最要紧的。"于是我把被子裹在头上，任凭外边"打雷下雨"。本以为"暴风雨"会来的更猛烈些，谁知道居然停了。难道出了什么事情？我心里犯着嘀咕，美梦就这么被搅和了。

我迟缓地走到门口，只见师傅已经整装待发。我好奇地问："师傅，咱们今天的活不是已经干完了吗？您这是……"只见师傅冲我一笑说："14号设备出了故障，需要尽快排除，我看你已经很累了，要不你就在基地休息吧，我准备出发了。"师傅一边说，一边开始往车上搬运工器具。我心里是一阵的激烈斗争，忙活了大半天身体已经很疲劳了，可看着师傅疲惫中充满干劲的样子，又不好意思说不愿意去，只好找借口说："师傅，反正总有设备出故障，明天咱们先修14号不就行了嘛！"师傅好像也看出了我的心思，严肃地对我说："今日事今日毕，这是咱的工作！"我被师傅的严肃震到了，感觉师傅的大道理已经在赶来的路上了。我马上整理装备，对师傅说："咱们一起干，算我一个！"

在这个事例中，师傅的行为引发了徒弟行为的改变，在这个行为改变的背后需要我们关注三个问题。

第一，是否有效引发了徒弟的改变？

第二，是否可以持续影响徒弟的行为？

第三，是否来自徒弟的自发或自愿？

有效性、持续性和自发性是衡量改变的三个要素，从这三个方面衡量的话，徒弟的改变满足了第一条。

我们再来看下面这个事例。

师傅给我上的第一课是从打扫卫生开始的。今天由我值日，我拿起装备就开始大扫除。先从桌椅开始，然后是玻璃、窗台、茶几、地面，没一会儿工夫，就差不多干完了。我把地面清扫了两遍，又拿墩布擦洗了两遍，地面干净了，可旁边的垃圾桶本体实在是脏，心里就开始犯了嘀咕："这垃圾桶本来就是丢垃圾的地方，脏一点也是正常现象，在角落里也没人能看见……"于是草草地拿抹布擦拭了两遍糊弄了事。

打扫完卫生，我拉着师傅来检查我的工作成果。师傅摸了摸桌子，又走到窗台拿食指抹了一下，看了看手指说道："没想到你干活还挺认真，效果很好。"听到师傅的表扬，我心里乐开了花。师傅转了一圈后，径直走到垃圾桶边。我一看不好，这回要露馅！急中生智道："师傅，您看咱们的垃圾桶已经落下病根了，怎么擦都擦不干净，是不是该换个新的了……"师傅看了我一眼，拿过抹布擦了两下，污渍仍然擦不掉。我心中乐道："您看看，我说了擦不掉您还不相信！"师傅又看了看我说："你去打一桶水，把洗洁精、清洁球、墩布、围裙也都拿过来。"没一会儿工夫工具就位，只见师傅围上围裙，拉过一把凳子，伸手把垃圾桶揽在怀里，这顿操作什么污垢也挡不住啊！垃圾桶直接刷得干干净净、锃亮得如同新买的一样。师傅又拿起墩布把地上的水渍一清而光。整个过程我看得眼睛都直了。我以为师傅会训我一顿，结果师傅看着我说："当年，我的师傅就是在这里教会我如何打扫卫生的。以后把工作干到这个标准，你就可以当师傅了。继续加油！"讲完之后，师傅与我击掌后笑呵呵地离开了。

从此以后，每当打扫卫生，洗洁精、清洁球、墩布、围裙就成了我的标配，这不仅是工作的标配，也是未来师傅的标配。

师傅没有对徒弟发号施令，没有讲道理，却换来了意想不到的结果。这不仅引发了徒弟行为的改变，更引起了徒弟习惯的改变，从以前的徒弟标准顺利升级到师傅标准。

查尔斯·杜希格在《习惯的力量》中研究了很多人的习惯，试图找到形成习惯的秘诀。他发现所有习惯的背后都有人的"内在渴求"作为动力来源，有了内在渴求之后就需要去建立"暗示—行为—奖赏"三者之间的循环，循环一旦形成，习惯就被建立了起来。在这个故事中，师傅抓住了徒弟"自我发展"的心理诉求，给予明确的"当师傅"的暗示，当围裙、洗洁精、清洁球与打扫卫生的行为建立了关联，通过"加油"的方式打通了习惯的循环，从此徒弟便成功地替换了原习惯。

从有效性、持续性和自发性三个方面衡量的话，习惯的改变远超行为上的改变，而更为持久的改变我们通过下面这个事例来解读。

北方的冬天格外的冷。白毛风已经刮了两天，整个天空被风雪包裹得很严实，室外温度更是达到了创纪录的零下30摄氏度。呼呼的北风刮出了每秒15米的风速，这样的天气足以让人望而却步，即便待在有暖气的室内也能让人感受到丝丝的寒意。我坐在温暖的值班室里，心情却也是格外的高兴：按照这个风速刮下去，这月的生产任务肯定超额完成了。看着中控台上蹦蹦跳跳的发电量数字，仿佛优秀班组的流动红旗在不断地向我招手。

"咔嗒"一声响，把沉浸在喜悦中的我惊醒了。"2号线路跳闸"，中控室的警示灯开始闪动起来。看到这个情况，我的心立马揪到了一起。"下一步该怎么办？"我一边想对策，一边不由自主地攥紧了拳头，鬓角的汗也冒了出来。"不要急，判断清楚后再行动。"随着一阵急促的脚步声，苗师傅已经出现在了中控室。看完故障系统后，苗师傅指着我和宝丰说："你们两个准备工器具随我去处置。"

我穿上防护装备，心里想："这么大的雪根本看不清道路，这么冷的天，出去万一回不来怎么办？"我一边嘀咕一边整理着工器具，在疑惑中我们一行三人踏着过膝盖的积雪向前出发了。白毛风将雪片刮起来漫天飞舞，能见度不过三五米，超强的低温很快就把人冻透了。我们手拉着手寻找2号线路塔杆，苗师傅边走边插小红旗，走了20分钟终于到了2号塔杆下面。站在空旷的大草原上，我和宝丰面面相觑，对了一下眼神，意思都明白："总不能让师傅上吧，你上还是我上？"正在我们两个相互"谦让"的时候，苗师傅已经开始了登杆，边登边说："你们两个在下面做好防护工作。"我和宝丰对视了一下，我的脸红了起来，热得都能把刮到脸上的雪融化。正当我胡思乱想的时候，苗师傅已经从塔杆上下来，我们收拾装备沿着红旗的方向返回变电站。

两年后，我已经成了新站的场长，也开始带徒弟了。这年冬天，零下20多摄氏度的低温袭击了我们的变电站。"滴答"的警报声响起，集电线路发生了跳闸，我带着徒弟小董和小林很快到达了现场，两年前的画面浮现在我的眼前，我未加思索地对身边的小林和小董说："你们在下面等着，做好安全防护。"然后爬上了塔杆……

听完了这个故事笔者也感动了起来，就继续追问："苗师傅的这些举动是如何传递到你身上的？"张师傅沉思了一下说："这不是一下完成的，这是长时间塑造的结果……"

著名学习专家斯图尔特·布兰德提出了学习的"速度分层"理论。他认为一个人的改变需要经历从外到内，从容易到复杂的过程，从外在的知识、技能到行为，从行为到习惯，再到形成品格。容易改变的是行为，难以改变的是品格；容易改变的影响短暂，难以改变的影响持久。

二、影响个体未来表现的因素

20世纪70年代，心理学家沃尔特·米歇尔做了著名的"棉花糖实验"。该实验研究的对象是幼儿园的孩子们，研究人员在房间里放上一块棉花糖，然后让孩子们按顺序单独进入房间，研究人员在离开前会告诉孩子，他可以选择现在吃掉眼前的一块棉花糖，或者等待15分钟不仅可以拥有眼前的这块棉花糖，还可以得到另外一块棉花糖。确认孩子们了解规则后，研究人员离开房间，躲在玻璃后面观察这些孩子的举动。结果是：一部分孩子看着棉花糖，经受不住诱惑直接吃掉，或者拿起来舔一舔后选择吃掉；而另一部分孩子则会选择等待，这个过程对于小孩子来说显然是个不小的挑战，他们想尽办法来抵挡眼前的诱惑，如用手遮挡眼睛，或者把头埋进胳膊里，或者进行唱歌、走动、装睡等举动，最后如愿以偿地得到了两块棉花糖。

棉花糖实验持续了40多年，先后有600多个孩子参与该实验。实验的物品也从棉花糖变换成巧克力、曲奇饼等不同的食品，等待时间也调整到20分钟。实验的结果表明，有接近30%的孩子抵挡住了诱惑，他们为了获得更多的食品放弃即时的满足感。研究人员继续追踪那些能够抵挡住诱惑的孩子们的持续表现，结果表明这些孩子在未来更有可能在学习、工作乃至身体管理上表现得更为优秀。

经过长期的研究和实验数据反馈，沃尔特·米歇尔正式将这种能够成功控制自己的能力命名为"延迟满足"，而延迟满足的背后恰恰反映的是一个人的内在品格——自控力。棉花糖实验表明，拥有自控力的人在未来会表现得更好，二者之间存在明显的相关性。

保罗·图赫在其著作《品格的力量：坚毅、好奇心、乐观精神与孩子的未来》中指出，取得成功更多靠的是专注力、自控力、好奇心、责任心、坚毅和自信心，经济学家们把这些品格称为非认知技能，心理学家称之为人格特质。马丁·塞利格曼和彼德森合著的《品格力量和美德》（*Character Strengths and Virtues*）中对品格做了这样的描述：品格定义了人的核心属性，它是一套高度可变的能力或力量。因而在实践中，品格具有非常强的可延展性，它是一系列可以通过后天学习而掌握的技能，是我们可以通过练习而强化的技能，当然也是可以传授给别人的技能。这其中有七项要素对未来发展具有预测作用，分别是坚毅、自控力、热情、社交能力、感恩、乐观精神、好奇心。

三、品格是个体成长的关键内核

安杰拉·达克沃思致力于研究表现优异的人群与普通人之间的差异。她曾经对美国西点军校的学生进行过研究，每年有14 000人报考该校，只有约4 000人能够进入复试环节，而这4 000人在接受完魔鬼训练之后只有约1 200人会被最终录取。为了验证哪些因素与最后录取相关，安杰拉·达克沃思对拟录取学生进行了各项测试，其中包括智商、情商等，结果表明只有坚毅力与结果呈现相关性。类似的研究后来拓展到很多领域，结果也都颇为类似。安杰拉·达克沃思关于"坚毅"的研究将教育和培养人的事业从认知技能领域拓展到了品格塑造领域。她进一步阐述道，一个人知道并且能将4+6=10算对很重要，但更为重要的是他在计算错误之后依然重新计算，直到获得正确答案的品格。

斯坦福大学教授凯瑟琳·考斯克将高成就者进行了归类分析。她分析了301位著名人物，他们中既有诗人、政治家，也有军人、科学家、艺术家等，在所有研究的67项特质中，只有四个指标将杰出人物与普通人区别开来。其中两个指标是：心怀远大目标去工作的程度，积极为以后的生活做准备，为明确的目标而工作，以及不因单纯的可变性而放弃任务的倾向性，不因新奇感而追求新鲜事物，不会一味"寻求变化"，而这两个指标很容易归入"毅力"项目。凯瑟琳在总结中写道："一个人拥有偏高但不是最高的智商水平，结合最大努力程度的坚毅力，他取得的杰出成就将高于那些最高智商水平与一般毅力水平的组合。"这个研究表明，对个体而言潜力是一回事，而如何发挥潜力是另一回事。

《高效能人士的七个习惯》的作者史蒂芬·柯维经过长期的研究发现那些取得真正成功的高效能人士建立事业的根基不是名誉、地位、收入这些外在显性的标准，而是将事业的根基建立在"原则"的基础之上。这些原则包括公平、诚信、忠诚、正直、谦虚、勇气、耐心、节欲等，这些原则是人类发展过程中所遵循的基本法则，这些法则在人类社会中的作用如同万有引力在自然界的作用一样，正是这些因素造成了人与人之间的根本差异。

约翰·伍登是美国著名的篮球教练和领导力专家，他带领的球队曾经创造了10次NCAA的全国冠军，其中包括一次七连冠和一次88场比赛连胜、38场季后赛连胜的成绩，他是如何做到的呢？伍登曾经这样总结："我需要传授给他人的，不仅是那些最基本的做法，还包括原则、价值观、理想、信念和做事的方法。"从这个回答中我们可以看到，一个优秀的教练不仅能传授可见的知识和技能，更为重要的是能去塑造那些稳定的核心品格。

将品格塑造列为教练的核心内容，是伍登在自我的经历中持续总结和复盘的结果。在教练生涯里，伍登也更加体会到了品格对于一个人的重要性，他这样总结："品格很重要，没有好的品格，就算再有天赋的个体也会成为累赘——团队的威胁，无论他是老板、领导、教练，还是团体中的任何一员。"伍登发现了品格在个体成长和团队塑造中的关键作用并总结了这些品格，具体包括价值观、团队精神、自律、持之以恒、原则、品行、努力、爱、自控、忠诚、勤奋等。不仅如此，伍登还将其归类并形成了"成功金字塔"（见图2-3），组成这个金字塔的第一层是"勤奋、友谊、忠诚、合作、热忱"，金字塔的第二层是"自控、警觉、积极主动、专心致志"，金字塔的第三层是"状态、技术、团队精神"，金字塔的第四层是"沉静、信心"，金字塔的第五层是"全力以赴"，而金字塔的第六层"塔尖"才是我们渴望的"成功"，成功是靠一层层的自我塑造叠加而成的。我们很多师傅所关注的"技术"，在伍登的眼中，只是组成"成功"这个金字塔的十五分之一。

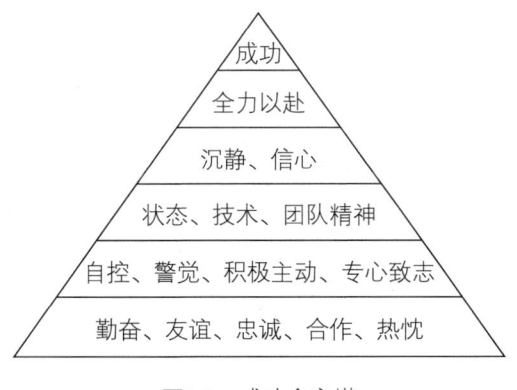

图2-3 成功金字塔

没有这一层层的品格塑造，我们常人看到的"成功"更像是空中楼阁，而对成功的定义，在伍登的眼中也不是升职加薪、豪车美宅，而是内在的自我成功，他将成功定义为"竭尽全力，达成自我最佳而感到的自足，由此得到的内心平静谓之成功"。成功只不过是自我品格塑造的副产品，品格的持久塑造才是通向内在成功的最佳路径。

第三章

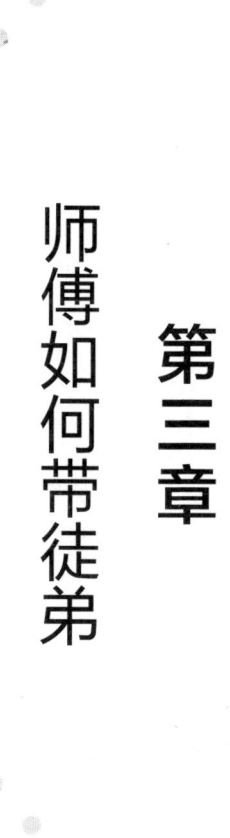

师傅如何带徒弟

第一节 建立以技能为基础的培养体系

技能强于力量。

——托·富勒

在模糊不清的能力和明确无疑的实绩之间，存在着多么大的差别！

——托马斯·卡莱尔

很多单位的师带徒建立在知识之上，而以知识为基础的培养体系又多停留在教室和书本里，这大大限制了学习的效能。新型师带徒倡导建立以技能为基础的培养体系，技能以应用为核心，与场景强关联，将认知能力直接提升到了应用和分析层面，提高了人才培养体系的针对性和实用性。

一、技能才是学习的终点

师傅给我的第一项任务是背诵安规，这项任务不但师傅重视，上至公司领导下至变电站长都重视，并多次强调"条条安规血写成"，一定要从里面汲取经验教训。接下来的一个月，无论走到哪里安规都伴我左右，直到我以92分的成绩顺利通过了考试，按照公司的规定我终于可以实际开工了。

今天师傅交给我的工作是箱变低压侧断电，开工前师傅特地向我重述了工作内容，我终于可以像师傅那样帅气地拉下刀闸了。到达了工作位置，师傅向我重述了工作要求。我自信地说："师傅您放心吧，我知道该怎么做。"然后我走向箱变，找到刀闸的位置，拉下了刀闸。只听见"嘭"的一声，一串电火花伴随着一团烟雾从箱变侧升起。我惊慌失措，掉头就跑，不幸中的万幸是电火花没有击中我，要不然……

虽然看了一个月安规，安规里面也写了先断负荷侧，再断低压侧的要求，可到了实际的工作中，我怎么就没有想到，更没有做到呢？难道我学的知识没有了力量吗？我苦苦思索着其中的缘由……

你所需要的课本上找不到，课本上的内容和所描述的知识帮助我们"知道"，但无法带领我们"做到"，"世界上最远的距离就是从头（知）到脚（行）的距离"，知识只是学习前的准备活动，技能才是学习的终点。回顾一下我们每天的生活，使用的大多是技能，驾驶是一项技能，唱歌是一项技能，开会是一项技能，连提意见也是一项技能……如果没有技能的导入，我们的学习会自然退化为模仿，不明其理，只仿其行。

把知道转化为做到的过程称为"技能化"。笔者将技能化总结为五句话：以设计为前提，以知识为基础，以应用为导向，以练习为路径，以习得为目的。

技能与知识的最大差异在于技能是可以拿来用的，即便没有系统知识的导入，也不影响技能在应用层面发挥作用。如开车，我们大多数人不知道发动机的构造和运行原理，但这并不影响我们完成驾驶汽车的操作。技能需要经过精巧的设计，设计是为了解决问题，甚至可以说是为了高效解决问题，没有设计的技能就成了假把式，只能沦为简单的模仿。

技能是以知识为基础的。以知识和原理作为基础，不仅可以帮助我们习得技能，也可以帮助我们具备改造技能的条件。一旦解决了为什么的问题，怎么做的问题就迎刃而解了。有了系统知识作为坚实的基础，技能才拥有了"七十二般变化"的本领，动态多变的实践应用建立了技能与场景之间的匹配关系。知识的有效性不取决于我们的存储量，而取决于我们的调用量，那些不能被我们调用的知识终将会随着记忆的衰退而消失，而靠死记硬背留存下来的也是"死知识"，只有经常被调用的才是"活"的知识。知识和技能需要与应用场景建立深刻的关联，从而引发"启动调用效应"。

技能的获取方式是练习。通过练习获取技能也是效能最高的方式，约翰·邓洛斯基等心理学家通过对教育界常用的十种学习方法的有效性进行量化分析评定，发现了以练习为主导方法的学习效率和效果最好，其他学习方法包括实测模拟、分散练习等，而提问、自我论述等效果则一般，我们使用最多的重复阅读、图像化记忆、关键词记忆、标记重点、概括总结却是效果较差的学习方式。技能学习可以调用多种感官参与，视觉、听觉、触觉、味觉、动觉、思维等都是我们学习系统的组成部分。约翰·科特认为，我们的学习通道包括了分析—思考—改变路径，也包括了体验—感受—改变路径，经过大量的实践验证之后，他总结认为体验—感受—改变路径是更为高效的，体验、感受调用了身体的各个单元参与其中，学习的效能更高，带来的改变也更为持久和深刻。

技能在实践中可发展出新技能。技能被掌控的标志是发展出个人版本，这就如同没有两个人写出来的字是一样的，即使同一个师傅教出来的徒弟也会各有不同。我们每个人针对外部刺激的反应方式是不同的，这些反应既包括内部的自我反馈，也包括对外部反馈的解读，这种解读的差异性恰恰是新技能的创新源头，这就如同书法有行、楷、草隶之分，楷书又有欧、颜、柳、赵之别。

二、技能化的实践探索

我们的"明星场站长"培训项目起初对学员的培训大多采用的是课堂学习、课后考试的传统做法。场站长们考试下来不是门门优秀，至少也是合格水平。这些拿到合格乃至优秀的场站长回到工作现场后，业务部门的反馈却出现了反差，甚至还有差评现象。这些反馈促使我们重新调整教学内容和教学形式，随着多次尝试之后，以技能为基础的实训教学逐步发展成型，并由此引发了五大调整：学习内容从训中调整到训前，学习地点从讲台走向实训场，学习层次从理解提高到应用，考评从考题调整为实操，学习结果从分数达标调整为技能提升。

一）学习内容从训中调整到训前

将知识类的大部分教学内容调整到训前进行，原来由老师主讲的课程现在录播成视频课程，通过E-L和远程教学平台完成交付。学员可以根据自身情况选择学习的强度和频次，学习完成后需要参加在线的知识类考试，考试合格以后获得参加线下培训的初始资格。这就解决了以前授课内容与学生起始条件不匹配的问题，避免"会者不难，难者不会"情况的批量化出现，此举也在很大程度上保障了学习氛围，你不主动筛选学员，学员就会主动筛选内容。此外，最直接的效用就是为公司节省了大量差旅费用。

二）学习地点从讲台走向实训场

知识类交付大多都转移到了在线平台上，传统教学赖以存在的教室没有了，老师的主阵地从讲台搬到了实训场。以前老师的"三宝"（讲师手册、PPT、考题）消失了，没有了PPT的教学，首先遇到挑战的不是学员而是老师，炒冷饭已经没有了市场。起初老师们还有些不适应，时常出现冷场的情况，度过了艰难期后老师们逐渐找到了感觉，也找到了与学员在互动中促进自己学习的方式。专职教员王巍老师感慨道："走下讲台才发现自己的无知，走近学员才发现了他们的可敬。"

三）学习层次从理解提高到应用

以前的教学是以"三基"（基本概念、基本原理和基础规程）作为主体内容，考评的重点多是记忆和理解，现在"三基"的内容被搬到了线上，实操教学是直接从应用开始的。没有基础知识的记忆和理解，应用无从谈起，这样又反向推动了学员对知识内容的掌握。这个调整直接让学员的学习内容与现场应用站在了同一起跑线上，培训内容首次和现场工作紧紧地握在了一起,"训场即现场,实训即实战"的实训理念也逐步在团队中树立了起来。回头再看以前的做法,培训没有效果也是理所当然的事情,方向的确比努力重要。

四)考评从考题调整为实操

以前考评看考试得分,现在知识类考评统一放到了线上。为了平衡二者的关系,过渡期逐步加大了实操的考评比重,降低知识类考试的比重,如今实操成绩已经占到了考评结果的80%,以实操为主的技能学习逐步树立了起来。

为了增加实操考评的客观性,减少人为因素的干扰,在实操教具中增加了点检和智能判断逻辑,对于故障处置类作业增加了回路检测,在考评区域增加了自动录播的视频监控装置。现在的实操考评已经可以做到自动匹配、随机抽题、自动评判。

五)学习结果从分数调整为技能提升

以知识为中心的直接代表就是分数,分数不仅成了衡量学员学习结果的指标,也成了贴在学员身上的标签。很多单位把学员的通过率作为衡量教学水平的依据,这样即使老师们出题客观,如果考生成绩普遍偏低,给人的直观感觉也是老师的教学水平有问题。在这种心理的影响下,老师和学员的默契就逐步形成了,少数优秀,绝大部分合格,极少数不通过成为共识,这种人畜无害的考评也逐渐大行其道。

实操考评把关注点从成绩调整到了思维和行为的转变上,团队作业看事项清单,故障处理看分析路径,程序作业看动作要点。再加上计算机辅助考评和行为记录仪的参与,学员和老师的焦点自然转移到思维和行为上。专职教员李猛老师看到这种改变后,总结道:"以前老师站着，学员坐着，现在老师坐着，学员跑着。"

按照改造后的技能实训，我们执行了第一期的学员考评，学员一次通过率居然是38%，这个结果大大出乎我们的意料。随着教学的逐步完善和学员的逐渐适应，通过率有了部分提高，即便如此，超过60%的概率也不多。一方面，认知难度的提高拉开了学员之间的层次；另一方面，在考卷上时常获得优秀的学员在实训场上失去了光环，这个结果既让人意外，又令人惊喜。

意外有三。其一，这么低的通过率的确超出了预期；其二，让我们看清了传统培训在企业绩效支持上的严重不足；其三，意外整合出了一套在应用层面的教学设计方法论，这一实践也间接催生了"体验式学习项目设计法"和"教学四段论"的产生。

惊喜亦有三。其一，惊喜地发现在没有应用之前，知识只是个"传说"；其二，知识的价值在于应用，而不是标榜分数的工具；其三，衡量应用的标准在于思维和行为的改变，不能用于改造思维与行为的知识其实是"伪知识"。

第二节 探索技能学习的规律

只有学习者才能炼制出与自身相容的特有意义，学习者不是单纯的学习"参与者"，而是他所学东西的"创造者"。

——安德烈·焦尔当

人们永远不会通过灌输学会任何事，他们必须自己去发现。

——保罗·科尔贺

一、技能的类别

建立以技能为基础的培养体系需要了解技能形成的规律，技能按其特性的不同，可以分为操作技能和心智技能两类。操作技能也叫动作技能，我们日常接触到的体育项目中球类的如篮球、足球、羽毛球等，体操类的如跳马、吊环、单双杠、平衡木等，还有生产中的机械加工类，如车、铣、刨、磨等都属于操作技能。操作技能需要通过身体的各种动作来实现，具有外显化的特征。心理学家安妮塔·伍尔福克将其称为"完成动作所需要的一系列身体运动的知识和进行运动的能力"，伍尔福克认为操作技能是以知识作为基础的，是建立在知识基础之上的运动技能，没有以大量的知识作为根基的技能难以向精深的方向发展。教育学家罗伯特·加涅认为"动作技能是协调动作的能力"，而动作技能包括两个重要的组成部分。第一部分是动作的规则，这一点与伍尔福克的观点很类似，建立在知识基础上的动作规则是形成技能的前提，技能的规则很大程度上决定了技能的质量。第二部分是通过练习和反馈而逐步变得精确连贯的实际肌肉运动，也就是把规则变为实际成果的过程。

心智技能区别于操作技能的一大特点是完成这项工作主要不是通过肌肉或动作实现的，而是通过大脑的心智运算完成的，与操作技能的相同点是运算也需要规则。在我们日常生活中小到待人接物、谈话聊天，大到商务谈判、决策分析、战略规划等都在有意或无意地使用心智技能。心智技能具有明显的内隐性特征，其表现过程不像操作技能那样容易识别和提炼，因此，其规则也会呈现出多样性，哪怕对它的定义都说法不一。加涅认为，"心智技能是用来为学习者调节他自己内部注意、学习、记忆与思维过程的"，并在此基础上提出了"认知策略"。心理学家让·皮亚杰将心智技能称为"心智运算"，运算更像是我们大脑的内部动作，运算内容包括算子和算法。心理学家约翰·罗伯特·安德森提出心智技能的形成包括认知阶段、联结阶段和自动化阶段。苏联心理学家加里培林提出心智阶段形成理论，他从反映论中揭示心智活动的本质，提出心智技能形成的五个关键环节，包括活动定向阶段、物质活动阶段、有声的外部言语活动阶段、无声的外部言语阶段和内部言语活动阶段。由此看来，操作技能和心智技能既有外在的典型差异又有内在的本质一致。

从差异上看，操作技能指向的对象是现实的物体，无论是踢球还是开车，具有明确的指向性，而心智技能指向的却是反映在大脑中的映像，如开会这项技能，我们需要指向某次会议，会议进行之后就结束了。另外，操作技能的实现是通过外显的动作或者由肌肉动作来完成的，具有明显的外显性，我们可以看到、感知到，而心智技能是在操作者的大脑里进行的，具有内隐性的特征，只能在其进行中和完成后的推断，或者在经历者的陈述中才能了解和领会到。操作技能相对稳定，其动作和步骤具有严格的规则和顺序，如射击这个动作，需要先瞄准再击发，如果换成先击发再瞄准就失去了价值。而心智技能就不同了，相同的场景可以有不同的算法，甚至可以做出结构性的调整。例如，人际沟通的四个步骤是倾听内容、换位感受、探索共赢、提议举措，如果遇到不肯讲话的沟通对象第一步上来就失效了，严格按照四个步骤的顺序显然是无法执行的，这时候可能需要先用第三步打开对方的话题，再导入倾听内容就更为妥当一些。

无论是操作技能还是心智技能，都没有脱离技能的本质。从相同之处来看，二者都有一套结构化的运算规则系统，都需要先经过加工和处理之后才能用来学习和掌握，这也是技能区别于知识的核心特征。技能首先应该是针对现行问题的最优解决路径或方法，这就要求技能保持更新和持续优化。其次，无论是操作技能还是心智技能都需要在练习中获取。操作技能通过练习建立动作之间的关联并形成连续反应，心智技能通过练习建立场景要素和反应之间的关联，而这种关联都是通过反复练习和锤炼获取的。再次，二者熟练掌控的标志是形成个人版本，前面我们已经提到，技能的形成过程会有不同的解读，会形成个体不同的风格。

我国著名学者冯忠良对技能的结构化和定向化做过专题研究，他认为结构化和定向化是技能形成过程中的典型特点，并进一步总结出操作技能的四个典型阶段，分别是操作定向、操作模仿、操作整合和操作熟练，心智技能的形成包括三个典型的阶段，分别是原型定向、原型操作和原型内化。

二、技能学习的共通性

从以上的解析中我们可以看到，无论是操作技能还是心智技能都需要经历三个共同的阶段：定向、内化、外化。定向阶段主要由师傅主导，我们形象地称之为"师傅教徒弟"；内化阶段主要由徒弟完成，我们称之为"徒弟自己教自己"；外化阶段仍然由徒弟主导，师傅进行辅助，我们称之为"徒弟熟练掌握"。

师傅教徒弟阶段主要包括四项内容，分别是开发内容、教导计划、激发动力和示范演示。

徒弟自己教自己阶段主要包括四项内容，分别是尝试练习、自我对话、反馈修正和实践演练。

徒弟熟练掌握阶段主要包括四项内容，分别是刻意练习、支持指导、拓展应用和复盘总结。

第四章 师傅教徒弟

师傅教徒弟阶段包括四个主要内容。其一，对技能进行整体设计，保证其是现阶段达成目标或解决问题的最优解；其二，要使成分技能结构化、规则化，保证成分技能本身的质量；其三，技能定向是要在徒弟大脑中形成映像，这个映像只有徒弟自己才能去主动创造和构建，要提高技能学习效果，先要解决徒弟学习的积极性和主动性；其四，师傅的展示或演示是符合设计的，当二者匹配起来时才能给徒弟的技能定向带来最佳效果。这四个方面协同起来共同达到"定向"的目标。师傅在徒弟的技能定向阶段主要进行如下工作。

一、开发内容

传统师带徒中绝大多数师傅在教导之前是不做内容开发的，这也是师带徒效果不佳的基础性原因，新型师带徒首先要解决内容这个难点。由师傅个体来开发内容存在诸多困难，可行的方法是由单位来统一设计实施，一方面，提高了内容的质量，另一方面，凝练了组织成果。

二、教导计划

如果缺少了内容这个基础，教导计划就成了无源之水。每个技能的背后都包含了支撑它的基础单元，罗伯特·斯滕伯格称之为"支架"，列夫·维果茨基称这些基本单元为"成分技能"，正是这些小的"支架"或"成分技能"才构筑起了技能这个大厦。成分技能之间存在着先后顺序或相互承接的关系，将成分技能及其相互关系理顺就构成了"技能图谱"。同时，每一个成分技能的背后都以知识和态度作为支撑条件，这些相同之处形成了教导计划。教导计划由师傅个体完成也不太现实，在新型师带徒中我们建议由组织投入专门力量进行设计和研发。

三、激发动力

学习不是输入,而是个体主动建构的过程,这个过程需要徒弟持续的投入。《一万小时的天才理论》的作者丹尼尔·科伊尔总结如下:在人类所从事的任何领域如果要达到专精的水平,都需要至少付出10 000小时的持续努力,而支撑这个过程的不是短暂的激情而是持续的动力。《优秀到不能被忽视》的作者卡尔·纽波特说过:"在追求优秀的道路上,激情法则让位于持久的热情。"激发内在动力,让徒弟在成长的道路上有持续的力量来源将伴随整个技能学习的过程。

四、示范演示

操作技能需要师傅进行示范,心智技能需要师傅进行演示,这个过程是形成徒弟心理定向的重要阶段,没有人是按着说明书习得技能的,从纸上的文字到形成徒弟大脑里的操作定向需要复杂的翻译过程,而示范和演示则将这个翻译过程变成了直译,大大提高了技能学习的效率和效能。

第一节 开发内容

天下之大事，必作于细；天下之难事，必作于易。

——老子

真正想要了解一只青蛙，传统的解剖不是办法，更好的方式是构造一只青蛙。

——尼古拉斯·尼葛洛庞帝

一、师带徒是否需要开发内容

大多数师傅在教徒弟之前对要教什么、怎么教、内容的前后顺序等是没有科学设计的，总结起来主要有以下几种情形。

一）以工作习惯代替内容开发

我参加工作不久就开始跟着师傅处理故障。第一次跟着师傅到工作现场，看着师傅认真检查的样子，心里充满了崇拜感。当时师傅检查了几遍之后发现是直流和交流转换器出了问题，轻松地说："按照我的经验，是连接触头出了问题，咱们把触头氧化的部分处理后，再接上就好了。"说着师傅就直接动手要干活，此时我心里一阵惊慌，因为按照规程要求，需要先断电再验电后才能操作，但因为对师傅的敬仰之情让我不敢提出不同意见。

只见师傅拿出螺丝刀和尖嘴钳开始拆除连接端子，只听见"嘭"的一声响，紧接着一串电火花窜出，"啪！啪！啪！"充满节奏感的几声连跳，当时把我就给吓傻了，呆呆地站在那里，大气都不敢出一声。只见师傅也被吓得面如土灰，嘴里不停地唠叨着"出事了，出事了"。

调查结果出来了，师傅带电操作直接导致设备停机，按照公司的规定，上至场站长下至员工都要受到处分。这件事之后，师傅不停地叮嘱我："做事之前一定要做检查，了解清楚原因之后再做，做对一万件，也抵消不了做错一件啊！"

本案例中师傅以自己的习惯作为教徒弟的基础素材，这些习惯既包含长期积累下来的经验，也存在缺少验证的漏洞，甚至还带有隐患。用工作习惯教徒弟是传统师带徒的常态，也是工作技能难以系统提升的症结所在，同时也是安全隐患长期存在的土壤。

二）用制度文件代替内容开发

有一次，我跟同事一起进行设备维护操作。工作中需要吊装工具到设备平台上面，我在下面负责整理工具包和将物品挂到吊装钩上。我像往常一样将扳手、耗材等放入工具袋，直接挂在吊钩上，然后呼叫平台上面的同伴起吊，之后就站在旁边等待起吊完毕后再登上平台开展工作。

过了一会儿，我抬头看了一下吊装是否已经完成。当时只见一个明晃晃的东西带着风声从天而降，我还没来得及做出半点反应便听见"咔嚓"一声，一个东西落在了我眼前不到一米远的地上。我当即吓出了一身冷汗，稍微缓过神来定睛一看，是一个一半插入地里的扳手，我当时要是往前走一步后果不堪设想。

这是课堂上一位学员分享的工作经历。听了这位学员的陈述后，大家都很惊讶。我好奇地问这位学员："国家不是有高空作业规定吗？难道里面没有规定如何进行高空吊装作业吗？"

这位学员意味深长地说："国家的法规多，公司制度多，工作的要求更多，要求落实的会议还要多，可是具体到工作上究竟应该怎么办，很少有人能说清楚，只有像我这样在具体工作中吃了亏，下次才会格外注意，但这并不能让其他人受到启发。"制度、规定、会议、检查层出不穷，为什么在一线难以落实，究其原因有以下几点。

1. 用文件制度代替实际工作，错把一般当具体

很多制度尤其是国家和行业层面的制度结构严谨、论述精当，对工作有很好的指导意义。这些制度多是整体和宏观的统筹性指导，正是这种宏观性使得它不得不从一般性和共通性进行论述。但到了每个公司和每个班组层面就需要根据这些要求和本单位的实际进行具体化改造，才

能用于指导具体工作。在实际工作中，很多单位的通常做法是直接下发这些制度和规定，将原则要求与实践落地的中间环节给省掉了。很多部门甘当传话筒和复读机，一线人员接到的仍然是各种原则性要求，具体怎么做很多是在试错的过程中逐步摸索出来的。

2. 以会议或检查代替实际工作，错把要求当执行

很多单位的另一种做法是通过会议传达工作要求。一场会议下来，工作要求几十项，这些工作要求如何落地来指导实际工作又成了问题。对工作要求的理解又会出现因人而异的情况，理解不一样想要和做到一致又何其难！做不到之后新的工作要求和工作检查又会继续加码，如此循环往复成了一个难解的问题循环。

3. 以禁令处罚代替工作辅导，错把强制当高效

很多单位把令行禁止作为高效管理的标志。从行为上严加管控，甚至把出现一例处罚一例作为行之有效的手段，这种只做表面功夫的做法却难掩问题的实质，这就如同皮肤表面出了疹子，却把功夫都用来给疹子涂粉一样，等到问题积累到一定程度就会再次爆发。

三）建立以工作程序为主的工作模式

有一次，笔者参观行业头部企业的培训中心，其中震撼到我的东西很多，这里面既有一比一的实训教具，又有全仿真的系统实训平台，但最让我难忘的却是工程师手持的工作程序终端。

据介绍，这些操作程序是由历年的运维工程师编撰并通过信息化集成而来的。这些操作程序涵盖了操作中的步骤和要点，配备了图片和详细解读，如同我们看到的漫画书一样。对于故障类的操作，更是做了分门别类的归类整理，任何一位工程师都可以参阅历任工作者的最佳处置

记录。正是这些工作程序让后来的工程师们变得愈加敏捷和高效，也正是这些工作程序成了他们工作的基础保障。

该企业没有把力量用在传达文件、开会和检查上，而是动用巨大的人力和物力来开发这样的操作程序和共享平台，这种反常规的操作方法背后有着什么样的工作机理呢？

二、工作程序的机理

英国安全专家詹姆斯·瑞森在其著作《组织型事故风险管理》里提出了著名的注意力和熟练度模型（见图4-1）。这个模型分析了导致我们错误的两个主要因素。第一个因素是我们的注意力有限。我们的身体每个感官都在不停地感知周边的信息，每秒可以感知的信息约为1 300万个，这些信息经过层层过滤，进入我们大脑里面的只有5~7个。打个比方，我们的大脑如同电脑的CPU，能够进入CPU里面的信息需要先被调入内存，而人类的内存容量有限，超过内存容量的信息会被挤出去，当面对超过内存容量的任务时，我们就会本能地陷入紧张乃至恐慌之中，这就为错误创造了条件。如何解决这个问题呢？詹姆斯·瑞森提出了第二个因素——人的熟练度。人们经过训练后随着熟练度的提高对任务的注意力就会逐步减少直至退出，这是人类技能学习一个典型特征。如同我们开车，初学的时候十分紧张，生怕把刹车当成了油门，随着驾驶熟练度的提高，我们可以做到一边开车一边唱歌。这些是由我们的生理机理决定的，我们的大脑会把极度熟练的东西存储在长期记忆系统里，只需要一个线索就可以把它们提取出来，有关技能的信息还会形成神经记忆和肌肉记忆，只要启动就可以做到自动反应。

我们把注意力和熟练度两个维度交叉组合就会得到图4-1所示的三种

典型情况。

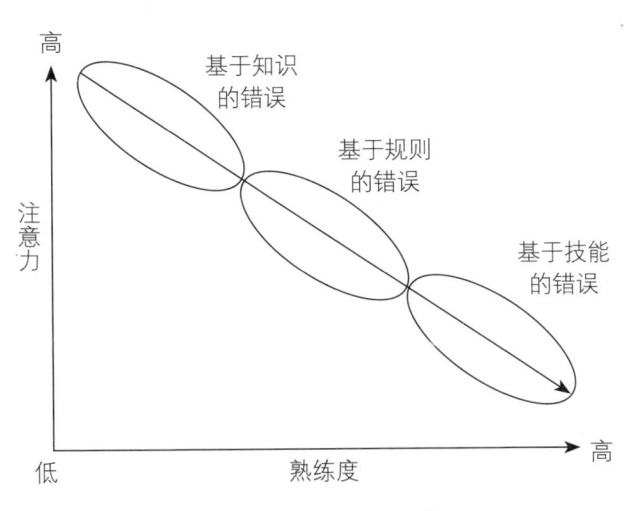

图4-1 注意力和熟练度模型

一）高注意力，低熟练度，基于知识的错误

由于人们没有掌握工作的内容和方法，只学到了碎片化或片面的知识就开始工作，这种情况下导致的错误，我们把它称为"基于知识的错误"。

基于知识的错误在我们的工作中非常常见，如接受新任务、处理新故障、对自己不熟悉的领域下决定等，这种情况下出现错误的比例在1∶100到1∶2之间，即使优秀的员工面对此种情况也难免出错。例如，我们第一次骑自行车，看了很多关于如何骑自行车的介绍，也理解了自行车的机械原理，也看了身边的人如何娴熟地骑自行车，以为自己也会潇洒地骑上车飞驰而过，结果往往是摔倒在地……这就是典型的基于知识的错误。这种情境下很多因素不在我们的控制范围内，不可控因素的增多会消耗我们大量的注意力资源，如自行车的高低、刹车的松紧、动作是否协调等。当大量的不可控因素一拥而入的时候，我们会紧张并伴随着心跳加速、手心出汗等生理反应，这些生理反应又会进一步消耗我们的注意力资源，导致分配到工作任务上的注意力资源更少，犯错或摔倒已经在所难免。如果把自行车替换成一架客机，可以想象犯错所带来的严重后果，恐怕没有任何一家航空公司和乘客可以容忍这种错误的发生。

二）低注意力，高熟练度，基于技能的错误

对一个小学三年级的儿童来说，学习乘法口诀是一件挺费力的事情。从1乘1背到5乘5都需要督促一下，偶尔记不清楚的还需要引导他们退回到加法里再确认一次。从5乘5升级到9乘9又是一个往复的过程，这个阶段持续一段时间，他对乘法就可以做到脱口而出了。对乘法口诀的学习过程大概要经历三个主要阶段：从加法到乘法的运算，乘乘运算，自动反应。在这个过程中，注意力资源在逐步减少直到退出，之后在9乘9以内的任何一个乘法只要看到就能反映出结果，而且错误的概率几乎为零。乘法口诀的学习只是我们学习机制的一个缩影，其他如下棋、解方程、编程序等心智技能，还有骑车、开车、游泳等动作技能，甚至包括将心智和动作结合的技能，如演奏、歌唱等，尽管形式不同但机理相同，随着我们熟练程度的提高技能愈加娴熟，注意力资源逐步退出，错误率逐步下降甚至可以降到万分之一乃至十万分之一。这种基于长期练习而形成的错误率较低的情况称为"基于技能的错误"。随着技能复杂度的提高，要做到万无一失也非易事，如交响乐的演奏，即便是演奏大师也难以做到一个音符不错。工业企业里面有一个衡量质量标准的术语叫作"六西格玛"，它容许的错误率为百万分之三点四，很多企业通过在特定领域提高技能、引入自动化设备、流程再造和工作简化等方式已经实现了这个目标。

那么问题就来了，既然可以熟练到自动反应且出现更少错误，为

什么我们不把员工训练成这个水平？答案也很简单：对人的要求太高且训练成本过高。随着工作的不断细分，工作也愈加复杂，即便培养费用不是问题，可以达到这种水平的人也不多，如运动员、演奏家、飞行员等，这样高的训练强度是普通人难以接受或难以完成的。

第一种情况是基于知识的错误，失误率太高，组织无法接受；第二种情况是基于技能的错误，失误率很低，但个体和组织都难以承受其成本和要求；我们只能做"第三选择"，回归到大多数人和组织可以接纳的第三种状态。

三）中注意力，中熟练度，基于规则的错误

我们可行的选择是舍弃两端，取其中间。在这种状态下，一方面，通过对工作的再设计降低对人的要求，另一方面，通过对人的训练使其能够达到工作所需的技能水平，将二者结合起来共同推动问题的解决。

（1）对工作进行改造。通过对工作本质的认识，找到工作的最佳路径和方法，让它变成一套可供多数人掌握的工作程序或者工作规则。在这个过程中我们会发现工作中的改进点，从而让工作越来越适合人来完成。例如，在新能源领域，要登上70米高的风机对多数人而言不是件容易的事情，十年前使用的工具是安全带、防坠器、安全绳外加手和脚，70米登完之后人直接累得坐在机舱里，这显然是不太适合人的工作；大约五年前，风电领域开始为风机配置助爬器，通过助爬器可以大幅节省人力，让登风机变成一件稍显轻松的工作；到现在，新投入运行的风机已经配备了电梯，人可以直接升入机舱开展工作，工作条件的改善让人更适合这项工作。

（2）对从事这项工作的人进行训练，让人更安全、有效地完成工作。还以登风机为例。十年前，笔者遇到一位风电行业的老员工，当时

他已经在这个行业工作了七年,他说,七年前都是徒手登风机,直到有一次外单位来交流才发现有安全带这个装备,现在回想以前的工作经历,觉得特别后怕。要预防安全事件和误操作的发生,就需要对从业人员进行安全技能和专业技能的训练,让他们更加安全、有效地开展工作。对人的训练也需要随着工作内容的变化而变化,起初是穿戴安全装备登风机,再到后来学习使用助爬器辅助登风机,再到如今的使用电梯登风机,对人的训练内容在变化,但本质并没有改变,仍然是工作程序。

三、工作的分类与应对

著名学者布伦达·齐默曼和肖洛姆·格鲁伯曼专门研究复杂性科学,他们提出应对复杂问题的简单解法,即按照复杂程度将工作分为三类:简单工作、复杂工作和极度复杂工作。

简单工作指那些有明确的解决方法的工作,或者前人已经找到了解决方法和解决路径的工作。简单工作在我们的日常生活和工作中随处可见,如我们熟悉的汽车驾驶,只要经过了驾校的标准训练,大概率可以拿到驾照并熟练驾驶汽车,再如写会议纪要、通知、报道等,以及使用万用表、钳形电流表、千分尺等专业工具等,大都属于此类工作。

复杂工作指那些没有标准答案或唯一答案的工作,由于所面对工作的变数较多,即使把复杂工作分解成许多的简单工作,也无法找到直接答案。比如,公司的投资决策就属于典型的复杂工作,未来的宏观环境、市场状况、工作进度等在决定投资这一刻显然都是无法准确预测的。要解决这类问题,需要借助专业人士或专业团队,把不同专业的人员整合到一个工作链条上,上一个工作节点的输出成果就是下一个工作节点的输入要素，每个专业领域的人员负责所在节点领域的问题解决和成果检验。复杂工作的关键是保障所有在链条上工作的人像一个人一样思考和行动，而保障的关键是核查每个节点的工作成果是否达到了要求或标准。

极度复杂工作指那些过程中充满变数，结果也难以预料的工作。比如，人类开启的火星探测计划，对这个人类从未到达的领地，需要探索众多的专业领域，需要整合众多的专业团队，专业之间的衔接与配合都是难点，如何使用不同部门和不同专业的成果，也自然成了极度复杂工作的重点。

对待简单工作有效的方法是使用工作程序。在工作程序的辅助下，我们日常所面对的大量工作经过设计后只需要达到中等熟练程度和中等注意力，就可以做到高质量地完成。工作程序的使用可以较好地解决各类错误为组织所带来的损失和焦虑，又可以大幅降低高素质人员培养所带来的负担和压力，是保障组织安全、有序发展的可行方法之一。

对待复杂工作的有效方法是使用核查程序加工作程序。复杂是简单叠加的结果。对于一个相对复杂的系统，如果从程序的角度审视，需要执行的程序多达几十条甚至上百条，而从系统执行后的结果来看，只需要核查几个关键点就可以了。例如，我们熟悉的工程项目验收用到的是工程验收核查程序，而支撑这个核查程序的背后是众多的工作程序。类似的场景还有编程，编程的语句多达几千条，而要达到的目标只有几项。查理·芒格是著名的投资家，相较于每个投资项目的优劣，他更看重那个不断帮助他优选出高价值投资项目的流程。每次投资完成之后，他需要花费更多的时间来优化这个工作程序。正是对投资程序的持续优化工作才让查理·芒格创造出更多的优秀投资案例。

对待极度复杂工作的有效方法是使用沟通程序，而支撑沟通程序的是核查程序和工作程序。对于需要不同专业领域衔接的工作，关键点在接口，有效的方法是将双方乃至多方需要完成的工作内容用程序的形式固定下来，作为核查的依据。阿图·葛文德在对美国建筑业的研究中发现，在这样一个高风险工作领域，美国建筑业的出错率仅为0.02%，我们难以想象对于建造摩天大楼这样的行业居然可以做到如此的安全等级，调研的结果表明美国建筑业近30年来最大的改进就是增加了核查程序和沟通程序。

工作程序、核查程序和沟通程序在个体和组织应用中之所以有效，在于它用简单的方法建立了个体和组织之间的接口，让个体和组织的协同效能得到了发挥，它的有效性在于以下几点。

1. 外包大脑

工作程序对工作需要完成的整体和细节内容进行详细的记录，这就为我们的大脑在处置问题时挪出了足够的空间，工作程序恰当地补充了个体大脑所不擅长的部分，通过工作程序将工作的标准、细节、缘由、关键点等记录和标记出来，为高质量完成工作提供了辅助和保障。

我们的大脑在进入工作时表现出的状态是积极的、忙碌的，而工作程序的设计可以集合众多大脑在平静、缜密的状态下完成。此时的大脑工作严密、细致，工作程序经过反复验证后得以确定，将众多大脑高效时的工作方法记录下来以提高实际工作成效，起到了外包大脑的作用。有了工作程序，我们在实际工作中就可以集中精力在那些例外的事项，不必为已经标准化的工作额外消耗脑力，这样就可以顺利地将平时的努力转化为当下的成果。

2. 联机工作

工作程序、核查程序、沟通程序的开发不仅是个体经验的总结，更是团队智慧的结晶。只有当工作程序是团队智慧的结晶时，才能真正成为推动团队前进的力量。通过将组织的智慧汇聚，每个使用工作程序的员工都会感受到自己与历任工作者在思想和技艺上进行切磋，都能感受到自己站在团队的肩膀之上。

3. 组织协同

个体在执行简单工作时使用工作程序，团队在面临复杂工作时使用核查程序加工作程序，组织在面对极端复杂工作时使用核查程序加沟通程序加工作程序，程序成了组织的工作语言，"按程序办事"成为组织的工作习惯。这种看似繁杂的工作将独立的个体和分割的专业整合为一个整体，让成百上千的团队成员像一个人一样思考和行动，极大地提升了协同效能，降低了团队犯错的概率。团队协同需要一个共同的基准，程序这个工具成了复杂问题的简单解，一个人难免犯错，但一群人犯错的可能性就小很多，个体是有缺陷的，团队却可以是完美的。

四、如何开发工作程序

工作程序的开发，可以总结为三个环节、九个步骤，三个环节分别是分析提取、开发校验和验证评估。

一）分析提取

分析提取共包括三个关键步骤，分别是确立标杆、分析任务、抽离作业。

1. 确立标杆

要完成作业内容开发，首先要选择业务领域里面最优秀的员工，相比一般员工，最优秀的员工在技能的发展水平上更具优势，这些优势体现在如下方面。

（1）优秀员工能够更加准确地描述和界定自己的工作内容，他们对工作的内涵和外延有着更为清晰和深刻的认识。

（2）优秀员工在完成工作中所具备的知识和技能明显优于一般员工，作业内容更多的是基于技能和知识展开的，同时优秀员工在技能和知识掌握的结构以及细节程度上优于一般员工。

（3）优秀员工在完成技能的数量、熟练度、准确度和方法上面明显优于一般员工，优秀员工在技能发展的层次和水平上也优于一般员工。

（4）优秀员工掌握了更多完成工作的技巧，这些技巧大幅提升了工作的效率和效能。

（5）优秀员工是组织现有条件下的优质资源，他们既可以成为内容的开发者，也可以成为内容的推广者和师傅。

开发内容需要一个工作组来完成，一个配置良好的工作组至少应该包括两类人，一类是懂业务的内容提供者，另一类是懂技能的内容开发者，二者缺一不可。

2. 分析任务

对于多数组织而言，在起始条件下都不会有自己的技能清单和知识清单，开展技能提取工作首先应从分析工作任务开始，在分析任务的过程中，需要将工作任务分成简单任务、复杂任务和极度复杂任务。

分析工作任务常用的有两条路径：对工作熟悉的情况下可以直接从工作任务出发，从工作任务分解出子任务，再从子任务分离出作业来；如果对工作不太熟悉，可以从工作日志或工作写实的角度出发，自下而上进行组合，一般情况下需要两条路径同时进行，在作业层面进行汇总。

3. 抽离作业

抽离作业步骤我们形象地将其比喻为"捞干货"。在工作任务分析的基础上，当细化到子任务下的最小工作单元时，就需要在这个层面寻找支撑该项工作完成的知识点、技能项和职业态度了。在这个层面上，优秀员工会表现出与一般员工的巨大差异。

通过抽离知识点为后期形成知识类内容做好了储备，通过抽离技能项为后期形成工作程序做好了准备，通过抽离职业态度为后期形成态度类内容做好了准备。

二）开发校验

1. 完整操作

抽离出初步的工作程序后，需要还原真实的工作状态来复盘操作，通过复盘操作，内容的提供者和开发者需要不断问以下问题。

（1）作业的目的是什么？要达成的目标是什么？

（2）要完成作业前的知识、技能和态度条件是什么？

（3）达成目标的关键步骤和关键点是什么？

（4）安全的边界条件是什么？（如有）

2. 复盘抽离

复盘抽离工作主要由内容开发者来完成，在开发过程中需要不断地与内容提供者进行确认，在这个过程中需要关注以下问题。

（1）慢慢地重新进行这项工作。

（2）在进行每一步的同时，问这样一个问题："这项工作有进展了吗？"

（3）如果有了进展，就问刚才做的是什么步骤。

（4）如果认为是重要环节，用简洁的短语将它表述清楚。

对重要步骤的整理我们需要将三类关键点识别出来。

（1）成败。使工作完成或者中止，找出这些步骤中能够导致工作的成功或者失败的关键因素。

（2）安全。可能导致伤害从业者的安全因素，不论什么时候都是关键步骤。

（3）易做。使工作更加容易进行，这里面包括了各种各样的工作技巧或窍门，以及一些特别的信息或时机，这些可以使工作更容易完成。

对工作关键点的确认可以说是工作程序开发的核心要义所在，抓住了这些核心点也就在工作中抓住了"少数关键项"。

对关键点的确认需要反复斟酌，具体包括如下方面。

（1）重复重要步骤，回想一下确定关键点的三种情形：成败、安全、易做。

（2）如果确信符合以上三种情形中的一种，就将这个关键点记录下来。

（3）重复该作业，直到再也找不到关键点。

3. 完善细节

一个完整的作业包含了前提条件、步骤、动作、要点、理由、重点提示、成果等内容，需要做细节的完善。

（1）作业的前提条件。包括设备的安全条件，操作者的技能条件、知识条件和工作时的状态条件。

（2）步骤。尽可能使用动宾结构，语言保持简洁，步骤中关注测量、检查、核对等关键点；注意对称表现，如开关、进出、插拔、启停等。

（3）动作。从正确的方面进行描述，不使用否定的词语，如不能、不要、禁止等。

（4）要点。不使用"正确的、恰当的、充分的"等描述性语言，尽可能使用可量化的、可衡量的词语，如数量、时间、质量、金额等，对难以用语言表达的情况，如手感、声音、色调等可采用标注的形式表达。

（5）理由。从原理原则、法律法规、制度规定和实际经验四个方面进行描述，询问为什么要这样做，这样做的依据是什么，这样做背后的机理是什么。

（6）重点提示。从安全、易做、成败三个方面做重点提示。

（7）成果。回顾作业目标，检查结果与目标的符合程度。

三）验证评估

1. 实践验证

实践验证就是将开发的内容带到实际的工作场景中进行复核，常用的方法有如下几种。

（1）交叉验证。由内容开发者与内容提供者一起做交叉验证，常用的方法是让优秀员工在实际工作现场再做一遍，由开发人员做二次验证，也可以反向操作，由开发人员按内容来操作，让优秀员工来指出问题所在。

（2）陌生验证。由现场实际工作者来操作，比对开发内容与实际操作之间的差异，通过差异点反向验证。

（3）越级验证。越级验证可以向上越级找专家来指出内容的瑕疵或问题，也可以向下寻找未来的受训者，由他们找出晦涩难懂或不妥当的地方，这样可以避免犯常识性错误，同时也可以提高内容的通识化程度。

（4）外行验证。有一次笔者去一家公司参观，公司向我们展示了工程师使用的操作手册，看起来就像连环画一样。原来好的内容开发真的可以做到"老妪能解"，让人看到之后爱不释手，很有试一下的冲动。

2. 改进设计

通过多轮次的验证后对反馈的问题进行修正，修正后需要再次做验证，根据我们实际总结的经验来看，一个优质的工作程序需要至少经历五个轮次的验证后才能交付。

3. 交付成果

经过多轮次验证的工作程序还需要经历最后的教学验证，效果好不好还要看现场师傅和徒弟的评价，这个环节我们通常称为"试课"，这个环节一般也需要经历从试点到推广的过程。

拥有工作程序、核查程序和沟通程序是组织规范化管理的一个缩影，一个完整的程序化管理还包括政策程序、执行程序、技术规范和工作细则等，有些组织成功地将工作程序从一种工作方法变成一种工作习惯乃至工作品格。正如帕特里克·兰西奥尼所说的，"大部分组织只对它们所拥有的知识、经验和智力资本进行了碎片化的利用，而健康的组织几乎利用了所有这些资源"。

第二节 教导计划

不断找到值得他人效仿的成功做法，即亮点；有意识地复制亮点才是开展业务的关键。

——奇普·希思

对学习者先有概念的考虑必须成为一切教育计划的出发点。

——安德烈·焦尔当

一、教导是成长的循环

有一次，笔者陪儿子去野生动物园。在动物园里，我们看到了非洲獴，听讲解员介绍得知非洲獴是一种因为能捕杀毒蛇而闻名的哺乳动物。要杀死毒蛇需要闪电般迅捷的动作和极大的勇气。一只1米长的非洲獴可以制服一条体长是它两倍的眼镜蛇，但在大多数的捕食过程中并不顺利，毒蛇会向非洲獴发起反击，在这个过程中非洲獴会聪明地避开，在一次次的攻防战中，准确地抓住毒蛇回收身体这难得的机会去咬住其要害，并将其置于死地。

听了讲解员的介绍，我们对这个之前从未关注过的小动物竖起了大拇指。这时候儿子问道："叔叔，非洲獴是怎么学会这个本领的呢？"这个问题也同时引起了许多小朋友的关注，讲解员继续讲解：非洲獴为了将这一本领传授给下一代，运用了非常合理的教育方法，成年非洲獴会先教幼崽如何捕捉昆虫，之后是捕捉小的蜥蜴，之后是鼠类，再后来是鸟类，接着是普通的蛇类，最后才是毒蛇……

听完了讲解员的细致讲解之后，我不由地感叹循序渐进的教导计划不只是人类拥有，更是生命体进化的本能。

二、从核电汲取养分

大亚湾核电站于1987年开工建设，1994年2月投入商用。当时既没有资金也没有人才，通过"借贷建设、售电还钱、合资经营"的方式开工兴建，大亚湾核电站自投运以来保持着全球60多台同类机组安全运行领先的记录，这与核电人才培养体系有着密不可分的关系。在多次探访核电运营培训中心后，我发现它们的培养体系有如下几个突出的特点。

一）以胜任工作岗位作为培训目标

培训要为结果负责，培训的各种内容、过程、评估和设施的设置都要为结果服务。评估的内容也不再是传统的课时、学时等，而是要通过在岗实践的终极评审，充分接受实践和实战的检验，让用人单位满意，而不是自说自话。

二）以工作任务为中心的培训内容

核电的运营人才培养从工作任务出发，反向追溯支撑工作任务完成的知识、技能和职业态度，虽然在发展的前期以基础理论为主，但在借鉴了法国的岗位培训导则后，很快回归到了以工作任务为中心的轨道上来，并形成了具有自身特色的岗位培训大纲。为了做到完全以工作任务为中心，把训练场变成工作现场，公司采购了模拟机训练实操技能。模拟机培训工程师介绍："为了完全模拟工作实况，模拟机实训场中每个文件的摆放位置、顺序，使用的工作文件都和现场一模一样。"

三）严谨的内容体系

第一次看到运行人才的教导计划，让我着实吃了一惊。难以想象的是对内容的阐述居然可以做到如此细致入微，所有要点在系统知识中的位置和作用、上下游知识的关联都一目了然。一个完整的培训包里面有七项标准内容，分别是培训任务书、课程描述单、教案（讲师手册）、教材（学员手册）、考核大纲、考题和评估问卷，这就是核电人俗称的"七件套"。如此严谨的内容体系，让人一方面赞叹核电培训人的专业细致，另一方面也有过于烦琐的担心，我借机询问培训工程师如何看待这个问题，他讲道，起初公司在引进法国这套体系时，连自己都对其效果有疑虑，但公司最后选择了相信，坚持了二十多年后才发现，最慢的脚踏实地的途径恰恰是最快的。

四）务实的培训组合

培训是整个公司的事情，而不是培训中心的事情，这是核电人才培养中的又一突出特点。为此，培训中心、直线经理和员工个人都一起承担起员工发展的重任，在内容组合上就可以将分散的基础培训内容、集中的专业理论内容、模拟机的技能学习、在岗的实践学习、独立工作后的复训学习有机地组合起来，形成了横向到边、纵向到底的有机整体。

五）严格的机制保障

很多公司的制度前期严格、中期松散、后期没落，不得不走入重新建立制度、再度松散和没落的循环，核电运营人才培养计划以SAT（系统化培训方法）为基础，走出了一条建立、执行、反馈、更新的循环，在长达四分之一个世纪里坚持自我更新、自我进化和持续迭代，并进一步形成了"培训—考核—授权—上岗"机制。核电运行人才培养坚持将培训中心置于生产部下，坚持生产员工与培训教员之间的双向交叉流动，正如核电前任总经理昝云龙所说："核电生产人员的培训，只有诞生在生产线里，所培养的人才不会畸形，才是和需求完全一致的，所以培训中心作为核电站配套的一部分，首先考核要在这里进行，未来的循环培训也在这里进行，培训要作为整个生产链的一部分。"

六）价值观融入

核电的人才培养计划不仅仅是培养具备岗位知识和技能的合格员工，更是着力为国家培养有着高度核安全文化的核电人。为此，持续在培训中融入"诚信透明""质疑的态度""奉献核电"等职业价值观。

三、艰难起步的首个教导计划

纸上得来终觉浅，绝知此事要躬行。从核电运营培训中心回到工作岗位后我就下决心要搞一个风电公司的技能人才教导计划，一方面，风电培训中心自成立以来，还没有拿得出手的自主培训项目；另一方面，对于新兴的风力发电行业来讲，整个行业也没有这样的一套培养计划，如果我们能够率先搞出来，近看可以解决公司人才发展的瓶颈，在为业务创造价值的同时也让培训中心的价值得以凸显，远观可以填补行业空白，为行业树立人才培养标准。

尽管有了诸多外部经验的输入，但要创造出第一个教导计划也是难上加难。当时的风电培训中心人员不过四人，除了李猛老师从专业领域转型为专职教员以外，能够投入到这个专项工作的人只剩下我了。这跟核电运营培训的专业力量相比，可以说是天壤之别，我们没有"黄金人"的起点条件，但可以有"黄金人"的学习热情和努力程度。在跟培训中心主任康总多次汇报和细致分析后，项目组正式成立。

恰在此时，《中共中央关于制定国民经济和社会发展第十三个五年规划的建议》明确提出了"加快发展风能、太阳能、生物质能、水能、地热能，安全高效发展核电"，风电行业迎来了发展的机遇期。公司的各条业务战线都在招兵买马，拓展业务领地，从公司的哪个业务线入手成为摆在我们面前的首要问题。通过对公司多个部门和分管领导的访谈，我们抽离出了影响业务选择的两个关键要素。一个关键要素是行业成熟度，有些行业领域已经发展多年，外部人才供给也相对充足，这些领域最需要解决的是行业通用知识与具体业务结合的问题，通过经验分享、行业交流、实践总结的方式就可以满足需要；与之相反的是风电行业所特有的专业领域，如风资源分析、设计优化、生产运维等，国内的行业发展刚刚起步,整个行业都急需各等级人才,只能依靠公司自主培养,有了这个关键要素,方向的问题自然解决了。另一个关键要素是规模,判断哪个领域在未来是人员增长的关键领域,人员增速快的领域具有规模效应,未来也将具备外部市场的拓展性。整合了这两个关键要素之后形成培训开发分析图(见图4-2),对趋势的把握就清晰起来。

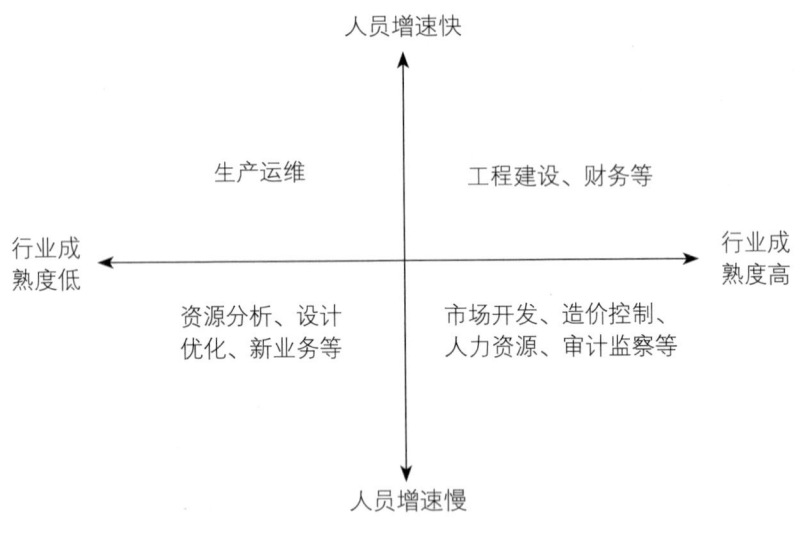

```
                    人员增速快
                        ↑
                        |
        生产运维        |    工程建设、财务等
                        |
行业成                   |                    行业成
熟度低  ←───────────────┼───────────────→    熟度高
                        |
        资源分析、设计    |    市场开发、造价控制、
        优化、新业务等    |    人力资源、审计监察等
                        |
                        ↓
                    人员增速慢
```

图4-2　培训开发分析图

按照规划,生产运维工程师将是未来极具增长性的领域,到2020年人员总量将突破3 000人,到2025年人员总量将突破5 000人。有了这个数据之后,生产运维工程师自然就成为我们的不二选择。

明确了专业领域,接下来的工作就是盘点资源。当时仅有的基础理论教程是四本教材,分别是《风力发电基础理论》《生产运维实务》《安全生产管理细则》《风电场现场管理》,我们形象地称之为"成四本"。实操技能的教学多以大家的讨论和观摩为主,缺少相对完整的教学内容。

九层之台起于累土,合抱之木生于毫末,千里之行始于足下。完成技能一级教导计划成为摆在我们面前的第一道坎，可贵之处在于这项工作得到了公司领导、运维事业部、各分公司乃至一线场站的大力支持。经过多方推荐，有着丰富现场工作经验的技能高手以临时借调的方式加入了项目组，王铁志、徐鹏飞、汪洋、王玉超、张鹏、沈伟峰等"老师傅"齐聚天津实训基地，再加上某风电场的全体员工，大家在没有任何额外报酬的情况下自愿加入这项关于生产运维岗位几千人发展的大事业中。

我们借鉴核电的先进经验，从工作任务入手，分别访谈了人力资源部、运维事业部、分公司、场站长对技能一级员工的具体要求，然后以分散驻场的方式提取出技能一级需要完成的工作任务32项，经过三次现场验证和交叉比较，最终确定了通用工作任务27项。接下来就是从工作任务中分离出知识和技能要素，这是一项考验工作经历和工作水平的任务，抽调来的老师傅们用工作能力证明了他们的价值所在。经过近三个月的持续努力，形成技能一级142个基础理论知识点、89项技能作业、46种工器具，看着这累累的硕果，整个团队颇有一种庆祝丰收的喜悦。

形成第一批次成果后，我们开始做反向验证。先从抽调来的老师入手，验证方法是自我评估。结果显示，这些有着五年以上工作经历的老师傅，也难以做到知识、技能、工具全覆盖，现场工作经验丰富的王玉超老师坦言："如果这样的教程能够开发出来，可以起到一年顶五年的效果，而这五年也是在员工非常努力的情况下完成的。"听到众多老师对初期成果的肯定，我也坚信了这项工作的意义，以及它即将给公司和行业带来的影响。

有了阶段性的工作成果，接下来是最为艰难的内容开发了，这其中最难的就是89项技能作业。对于习惯了具体工作的老师傅来讲，拿起笔远比拎起扳手难。原来所有的作业被老师傅们"修理"成了工作前准备、开始工作和结束工作的三段论。看到这种情况后，康总为老师傅们开展了一场培训，带着方法工作的老师傅们在经过了一周的艰苦努力后拿出了第二稿，相比第一稿而言的确有了不少的进步，但与我们要达到的教导手册的要求仍有很大的差距。要让老师傅们学会如何编写教导文件，在这个环节上恐怕要用个把月的时间，面对这种情况，我们不得不调整工作思路。

发挥团队能量的最佳方式是整合各自的优势，工作程序的开发工作调整为老师傅演示操作，由我来记录和编写教导文件。老师傅们分头准备，我依次对接，培训中心不具备条件的，到现场完成。通过调整工作分工，工作进度得到了保障。同时在与老师傅们的深度交流中我发现了他们身上的诸多可贵品格，其中最可贵的是他们对自己辛苦积累的宝贵经验没有丝毫隐瞒，无私地奉献出来，对自己不确定的内容会利用朋友圈讨论，直到问题得到圆满解决。在众多老师傅的参与下，很多工作程序有了精妙的表现，我看了之后都大呼过瘾。在与师傅们的互动中，我们也结下了深厚的友谊，我对设备、工具、作业、程序、安全的认识也得到了实质性的提高，真可以说是一份投入、多份收益。经过五个多月的努力，技能一级教导手册的初稿才接近完成。当我看着每个作业中的闪光点时，犹如看到了闪闪发光的金子一般，正是通过这种跨区域、跨部门、跨专业的协同配合，我们将散落在组织各个角落里的矿石炼成了金子，它们也必将在未来发挥金子般的价值。

无论从行业发展水平还是企业的发展阶段，新能源的培训都不可能像核电那样做到高规格、高投入和高产出，我们根据新能源自身的特点做出适应化的创造。为了解决后续专业教员不足的问题，我们一开始就选择将培训内容数字化，将专业理论课程做成上百个十分钟左右的微课，将专业技能的实操做成视频课件。这样用一次投入、每年更新的方式为组织积累了一整套可以反复使用的知识库，它更大的作用在于通过移动学习的方式解决了新能源点多、面广，基础培训"小、散、软"的行业性难题。

视频课件样品一经亮相就震惊项目组，在与主管领导汇报后，很快就获得了支持。有了前期的成功做法，批量化制作正式开始，为了能够尽早看到我们1.0版本的教导计划，大家不顾盛夏的炎热当即开始了集中拍摄。每天早上七点半摄像组就进入拍摄地点选机位，后勤组为师傅们简单化妆，讲解拍摄要点，为了将专业内容讲解到"老妪能解"的程度，一个镜头需要反反复复地拍摄。盛夏的早上还算凉爽，到了上午十点左右，太阳晒透了实训车间，参加拍摄的人员如同身处火炉中。为了无限贴近工作现场，所有的师傅们都要严格穿戴上工作服、安全鞋、安全帽、防护手套等，特殊场景还需要佩戴护目镜、口罩以及厚厚的绝缘手套、绝缘靴等，在每次拍摄过程中都能看到汗水随着师傅们的下巴"嗒嗒"地往下滴……过程是艰苦的，成果却是丰硕的。

时间一晃一年过去了。在这一年里，项目组从南到北、从东到西，足迹遍布公司的五个风电场，先后参与的员工超过三十人，在历经四季的考验后，来年的春天技能一级教导计划正式出炉。

这次培训我们比过去的任何一年都有底气，底气来自有了技能一级全套基础理论课程、实操技能课程、工器具课程。课程开发的过程中同步培养了师傅，与实操技能课程配套交付的新教具，适配技能一级的教学方法，以及新员工培训的前期导入，是标准的五星项目。即便如此，雷承杰和张玉林老师也丝毫没有大意，在教学计划中加入大量的体验活动，包括个体积分和团队积分等竞争环节，还有每日一练、三日总结、每周比拼、半月考评等硬核内容。为了快速迭代出升级版的教导计划，每天的课程结束后，所有参与项目的老师和教务人员都会一起进行经验总结和问题反馈，中间还穿插了两次学员的意见收集会，技能一级教导计划在实施中就附带升级了2.0版本。正是通过不断的复盘总结，我们凝练出了开发内容的三个环节、九个步骤，作业分解法，教三练四，体验式活动的"四高法则"等一系列成果。

通过这一连串的大胆实践，员工技能发展的路径从未如此清晰，看到这个训练计划就仿佛看到了一批批员工在培训中心的"炼制"下转型为运维工程师的画面。42天的训练营在学员们感人肺腑的致谢中、在师傅们的谆谆教导中、在公司领导的殷切嘱托中落下了帷幕。

训练营结束后的一个月里，我不断接到分公司和员工所在场站的电话，他们的问题是：今年的新员工为什么这么厉害？培训中心今年施了什么魔法？什么样的训练可以让新员工的技能水平超过入职多年的老员工？……

技能一级教导计划在内部的成功引起了积极而热烈的反应，极大地助力了公司每年批量化新增人员的需要，为公司运维工程师的能力提升提供了强有力的支撑。"近者悦，远者来"，技能一级教导计划和内容体系先后吸引了多家同行的来访，并促成了培训中心的首个外部订单。

在外部培训班的实施中，升级版的教导计划2.0闪亮登场。2.0版本的最大特点是将硬技能与软文化巧妙地结合在了一起，通过高参与、高情感、高体验、高组合化交付，为学员带来前所未有的技能成长体验。在结业式上，客户穿插了一个特别节目，他们邀请所有参与本次培训的教职员工走上讲台，教室的前后门突然打开，所有参训的学员手捧鲜花，簇拥到讲台的周围，学员用鲜花和掌声表达了他们对本次培训的高度认可。

技能一级教导计划持续迭代，累计为公司培养了上千名合格员工，这一成果是集团基因的产物，也是培训中心团队文化的产物，更是所有参与者协同努力的产物。在这些力量的联合促动下，技能二级、技能三级教导计划如雨后春笋般涌现。恰在春天的一个早上，我再次路过实训场，看到学员们在专注地练习，又看到路边迎春开放的花朵，猛然间勾起了种种往事，情不自禁地写下了一首《咏春》。

咏春

静卧泥沼旁，熬过雪冬霜。

只待时节至，满园吐芬芳。

四、教导计划的关键环节

技能一级教导计划的成功，并不能掩盖它存在的一些问题。随着对技能教学理解的不断深入，学员短时间学习的爆发力释放之后，问题也逐渐凸显。

（1）对技能应用的死板硬套。通过集中培训、强化训练和刻意练习，学员短期内熟练掌握了各项技能的要领和达标要求，但这种掌握是针对固定工作场景的，如刚学完呆扳手加橡皮锤的组合使用，学员会去寻找可以卸下的螺栓，而对于力矩的要求却抛在脑后。

（2）缺少技能之间的关联和组合。技能之间通过交叉组合的方式解决实际应用，而技能之间如何进行交叉组合却是学员不得不面对的难题。有一次，我问一名学员："怎样测量5A的电流？"这位学员找出了钳形电流表，我接着问："是否可以使用万用表测量？"学员摇了摇头说："万用表是用来测电压的，测电流还是要靠电流表。"我接着问："超过1 000A的电流又该怎么测？"这位学员却无从回答。

（3）缺少技能与场景的匹配。技能只有在实际的场景中才能被赋予生命，才能发挥出效力，如不同螺栓与不同力矩扳手的组合、不同精度要求与不同量具的组合等，都需要在实际的应用场景中建立与技能之间的稳定匹配关系。

（4）缺少灵活应用。一招一式的基本功在实训场上容易教会，而对各种招式的创造性运用在实训场上却难以完成。尽管我们在实训中增加了迁移应用的环节，但多次的尝试表明效果并不理想，这些都是集中培训阶段难以解决的一些典型问题。

一连串的实践验证之后，我们发现基础理论、专业技能和职业素养需要通过分层消化、多层吸收的方式才能起到良好的效果。这与著名学习专家斯图尔特·布兰德提出的学习"速度分层"理论不谋而合。布兰德认为每一个事物的改变都是从外到内、逐步推进的过程，在这个过程中，不同层面的事物呈现出了不同的改变速度。关于"速度分层"我们通过房子做一下类比（见表4-1）。房子里面最容易改变的是房屋里面摆放的花草、衣架、字画等装饰物，这些物品可以根据我们的需要不断地更换位置甚至扔掉；之后是桌椅、衣柜等大家具，确定好位置后就不会随意变动，要更换这些大需要费一番力气；之后是房屋的墙壁、地板等装修，装修一旦完成，在一定期限内一般不会做大的改动，一旦改动就需要大动干戈一番；再后来是房屋的结构，房子是几室几厅的结构，改动起来就要拆屋挪梁很是复杂，不是想动就能动的，这甚至涉及房屋的设计、承重结构等；最后是整个房子的位置，要变动起来就要把整个地基做整体搬迁。而对于整个房子来讲，它的价值性首先取决于它的位置，其次是结构，最后才是那些容易变动的花草、衣架、椅子、床柜等。但我们都不能忽视的一个事实就是，大多数人比较容易被这些价值低、易改变的内容所左右，而对那些不容易变动的部分却视而不见。

表 4-1　速度分层示例

变化速度	层级	房子	学习内容
较快	层级一	花草、衣架等装饰物	获取知识的概念、工具
快	层级二	桌椅、衣柜等大家具	获取知识的内在结构和关联
慢	层级三	房屋的装修	改变原有的知识和技能结构
较慢	层级四	房子的结构	改变原有的能力结构
很慢	层级五	房子的地基和位置	改变核心价值观、个性品格等

用房屋类比到教导计划上来，对特定的教导计划而言，应该分阶段、分层级、分顺序导入学习内容。那些较容易掌握的概念、术语、表格、工具等类似于房屋里面的花草、衣架等装饰物；知识的内在结构和知识之间的关联相对难一些，这些类似于房屋里面的桌椅和衣柜；运用这些知识和技能去解决实际问题就好比改变房子的装修风格，变动起来就更加费力；对这些知识技能的熟练运用，乃至融会贯通就好比动了房子的结构；随着知识和技能的累加改变了个体的价值定位、发展方向、个性品格等就好比动摇了房子的地基。

"学习分层"理论表明，越外层的越显性，越容易引起我们的关注，越内层的越隐性，越容易被我们忽视；越显性的部分重要性越低，越是隐性的部分，重要性反而越高。对新知识的学习而言，我们很容易拿到教材和教辅，教材里面也可以很明确地标示出知识点，稍显复杂的表格和工具也可以通过结构化呈现出来，把这些内容作为教导计划的全部，显然是"一叶障目，不见泰山"。个体真正意义上的差异，在表面上是知识的差异，在深层上却是能力的差异，在内核上是能级的差异，而驱动这个内核的恰恰是个体的价值观和品格塑造。对员工而言，能够胜任工作岗位只是基础要求，能够为组织创造价值是组织所需要的，在这个过程中带着组织的核心价值观和文化认同才是组织所渴求的。

盖房子从地基开始，最后才是花草等装饰品，而一个好的教导计划好比逆序盖房子，先从容易改变的装饰品开始，最后在潜移默化中完成了房子的重构。教导计划应同时涵盖改变的不同层次，通过不同的方式消化吸收不同的内容，直到完成一个房子的重构。

五、技能七宝塔

在教导计划开发的访谈中，我得到了很多额外收益，"技能七宝塔"就是其中之一。而发现它的玄机是在与不同对象的谈话中，例如，在问及运维工程师怎样才能达到高绩效表现时，我们收获了很多典型回答，这些回答如同拼图一样，帮助我们找到了事物的原貌，原来只要拼图足够多，原图迟早会显现出来。

公司领导：不管什么样的能力，最终都需要转化为业绩、电量，完成电量的绩效就是好绩效……

人力资源：能力是保障绩效的关键，只要创造合适的条件，能力就可以持续创造出高绩效……

生产经理：现场技能水平是决定生产任务的关键，运维工程师的技能水平不满足生产发展的需要，是造成目前情况的主要问题……

场站长：永远干不完的是明天的工作，上级单位的、外部单位的、内部员工的、各个生产环节的，谁能把活干完了，谁就是我们的英雄……

运维工程师：天天要结果，可是这活该怎么干，怎么干才有效果，怎么干才高效，却没有人关心……

……

一个偶然的机会，我与某单位主管领导探讨组织绩效问题，讨论的核心是这个部门从年初到年尾都在围绕的几个重点工作任务。为了这几个工作任务，总部跟踪进度，会议监控进度，现场敦促进度，检查复核进度，到了年底，这几项工作任务好不容易完成了，一年后，这些工作任务变个花样又来了。紧接着又是新一轮的汇报、跟踪、检查。不但如此，工作追踪也在不断翻新，形成了甘特图、追踪表、重点任务清单、督办事项等，现在信息化手段也用起来了，还做出了App、在线实时监控……我好奇地问这位经理人："你整个年度都在费力抓工作任务，你觉得完成任务的关键是什么？"他郑重地说："当然是工作能力了，下属的能力强了，我还用这么费力天天敦促任务吗？"我接着问："既然能力是关键，那你为什么不去抓能力呢？"他笑了笑说："能力这东西太虚，抓也抓不住，只有工作任务最实在，一抓一个准！"这位主管领导的工作思路从现实的角度来讲，的确没有错，在虚的东西抓不住的时候，只能抓那些可靠且实在的东西，但实在的东西抓久了，反而越抓越虚了。

要解决这个问题，入口在工作任务，但出口却不在工作任务。原因在于以工作任务为核心，把公司的所有成员压缩到一个层面上工作，既无助于问题的本质性解决，又造成了员工的能力无法拓展，久而久之带来的结果是将整个团队一维化、平面化。从这个维度上看，优秀的经理人常常把工作任务从平面干成立体，一般的经理常常把工作任务从立体干成平面。要解开这个谜团，就需要将工作任务逐层展开，公司不同层面的员工围绕不同内容，最终形成上下协同，步调一致。要达到这个目标，就需要做整体设计，我们围绕工作任务做上下层的拓展就会看到任务的不同形态，把不同层面整合之后，就形成了相互支撑、贯穿组织各条业务线的"技能七宝塔"（见图4-3）。

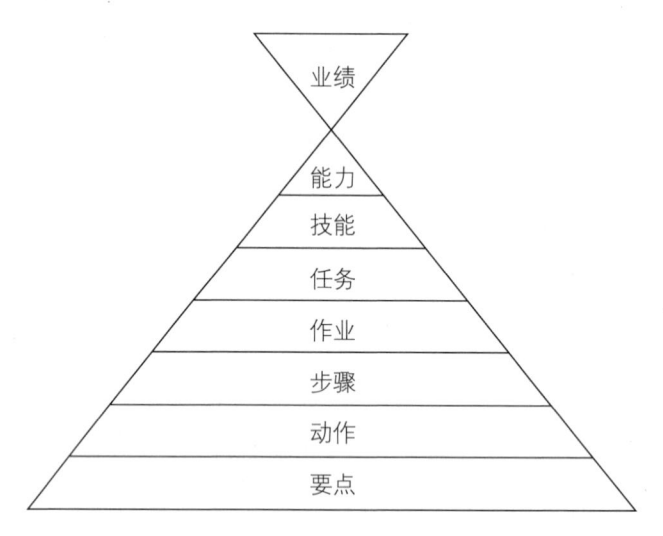

```
        业绩
        能力
        技能
        任务
        作业
        步骤
        动作
        要点
```

图4-3　技能七宝塔

组成七宝塔的可见单位，我们称之为任务；从任务的角度往下延伸，可以进一步看到支撑任务完成的是一个个作业；支撑作业的基本单元是步骤；支撑步骤的基本单元是动作；支撑动作的基本单元是要点。从任务往上推演，能够完成多个任务的被称为技能，拥有多项技能的被称为能力，这样从下至上共分为了七个层级，完整地支撑了业绩，并将业绩可视化、多维化。

（1）要点。要点来自我们工作中遵循的法律、法规、规章、制度和各种规定，只有将这些要求落实到操作的要点里面去，制度才会真正发挥其效力。

（2）动作。要点是对动作所要达到标准的具体阐述，而动作是由一连串复杂程度不同的具有一定指向性的运动所组成的，动作是具体的行动。动作里面常常伴随着我们在作业中最重要的三个要素，分别是安全、易做和成败。

（3）步骤。一系列动作所要达到的阶段性目标是步骤，步骤是阶段性的成果。步骤在一个作业里面不宜过多，一般而言以七个左右为宜，当一个作业超过九个步骤时，就需要对这个复杂的作业进行二次分解，形成两个乃至更多相对简单的作业。

（4）作业。作业有明确的目的或目标，由一定数量的步骤构成。每一个独立的作业都包含特定的目标，完成这个目标的质量决定了作业的质量，高质量的工作任务就是由高质量的作业单元所构成的。作业在很多单位又被称为程序或清单，包含我们前面讲到的工作程序、核查程序和沟通程序三种类型。

（5）任务。任务是我们工作中面对的工作内容，常常来源于我们的工作职责或工作岗位。例如，人力资源工作需要完成招聘、设置组织机构、确定岗位职责、工资核算、社保缴费等工作任务，每一项工作任务又是由多项作业构成的，如招聘包括简历筛选、电话初试、笔试、面试、综合测评、入职通知、入职手续办理等作业内容，完成这些作业内容就视为完成招聘这项工作任务了。任务通常按复杂度进行区分，一般可以分为简单任务、复杂任务和极度复杂任务。

（6）技能。能够完成一项或多项关联任务的内在条件，我们称之为技能。例如，我们熟悉的开车这项技能，在考取驾照的过程中就需要完成科目一的交通安全法规、科目二的基础驾驶、科目三的路试三项典型任务，能够把这三项任务都完成的，可以称为具备了开车这项技能。当然，每一项任务里面又包含多个作业内容，如科目二里面就包括倒车入库、路边停车、半坡起步等作业内容。

（7）能力。能力的发展需要一项或者多项技能的支撑，越复杂的能力需要支撑的技能就越多。能力是随着职业的发展被逐步塑造出来的，技能也是在实践中反复刻意练习而发展出来的。例如，我们上面讲到的开车这项技能，当它被职业化以后就被赋予了不同的内涵。对于职业司机，驾驶是其核心技能，还对其提出了文明驾驶、周到服务、熟悉路况、保持车辆整洁等要求。

金字塔塔尖的位置就是我们需要的业绩了。有了七宝塔的支撑就可以将组织的各个单位贯穿起来，形成横向到边、纵向到底的组织体系，而不是只顾各自业绩在自己的专业领域里"内卷"的压缩饼干。

第三节 激发动力

谁也无法说服其他人改变，因为我们每个人都守着一扇只能从内开启的改变之门，不论动之以情或晓之以理，我们都不能替别人开门。

——尼尔·弗格森

人生最重要的两个日子是你出生的那天，和搞明白你为何而生的那一天。

——马克·吐温

一、如何激发徒弟

有一次，我在课堂上跟学员谈起如何驱动一个人工作的话题，请大家畅所欲言。总结完大家的方法之后，我发现出现频率比较多的是发奖金、升职、加薪、表扬、考核、罚款。我又问："如何用一句话把大家的措施表述出来呢？"有学员发言："胡萝卜加大棒。先给胡萝卜，许诺发奖金、升职、加薪，时不时再给一些表扬，如果这些招数用完后没有效果，就开始考核，如果考核不行就罚款。"所有学员都大笑起来。我进一步问："发奖金、升职、加薪这样的事情，我们做师傅的说了算吗？"大家摇摇头，这些显然是从上级借来的权力。"考核、罚款我们可以决定吗？"大家仍然摇摇头，显然这也是从上级借来的权力。"我们可以总结一下，这里面除了表扬是自己可以决定的因素外，其他都是从上级借来的权力。"我接着问："假如你们能借到这些权力，依次用完了之后，都没有效力了怎么办？"大家面面相觑，终于有一名学员站起来说："师傅领进门，修行在个人。"全班立即哄堂大笑起来，笑声中既有些许的开脱，又有更多的无奈。

奖惩驱动一直以来被奉为激励一个人的首选，要激励一个人，难道就没有其他方法了吗？

二、人的第三种需求

20世纪40年代，心理学家哈利·哈洛做了一个有趣的实验。实验对象是八只恒河猴，它们被关在笼子里，笼子上有个简单的开锁装置。打开这个装置的动作对人类来讲相当简单，共分为三步：拉开插销，解开挂钩，掀开盖子。可是这个实验的对象是猴子，这对于猴子的智商水平来讲，不失为一项考验。猴子被放进笼子之后，有趣的事情发生了。

这群猴子在没有受到任何提示和奖励的情况下居然开始专心地摆弄起这个开锁装置。当实验进行到第十三天和第十四天的时候，这群猴子竟然可以娴熟地打开这个开锁装置，而且其中的多数猴子可以在一分钟内解开。

实验结束了，可实验带给团队的思考却没有结束。这群猴子为什么会去从事这项没有任何"好处"的事情？实验者感到有些惊奇。我们普遍认为行为的发生受到两个驱动因素的影响，第一种是本能驱动，这个动力来自生理需求，如食物、水、性等；第二种是外在的奖惩驱动，奖励可以促使行为的发生，惩罚可以禁止行为的发生。可是猴子的行为却无法用这两个驱动因素解释，哈洛在观察中甚至用"可以听到猴子抓脑袋的声音"来形容猴子的投入。这也表明在上述两个驱动因素之外，还存在着一个不需要外部诱因就能促使猴子主动完成任务或学习的动力来源。后来哈洛将其称为第三驱动力，即完成任务本身所带来的内在满足与奖励。

这个实验并未到此为止。在后续的实验中哈洛引入了奖励机制，如果猴子解开了装置就可以得到类似葡萄干之类的奖励，得到奖励之后的猴子又会有怎样的表现呢？设想中猴子应该更加努力地打开解锁装置，随着奖励的增加猴子打开装置的频次和质量应该同步提高，可人们期待的结果并没有出现。实验的结果是受到奖励之后的猴子犯的错误却越来越多，打开装置的次数也越来越少。哈洛经过对比后认为，这种被称为第三驱动力的东西，似乎和其他驱动力一样基础、一样强大，但启动它的方式显然与前两者不同。

类似的实验在人类群体中也做过很多次，其结果也证明了：对第三驱动力而言，"奖惩具有毒副作用"，一个自发、自愿的活动在受到奖励之后反而退化乃至消失了，奖励仿佛被施了魔法，它把有意义的工作变成了苦差事，把乐趣变成了苦恼，把全情投入变成了斤斤计较，原本要提高积极性反而限制了积极性，原本要激发创造力反而抑制了创造力，这种毒副作用是很多人没有想到的。

三、带毒的奖惩

马里兰大学的迈克尔·米勒和他的同事曾做过这样一个实验，他们将实验对象分成两组，一组观看喜剧电影，另一组观看恐怖电影，在这个过程中使用仪器来监测两组成员的身体变化。实验的结果很令人吃惊，观看喜剧电影的小组成员血液循环增加了22%，而观看恐怖电影的小组成员血液循环竟然降低了约35%。我们知道，血液循环的增加会提高大脑的供氧量，让大脑保持清醒和高效，同时愉悦的心情会分泌内啡肽等神经递质让我们神清气爽、保持活力，而人在压力和焦虑的环境中会引发应激反应，导致身体机能下降，甚至免疫系统受损。实验表明，一旦失去对环境的控制感，动物的警觉性就会被唤醒，处于备战状态，人类也是如此。大脑最关心的是安全，其次才是学习，学习需要在安全的环境里才能发生。即使是在惩罚的时候，也必须使对方感到自己是安全的，这样的惩罚才会发挥些许功效。一项关于压力环境下对大脑影响的研究也表明，压力会促使负责认知和记忆的海马体变小，从而导致记忆和学习能力下降。

丹尼尔·平克在其著作《驱动力》中将驱动一个人动力的方式分为如下三种。

一）驱动力1.0：生物冲动

驱动力1.0来自生物体的本能需求。例如，人类对食物和性的生理需求以及自身的安全需求，这些都是人的基本需求，只有在这些基本需求满足之后，才会有更高级的需求。

二）驱动力2.0：寻求奖励，避免惩罚

人类具有天然的趋利避害性，人们会因为受到奖励而从事某项活动，同样也会因为担心处罚而避免从事某项活动。对奖惩的倾向性并非人类所独有，其他动物也有类似的反应。例如，斯金纳箱子里的老鼠在受到食物的奖励之后就会不断地按压控制棒以期望得到更多的食物，在受到电击的处罚之后就会尽力避免再次受到电击的伤害。应对这种趋利避害特性的典型驱动方式是"胡萝卜加大棒"。它的基本主张是对一个行为实施奖励就会促使这一行为的增加，对一个行为实施处罚就会降低这一行为的发生。这一简单有效的激励方式曾经延续长达数千年，人类也正是依据这个反应机理建立和维系了很多系统的运转。在农业化和工业化时代，"胡萝卜加大棒"的驱动方式曾经盛兴一时，时至今日，可能仍然是大多数组织运用的主要方法和手段。这种驱动方式可以简单地表述为"如果—那么"型的奖励方式，如果你表现好，那么就会受到奖励，如果你表现不好，那么就会受到处罚。这种"如果—那么"型的奖励方式具有直接、有效的特点，但其副作用也很大。尤其是当我们进入知识型经济社会，知识型工作者成为社会主体的时候，它的副作用尤为明显，它压制了知识型工作者的内在积极性，降低了表现水准，让知识型工作者丧失对工作的积极性。

在《驱动力》一书中，丹尼尔·平克列举了"胡萝卜加大棒"的驱动方式在知识型工作者中失效的七宗罪。

（1）让内在动机消失。

（2）让成绩大幅降低。

（3）扼杀创造性。

（4）抑制善行。

（5）鼓励欺诈、走捷径和不道德行为。

（6）引发上瘾。

（7）引发短视。

三）驱动力3.0：内在驱动

为了适应知识型经济和知识型工作者的时代要求，丹尼尔·平克提出了驱动力3.0。驱动力3.0的动力主要来自内部而非外部，因此它也是最脆弱的驱动方式，因为内在驱动更脆弱、更单薄、更敏感，只有在适宜的环境下才能生长。这些环境包括内部公平性和外部公平性、高于平均水平的报酬、平衡的考核体系等，如果组织不能够创造这样的环境，很容易逼迫大家返回到驱动力2.0的状态。驱动力3.0是知识型工作者最需要的驱动方式，它的内涵包括自主、专精和目的。

1. 自主

每个人对自己的工作拥有自主权，自己管理自己，这也就是彼得·德鲁克所倡导的"自我管理"。知识型工作者自己才能决定对工作的投入程度和产出水平，在工作中所达到的状态也只有知识型工作者自己知道。因此，这个时代不需要更好的管理，需要的是自我管理，给予工作自主权，让人们受到与生俱来的自我管理能力的驱动才是核心所在。

2. 专精

把想做的事情做得越来越好的内在欲望带来自主，自主带来工作投入，投入带来工作中的"心流体验"，工作本身就是奖励，实现目标的过程就是自我实现的过程，工作的时候沉迷于其中不能自拔。正如《心流》的作者米哈里·契克森米哈赖所说，"在心流中，一个人需要做的事情和他的能力范围完美匹配"，在这种内在奖赏的作用下，个体会持续地将工作推向新高度，工作本身的快乐就是奖励，外在奖励不过是内在奖励之后的副产品。

3. 目的

每个人超越自身的渴望，期望能实现更宏大的目标。对个人而言，追寻个体的价值观和目标感，实现人生的意义，实现自我超越和对愿景的追求才是个体持续动力的源泉。对组织而言，不再是遵守道德准则、法律规范的同时追逐利润，而是在追寻目的，利润是催化剂而不是目标。

四、如何激发内在驱动

人类的第一驱动力来自本能驱动，未得即饥渴，得到即满足。第二驱动力来自外在的奖惩驱动，外在驱动直接有效，但边际效用递减且有毒副作用。对知识型工作者而言，外在驱动更多的已经成为保健因素，而不是激励因素。第三驱动力来自内在的自我驱动，自我驱动长期持久但对环境要求极高，只有在适宜的土壤里才能存活，在此情形下，所有外在奖励的设定都是为了激活内在的驱动系统。现在越来越多的组织开始意识到第三驱动力的价值，创造适宜的环境和土壤，通过引入外在奖励激发内在驱动。

如何激发一个人长期而持久的内在驱动，我们不妨从几个徒弟的成长经历中来寻找。

经历1：从"牛粪君"到"翻译君"的转身

我刚到公司就被分到了进口机型的变电站做监督工作。变电站里都是外国工程师，他们聊天和工作都使用英语，我的英语水平仅停留在读写上，几乎听不懂他们在讲什么，我成了名副其实的摆设。

为了缓和尴尬的气氛，他们会时不时地讲两句汉语，或冲着我讲几句英语俚语，当我答错时，他们会一起哈哈大笑起来，他们的笑声中伴随着的却是我的阵阵脸红。听不懂就没法交流，我能做的只剩下捡干牛粪给大家生火了。每次升起火来，他们又会哈哈大笑一番，就这样我逐渐变成了杂工。我的内心极度难受，也极度懊恼，甚至时常为自己的无知而感到羞愧。

想想自己短时间内也没有可能调到其他地方去，与其天天难受，不如趁这个机会把英语捡回来，这些外国工程师不就是我现成的"私教"吗？想到这里，我的幸福感油然而生。于是我找来书籍、音频教程、视频教程开始学习。渐渐地，我可以听懂一些他们的话，直到有一天，我第一次听懂了原来他们一直称呼我为"牛粪君"，怪不得我每次生火的时候他们都会哈哈大笑。就这样，在一年的互动中，我由一个英语听说"小白"变成了会自由聊天的英语小能手，已经能用英语跟他们开上几句玩笑了。

一年以后，公司新投运的变电站使用了新型进口设备，我顺理成章地被调入新变电站。现在的我不仅可以跟外国工程师自由交流，还能客串一下公司领导的翻译，我的身份居然从"牛粪君"变成了"翻译君"。

在这个经历中真正激发"我"从"牛粪君"变成"翻译君"的是外部环境的变化。环境促使"我"不得不做出内在的改变，在这个转变的过程中，最关键的转折点发生在关注点上。在"牛粪君"这个阶段，关注点在外部，如上级对"我"的工作安排考虑不周全，外国工程师的说笑，对自己的呼来唤去，俚语的嘲讽，点燃的牛粪等。在多次的脸红中关注点从外部转移到了内部，转移到了自己身上。人本主义心理学家亚伯拉罕·马斯洛说过，"人如果不能时刻倾听自己的心声，就无法明智地选择人生的道路"。当"我"用一个全新的眼光再次看待周围的人和事的时候，情况便发生了逆转，外国工程师变成了英语私教，俚语成了调节气氛的催化剂，公司领导成了自己转型的助推器……

心理学家朱利安·罗特在其研究中将人的行为取向分为内控和外控。内控型的人倾向于对自己的工作和生活负责，当工作进展不顺利时，他们倾向于承担责任并通过付出努力让情况好转，当工作进展顺利时，他们倾向于认为是努力改变了结果。与之相对应，外控型的人倾向于把责任推向外界的人或事，尤其当环境发展不如预期时，他们会抱怨环境的影响。世界还是那个世界，人还是那些人，事还是那些事，所有外在的改变都是从我们的内在改变开始的。正如心理学大师卡尔·荣格所说的，"向外看的人，做着梦；向内看的人，醒着"。唯有向内走，不断突破自我编织的障碍，我们才能收获真正的自己。

经历2：我如何从"旱鸭子"变成了"海鸭子"

我是个天生的旱鸭子，却被公司调到了海上项目部。看着无边无际的大海，别人是一连串的兴奋，我却是一连串的呕吐，同事们给我赋诗一句："呕吐，呕吐，惊起一滩鸥鹭。"因为实在没有办法出海，公司就派我去参加海上的急救和逃生培训。第一次上课，教练就跳到水中央，叫大家也跟着跳下去，看着大家向水里移动，我也鼓了鼓勇气进入水里，然后晕了过去……

我醒来时发现教练正在看我，我以为自己进了病房，没想到却是躺在水池边。我向教练哭诉着我的呕吐经历，请他放我一马，我天生就是"旱鸭子"，是游不了泳的。我哭诉完却发现教练没有丝毫的反应。

我一脸茫然，难道这招不好使吗？我只能边哭诉边求饶……没想到教练开始慢条斯理地跟我聊起了天，据他介绍现在的海上装备都是高科技产品，穿戴上以后可以实现独立生存，即使不会游泳，也不用担心安全会受到威胁。说完之后教练把海上装备裹上100千克的铁块扔进水里，铁块居然可以浮出水面。我想自己不过80千克，那就更没有问题了。教练也穿好装备直接跳进水里，在救生装备的包裹下，他大半个身子都浮在水面之上。过了一会儿，教练居然打开保温杯，悠闲地喝起了茶。教练的这个举动也着实让我震惊了，我心里想："我总不会连块铁都不如吧！"

经过一个上午的心理斗争，在教练的感召下，我勇敢地走进了浅水区，与水"谈起了感情"。就这样，其他学员在池子里练，我在岸上练，他们在深水区练，我在浅水区练。

第二天，教练跟我一起穿上装备，拉着我的手走进了深水区。看着自己被救生装备从水里拖出水面，我的心也慢慢平静了下来，呕吐的反应缓和了许多。就这样在水里整整待了一天，我与水的关系也从抗拒逐渐变成了缓和。夕阳西下，把整个水池都洒上了金光，我从包里拿出了水杯，喝完水躺在水面上静静地享受着日落的余晖。

从第三天开始，我就可以跟大家一起训练了。七天的培训结束了，我也顺利地通过了所有的考核项目。现在的我可以坐在运维船上出入百里海域，如同"海鸭子"一样，而这些都离不开改变我的教练。

在这个故事中，"我"能够从"旱鸭子"转变的关键是教练的亲身示范和行为引导，使"我"的内在行为系统发生了改变。从看到大海、船的"呕吐"反应模式被享受喝茶的新行为模式替代。一旦新模式启动，原有的反应模式就会逐渐消失，随着新模式的不断强化，原有的入水呕吐、眩晕模式被替代，新习惯形成。对习惯而言，与其用力改变，不如顺势替换。

孔子有云，"学而时习之，不亦说乎"。学习的关键在于塑造新习惯，在新习惯的养成过程中有改变的难受，同时也会激活我们的内在驱动系统，内在驱动系统分泌各种化学递质让我们愉悦，这也许就是孔子所说的学习让人快乐的原因吧！我们也恰是在不断用新习惯替代旧习惯的自我升级中实现了自我成长。

经历3：我如何练就了"高空走单丝"绝技

我是一名高空线路工，这是我上岗之后才知道的事情。

第一天到达工作现场，只见师傅们穿上装备在高空中奔走如飞，连倒挂金钩这样的动作都可以在50米高空中完成，我佩服的无以言表。现场的师傅们称这项本领为"高空走单丝"，我多么渴望自己也能像师傅一样掌握这身本领啊！

可是我在工地已经待两周了，师傅却每天教我穿工作服，穿安全装备，检查登高设备，使用登高设备爬2米，然后再爬下来，我心里想，按这个趋势，什么时候才能爬到50米呀！对高空的渴望，让我鼓足勇气向师傅提出了请求，师傅同意先带我到30米的位置试试。第三周，师傅第一次带我爬上了30米的高度，从高空往下看，感觉心脏就要跳出来了。师傅见我表现得还可以，决定下周带我挑战50米高空。50米，这可是我内心渴望的高度。我有些激动，又有些担心，毕竟在30米的高度我已经开始感觉有些吃不消了。经过一周的30米登高练习，第四周，师傅带我首次挑战50米的高度。到达30米时我感觉还算良好，再往上爬手脚就有些不听使唤了，小腿"嘟嘟"地抖个不停，手心里满是汗，紧接着后背开始发凉……好不容易到了50米的塔台，我紧紧地抱着栏杆纹丝不敢动,双眼只能在脖子允许的范围内缓缓地移动,原来50米的高空与想象中并不一样。师傅看着我紧张的样子,和蔼地对我说:"没关系,咱们今天就是上来吹吹风,凉快一下就好。"听了师傅的话,我心里也放松了许多。

晚上回到基地,我思考着今天的表现,又拿自己的动作与师傅的动作进行反复比较,心想,我什么时候才能练成"高空走单丝"呢?隔了两天,师傅第二次带我来到50米的高空,这次增加了悬空状态下穿引导线的任务。尽管有第一次登高的经历,我也渴望自己可以一次完成,但紧张还是阻挡了我前进的脚步,尝试了两次都没有成功,在高空完成如此细腻的动作,一时还难以做到。

但我内心没有认输,我坚信师傅做到的我经过努力之后也可以做到。从第五周开始,师傅没有再带我去爬塔杆,而是到了实训场,在2米高的实训场上训练穿导线。没有了高空的压力,我的心瞬间平静了下来,从穿导线到下绝缘子,再到双手放开,再到安装防震锤,一个个的作业顺利完成之后,师傅满意地点了点头。

第六周,我第三次挑战50米高空横杆。有了训练场的经历,我顺利地完成了导线防震锤的安装操作。从导线防震锤到绝缘子,再到弧垂偏差校验,我的高空本领在一项项地增加,如今我已经可以像师傅一样在高空中自由穿梭了,我也成了"高空走单丝"绝技的持有人。

这个故事中,"我"不断提升的工作动力来自对师傅们的向往。虽然在技艺的学习过程中经历了种种挑战,但对能力增长的渴望战胜了恐惧和不安,能力增长带给"我"的满足感让"我"乐此不疲。在能力形成的过程中,好奇心驱动行为的发生,自我觉察和自我反思驱动行为的改善。

专栏作家、演讲家伊恩·莱斯利在其所著的《好奇心》一书中称好奇心是除了食物、性和庇护所之后人类的第四大天性。他又进一步总结道，人类在进化的过程中将寻求信息（好奇）与愉悦建立了关联，人类将寻求的信息进行分享、改进和复制，造就了人类强大的适应能力，并最终形成了文化，文化的形成标志着人类成为地球上第一种不依赖DNA获取进化信息的物种。人类强大的适应能力来自对自身能力提升的渴望，而驱动能力提升的动力来自好奇心。保持好奇心的状况如苹果公司联合创始人史蒂夫·乔布斯所提倡的"stay foolish，stay hungry"（求知若饥，虚心若愚）。

经历4：观念改变职业

我是一名运维工程师，主要的工作是为风机做轴承更换，这是个十足的力气活。风机的同心轴是由精钢制成的，单个轴承的重量都超过了50千克，加上更换空间极度狭小，大多数情况下一个人难以完成轴承的更换，只能多人一起协作。

这次轮到我进行同心轴的更换工作了。我钻进夹缝里面试了一下，没有反应，又试了一下，轴承像被施了魔法般纹丝不动。50千克对于身材瘦弱的我来说的确超出了力量范围，没有办法只能求援，连续叫了两批人后，在四个人的努力下，同心轴更换工作才完成。

我们回到基地发现其他工作组已经吃完了晚饭，有的在打篮球，有的在散步。而我们拖着疲惫身躯的四人小组，活像打了败仗。师傅见我们回来了，迎上来问："今天感觉怎么样？""累呀！累死我了！"我答道。师傅随口答道："看来，你生来就不是干这活的料，赶紧吃饭去吧。"师傅随口的一句话，却像刀子一样刺痛了我，比一整天的工作还要沉重。

走进了食堂，刚好场长也在吃饭，随口聊起了今天的经历。向场长倾诉一番后，没想到场长哈哈大笑说："你这个小身板不能拿体力跟别人比呀！"不拿体力跟人比，是呀！一句话点醒了梦中人，除了体力我还有"脑力"啊！我听完后倦意全无，立刻兴奋起来。

体力不够，脑力来凑，找到简便的工作方法比拼体力、蛮干更有用。于是，我开始寻找拆卸轴承更有效的方法。经过近一个月的测试和修改，同心轴更换工装正式问世。经过实地测试，工装将原来需二个人重负荷完成的工作，变成了一项可以单人操作的简单工作，工作效率也由原来的2小时变成了现在的20分钟，这不仅解放了我自己的体力，也解放了所有运维人的体力。师傅见到之后也笑着说："看来你的脑子比手厉害。"

受到第一个工装的鼓励，我又开发了轴承连接套装，这个套装可以一次加固8个螺栓，让原来一个人干1.5小时的工作缩短到了15分钟。如今，我已经开发完成四套工装，申请专利两项，我通过脑力正在帮助更多的运维工程师释放体力。

运维工程师一直依靠体力完成笨重的轴承更换工作，而"我"被迫从体力转到脑力，发现了"体力不够，脑力来凑"的法门，结果改出了新路子。从以前的"体力不够，脑力来凑"到现在的"脑力不够，体力来凑"，彻底扭转了"我"对工作和职业价值的理解，对于工作，"我"从固定反应也升级到了选择反应。

叔本华说过，"我们每个人都把自己看到的世界认为是世界的全部"。在隧道视野和固定反应模式下，固定的价值观念就形成了。价值观念一旦形成就极难改变，如本案例中师傅固有的价值观念认为拆装就是体力活，对体力不够的价值判断是"不是干这活的料"。著名教练大师玛丽莲·阿特金森指出，我们选择的背后是价值观在发挥作用，持久的改变源于价值观。

经历5：我的位置在哪里

我是学机械的，到公司后被分配到了建设工地，居然让我负责土建施工。我对土建一窍不通，为履职只能不懂装懂，但没过几天乙方单位就看清了我的"皇帝的新装"，开始做些"小动作"了，我虽然心有不甘，也只能默默承受。白天在工地上装甲方，填写各种自己看不懂的表格，在不愿签的表上签字，时间长了，连自己都感觉没意思，晚上只剩下了喝酒和吹牛。

就这样三个月过去了，公司派了一位负责电气的工程师来。我去接他的时候，发现他拉着重重的两个箱子，到了驻地才发现是满满的两箱书。就这样，我们一起工作的时光开始了。我仍然按自己的套路工作着，而他却是白天搜集材料、分析资料、整理问题、出具纪要，晚上拿出电气书籍研究，虽经我几番邀请，但他从不参与到我的喝酒和吹牛"事业"中来。

有一天，我敞开心扉跟他聊天。他很郑重地问我一个问题："你这样下去，下一步打算干点什么？"这个问题一下子问到了我的痛处，我天天如此不就是要回避这个问题吗？于是好奇地问了他同样的问题："你下一步的打算是什么？"只见他拿起了厚厚的电气工程师书籍说："我的下一步就是成为'注册电气工程师'，这就是我想要的未来。"看着他自信且坚定的样子，我一下子被镇住了。

晚上我翻来覆去无法入睡，一直在思索："我下一步的位置在哪里？我该怎么办？"既然改变不了环境和工作内容，那就主动改变自己，虽然我不是学土建的，但我担了这个责任，在这个位置上履职，就要拿出土建工程师的水准来。

有了目标就不再懈怠，我们两个一左一右，一个电气一个土建，一个挑灯夜战，一个秉烛夜读。一年后，他顺利地考取了注册电气工程师，又过了一年，我拿到了助理土建工程师执照，五年后的今天我已经是名副其实的土建工程师了。

对自我身份的定义，不断地改变着"我"。专业的限制让我难以承受现在的工作，同事的一个问题引发了"我"内心深处的痛点，意识到需要重新定义自己，成为名副其实的土建工程师。有了新的身份定义，价值观念、行为方式自然发生了改变，从喝酒、吹牛转变为了挑灯夜战、秉烛夜读，积极实践，重新定义自己之后真正的改变开始了。

欧洲工商管理学院组织行为学教授埃米尼亚·伊贝拉在《能力陷阱》中指出，要引发自内而外的转变并非易事，很多人恰恰是通过自外而内的方式完成的，由于外部的形势和压力，不得不走出自己舒适的区域，去"重新定义自己"。重新定义自己既是一种勇气，也是一种能力，个体在重新定义自我的身份中开展新工作、建立新关系、运用新方式，最后造就新自我。

经历6：走过去的是路，迈不过的是坎

考试再次失利，这次物理居然考出了全班最差成绩28分。看着自己的卷子，我有些茫然，第一反应是一定不能让父母知道，要不然非气死他们不可。我匆匆地收拾完书包，低着头赶紧离开教室回家，跟老师有哪怕一次的目光交流都会让我无地自容，这是我高中三年级第一次摸底考试时面临的困境。

我生长在农村，父母对我最大的期望是考上大学，以后可以不像他们那样只能种地、卖菜。从今天的成绩来看，我可能逃脱不了只能种

地、卖菜的命运了，这可能就是我这辈子最适合做的事情，我胡思乱想着。走到家门口正好撞见刚从菜地里回来的父母，他们拉着一整车的竹竿吃力地往前走着。我赶紧放下书包帮父母把车推到家里，原来明天要给菜苗架杆子，周末我刚好可以派上用场。

夏天的早上五点天就亮了，我在睡梦中被父母准备工具的声音吵醒了。平时我会继续埋头睡觉，此时想想自己的28分，觉得实在没有底气继续睡下去了，于是赶紧起床收拾妥当，和父母一起拉起竹竿赶往家里的三亩菜地。趁着早起凉快，我们一家三口进入大棚开始劳作。我一边学着父母的样子给黄瓜搭起架子，一边心里犯着嘀咕："今天可要多卖把子力气，这样父母就不会问我的成绩了，老天爷您老人家保佑我……"从早上五点半一口气干到了九点，早饭时间到了，我们一家三口蹲在地头吃着母亲带来的干粮，喝着凉白开。太阳已经升起，大棚里面的温度很快超过了35摄氏度，进去就是一身汗，就这样我强撑到了十点多，实在挪不动腿就蹲在地头呼呼地喘着粗气。看着豆粒大的汗珠从我的额头淌到下巴，我想起了阴凉舒适的教室，还有我的书桌，此刻它们变得那样可爱。我望着在大棚里面继续劳作的父母，汗水早已浸透了他们的衣服，但他们丝毫没有要停下来的意思，我又看了看自己，心里突然震颤了一下："今天我选择重复父母的生活，我的下一代也要重复我的生活吗？"

晚上回到家里，我主动把物理试卷拿给父母，父亲望着我说："看你今天卖力干活的样子，就知道你没有考好。"听到这话我的脸火辣辣的。父亲继续说："走过去的就是路，迈不过的才是坎。28分就是你道路的起点……"父亲把试卷还给了我，我把它揉成了一个纸团，把鲜红的28分露在外面，用绳子把它吊在了我的台灯下……

如今我已博士毕业在集团研究院工作，但这段28分的经历却让我一直难以忘记，我努力改写的不仅是28分的成绩，还有我和整个家庭的未来。

28分没有遏制"我"向上追求的动力，反而激发了我对未来的深度渴望，这种渴望超越了自己，让"我"在家庭系统里重新审视所有成员的未来，当"我"重新确认了"我"是谁，"我"要到哪里去时，认清了自己肩负的使命和责任。"我"将通过自己去改变家庭，乃至更大群体的未来，"我"将用自我实现的方式实现自我超越。

维克多·弗兰克尔是奥地利著名的精神病学家和心理学家，他用自己的经历写成了《活出生命的意义》。他反复指出，努力发现生命的意义正是人最主要的动力，每个人都有自己独特的使命，这个使命是他人无法替代的。哲学家弗里德里希·威廉·尼采说过，"知道为什么而活，便能生存"。在追寻人生意义的过程中，维克多·弗兰克尔认为有三个途径可以帮助我们发现人生的意义：第一是创造或者从事于某项事业之中；第二是付出并从爱的体验中找到意义；第三是面对厄运，自我超越，在涅槃重生中重塑人生意义，每个人都是自己人生的书写者，"你所经历的，世人夺不去"。

斯坦福大学教授迈克尔·雷在著作《成功是道选择题》中讲述了那些取得成功的人之所以有这样的成就，是因为他们在做出选择时遵循了与常人不一样的原则，正是这些最高目标指引了他们的人生，正是这些从整个人生来看有价值和有意义的目标造成了巨大的差异。

通过以上六个主人公的经历，我们发现驱动一个人内在系统发挥作用的六个不同的要素分别是：环境、行为、能力、价值观、身份和使命。

五、神奇的逻辑层次

神经语言程序学认为我们不同的逻辑层级关联了我们大脑回路结构的不同等级，较高的逻辑层级活动需要调用更深层次的神经系统，一旦建立了内部感官系统，相应的行为就会表现出来。罗伯特·迪尔茨在整合高利·贝特森等人成果的基础上，提出了逻辑层次模型（见图4-4），逻辑层次的顺序是环境、行为、能力、价值观、身份和使命。

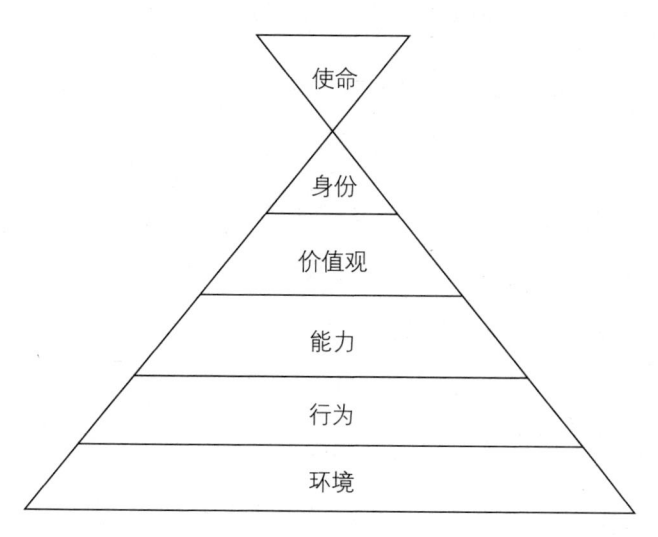

图4-4 逻辑层次模型

逻辑层次中每一层次都通过它下面一层的整合和运作起作用，在任何层次上的改变都会影响到它下面的层次，这些层次系统很像倒挂的树状结构相互关联在一起，低层次结构支撑高层次结构，同时高层次结构也会整合低层次结构，相互影响从而形成一个完整的整体。

（1）环境。环境是引发我们行为的外在因素，外在因素的变化导致我们内在行为的变化，环境因素通常关注的是在哪、何时、什么情况。

（2）行为。行为是我们所采取的具体活动或具体做法，行为关注的是做什么、如何做。

（3）能力。能力是行为背后的心理策略或心灵地图，能力更多的是我们选择合适的行为策略，表现为什么方向、达到什么效果、如何发挥作用。

（4）价值观。价值观是关于我们自己、其他人和周围世界的基本判断和评估，关注的是为什么做、选择的依据是什么。

（5）身份。身份是对自我角色和价值的定位，关注的是我是谁、我要成为什么样子、我的价值是什么。

（6）使命。使命是如何看待自己所处的更大系统，在更大的系统中自我所处的角色、自我的价值，关注的是为了谁、为了什么。

爱因斯坦说过，"我们不能在问题发生的层面来解决问题"，通过逻辑层次我们就可以定位出个体的问题所在，并通过向上找方位、向下找依据的方式来驱动自己和他人。这种方法被形象地称为"坐电梯"，并被命名为"上堆下切"。上堆下切通过定位层次、提出问题、引发思考、采取行动的方式引发个体的内在改变。

一次课堂上，陈师傅介绍了他如何通过"坐电梯"激发徒弟的事情。

徒弟：陈师傅，我想调换一下工作岗位。（行为）

师傅：有选择是件好事，不知道你想去哪个部门？（环境）

徒弟：我想去工程部，听说那里的工资要高不少。（价值观）

师傅：工程部的确不错，不知道你去的是什么职位？（身份）

徒弟：之前没有多少工程经验，目前看会从基础工作做起。（行为）

师傅：从基础做起很锻炼人，不过你是否具备做这些专业工作的条件？（能力）

徒弟：目前看会比较吃力，不过我会努力的。（行为）

师傅：努力固然重要，如果能力不具备是否会得到你期望涨工资的目标？（价值观）

徒弟：这么看，根据我现在的状况到工程部直接涨工资也没有那么容易。（能力）

师傅：我不确定对你而言目前涨一点工资重要，还是按自己的长处坚定地发展能力重要。（价值观）

徒弟：当然是发展能力，实现将来的目标重要了。（使命）

思索片刻……

徒弟：看来我知道自己该怎么做了。（行为）

第四节 示范演示

标准的示范胜过精准的描述。

——约翰·伍登

我们并不是机械地记录客观事件,而是在主动地创造一幅世界的投影。

——伊曼努尔·康德

一、实践出真知

技能按类别主要分为动作技能和心智技能，在教徒弟的过程中，示范是针对动作技能，师傅通过动作示范教徒弟，演示针对心智技能，师傅通过推演心智运算的算子和算法来教徒弟。教导的内容包括了程序作业、核查作业和沟通作业，以下我们简称为"作业"。如何将内容通过教导方法传递给徒弟，先从笔者的一个经历说起。

我们的新员工培训采用集中培训模式，具体做法就是将新员工集中到实训基地，集中进行技能内容的教导。这其中有一项较为复杂的作业——电气滑环清洗，为了能让学员流动起来，我们采用了A、B、C、D四组轮换的教导形式，该项作业由两名师傅负责，教导计划时长是1小时。事有凑巧，担任本次教导任务的一位师傅是从现场抽调来的付师傅，另一位是培训中心的郑师傅，为了保证教导的效果，我们提前给师傅们发放了教员手册，所有教导依据已经开发的作业内容展开，在正式培训前对师傅们在教导方法上做了集训。

付师傅是从现场抽调来的，一开始还按套路走，很快就返回到了原有的工作模式。只见付师傅边做边讲："首先，我们要打开电气滑环，这个地方大家要注意了，电气滑环的螺栓是异形螺栓，需要使用内六角扳手……打开之后，由于排线的原因，需要平摊放置，不能立起来做检修；大家再往里面看，这里面有滑轨和铜针，每一根滑轨里面只能容纳一根铜针，清洗之前首先要检查每根铜针是否在自己的轨道内……由于铜的材质属性决定了我们清洗不能使用对铜有腐蚀性的材质，所以我推荐使用的材料是酒精……在使用酒精喷淋的时候大家一定要注意边上的导线，避免扩散到这个区域，我们使用塑料将这个区域隔离开……"整个教导从开始到结束，付师傅总共是14要、23不要，仅仅教了一遍，

30分钟就已经过去了。这么多的信息，一次性灌进学员的脑子里，不知道学员的感受如何。付师傅讲完以后，大家的问题很多，针对大家的提问，付师傅热情地一一作答。就这样50分钟过去了，下一个教导循环就要开始了，学员只好进入下一个作业项目。

第二轮教导，我观察了培训中心的郑师傅，郑师傅的做法与付师傅有很大的不同。郑师傅做完课前准备，交代了作业目标、工器具和安全事项后直接开始进行示范，示范完成后部分同学有举手示意提问，郑师傅却直接回绝，要求大家把问题记录下来，等讲解完成后一并回答。接着做第二次示范，第二次示范的动作相比第一次慢了许多，内容也逐步翔实起来。紧接着做第三次示范，这次重点讲解操作过程中的细节和要点，三轮完成后学员仍然有疑问的可以举手，结果发现举手的学员寥寥无几。随着示范教导的深入，很多学员的问题在后续示范和讲解中已经有了答案，这时只需要对个别疑问做解答即可，无关的问题直接课后交流。一个完整的教导循环总共用时15分钟，随后进入了学员练习时间，9名学员被分配成3组做练习，1小时结束，学员已经各自练习了三四轮。

相同的时间，不同的教导方法，郑师傅的教导进度是付师傅的三倍，教导效果也至少强出了三倍，这一正一反之间产生了九倍的差异。

二、教三法正式出炉

经过多次教导实践之后，我们开始对技能教导中师傅教导的环节进行改进，具体有如下做法。

首先，在技能教导中减少语言讲解。案例中，付师傅讲的越多，学生的疑问反而越多，大家在语言交流上耗费的时间越多，其结果是偏离了技能教导的核心。

其次，将技能教导顺序从先细节后整体调整为先整体后细节。付师傅的教导实践表明在细节上讲的越多，越容易引发学员对细节的探讨和关注，而学员的大部分问题会随着整体学习的深入而自动消失。

最后，技能教导的第一轮示范演示尽可能做到完整流畅。这在郑师傅的教导效果中得到了验证，郑师傅将自己最熟练和最高水准展现出来，其展现出的流畅度会引发徒弟朝着师傅展现的目标前进，从而激发徒弟的动手意愿，提升徒弟技能学习的效果。

就这样，我们边探索边实践、边实践边改进，在改进中完善、在完善中改进。阶段性的测试表明教导方法的改进对徒弟的学习效果产生了积极的影响，经过一个集训的磨合，教三法正式出炉。教三法不是简单地教三次，而是要求师傅分别展示技能形成中的三个发展阶段：最高流畅度的全景展示、中等流畅度的连贯展示、最低流畅度的分解展示。

一）教一：师傅全景展示作业

师傅按照实际工作所要达到的要求，按照自己最熟练的操作方法从头到尾进行完整呈现，这样做可以实现如下三个目标。

（1）在徒弟大脑里植入了一个完整画面。师傅的全景展示可以在徒弟的大脑里勾勒出作业的全景图，这个全景的画面会形成作业的整体结构，犹如看到了一幅全景地图，这个全景地图可以为后期具体操作的细节或关键点找到具体的依附体，随着示范演示和练习的深入，徒弟可以在大脑里从全景到局部，从局部到细节，逐步勾勒出技能的全貌。

（2）引发徒弟的流畅度效应。师傅展示的流畅度引发徒弟行为动作朝向连贯和流畅的方向发展。师傅在进行完整的示范演示时，其完成过程中的流畅程度会在很大程度上影响徒弟实际操作和尝试这项作业的意愿。这就如同我们看到杂技演员耍金箍棒的表演后马上就有意愿照着样子比划一番，这种现象在心理学上称为"流畅度效应"。

（3）向徒弟传递明确的结果信号，师傅所达到的工作水准就是徒弟的学习目标。

二）教二：师傅连贯展示作业

师傅将动作放慢，按步骤的先后顺序展示步骤之间的衔接和关联，这如同电影里面的慢动作，如此呈现可以实现如下三个目标。

（1）在徒弟的大脑中勾勒出步骤相互衔接的流畅画面感。

（2）清晰地呈现出步骤之间的关系和关联，显示上一个步骤的输出如何成为下一个步骤的输入。

（3）增强徒弟掌握技能的信心，全景展示会让徒弟觉得高不可攀，而连贯展示则大幅度降低了难度。这就如同我们看魔术表演一样，第一轮次的全景展示看到了神奇，第二轮次连贯展示看清了玄机，让观众有一试身手的冲动。

三）教三：师傅分解展示作业

这个阶段师傅重点讲解动作要领和所要达到的标准，尤其是其中的安全点、易做点和成败点，让徒弟看到被无限放大的细节以及这些细节是如何达成的，如此呈现的目标也有如下三个。

（1）向徒弟传达工作质量和工艺标准的细节要求。

（2）让细节镶嵌到动作和步骤之中，形成结合体。

（3）让标准和动作相关联，让动作与步骤相关联，让步骤之间相关联，以形成整体。

在教三结束之后，师傅可以视情况安排答疑的环节，答疑的范围仅限于师傅展示的内容，不扩展、不分散、不跑题。原因有二，第一，因为徒弟的很多疑问会伴随着自己的感受和技能的生成逐渐消除；第二，答疑会消耗过长的时间，这会导致在徒弟心目中刚刚建立起来的画面和信心随着注意力的转移而瓦解，画面感一旦消失，需要重新建立的时间就会被拉长。

教三法在技能教导中的成功运用大大提高了教导的质量和成效，相比以往以语言为媒介、从细节开始的教导方法，其综合效能的提升尤为明显。

三、教三法背后的心理成因

教三法在推广和实践中也促动我们去不断地探索背后的成因。关于技能的习得，不得不从一个著名的实验说起，这个实验揭示了人类除了语言的学习通道外，还有一套神奇的学习系统在发挥着作用。

1988年，意大利神经生理学家贾科莫·里佐拉蒂对恒河猴的研究中发现，恒河猴在抓握物体的过程中神经元所"偏好"的类型与观察过程中神经元所偏好的物体类型，两者往往是匹配的。这意味着恒河猴在看到之后就可以做出对应的动作，这种看到就做到的"看-做细胞"就是神奇的镜像神经元系统。恒河猴的镜像神经元系统构成了动作识别机制，也就是说它们在运动系统中模仿动作，在模仿中理解了动作。

对人类而言，这种理解不仅限于动作本身，还包括了动作的目的，换句话来讲，动作的理解和动作的执行对人类来讲是可以同步完成的。后续的研究进一步证明了人类大脑中存在着两类知觉系统，腹侧通路位于颞叶的腹侧区，负责加工"内容"，背侧通路位于顶叶的背侧区，负责加工"方式"，这两个在人类技能学习中起关键作用的区域被称为镜像神经元系统。人类的镜像系统包括两类感觉运动转换，其一是对动作本身直接进行映射，其二是对动作目的进行映射，这一系统的发现对人类的学习方式研究具有非常重要的意义，也对技能的教和学的研究带来重大影响。镜像神经元系统发挥作用的另一个重要证据是我们的模仿能力，对于简单技能，镜像神经元系统可以通过"看-做系统"直接习得，但对于复杂的技能仍然需要一个从不会到会的自我习得过程。

对镜像神经元系统的深度研究更加耐人寻味，在日本作家今井睦美的《深度学习》中有一个关于舞蹈的实验。该实验将专业的芭蕾舞演员、专业的巴西舞演员和毫无舞蹈经验的初学者分为三组作为研究对象，研究过程共分三轮。第一轮实验，专业的芭蕾舞演员观看芭蕾舞表演的视频片，或者专业的巴西舞演员观看巴西舞表演的视频片，这个过程中监控他们的镜像神经元系统是否活跃。实验表明，这种活跃不是对所有的舞蹈动作都有反应，只有当他们看到自己熟悉的动作时镜像神经元系统才会活跃起来。第二轮实验，让专业的芭蕾舞演员观看巴西舞表演的视频片，或者让专业的巴西舞演员观看芭蕾舞表演的视频片，这个过程中监控他们的大脑，发现他们大脑的反应与初学者的反应并没有显著的区别。这一研究后来深入到了对舞伴的分析和对照之中，该实验的过程我们不做过多的阐述，然而该实验的结果却对我们有着极大的启发意义，那就是通过观察别人我们固然可以领会，但这并不意味着学习就会发生。如果我们只是观看别人的表演或动作展示，无论我们看多少遍都不能激发真正的学习，因为我们大脑的实际反应跟一个初学者的反应是一样的，真正有价值的学习是在观察别人的同时也进行了同类的身体示范，并对示范的动作进行了深入的分析、领会之后才会转换为自己的身体动作，这种在模仿中领会、在领会中模仿的本领才是镜像神经元发生学习指示的关键所在。

这就如同我们观看动作电影一样，尽管李小龙的动作快捷迅猛，李连杰的动作潇洒飘逸，成龙的动作机智搞怪，如果我们只是作为观众欣赏一番的话，在这个过程中并没有实际技能学习的发生。

四、教三法再升级

发现了技能学习的玄妙之后，如何恰当地运用我们这套"看-做系统"对于技能教导和技能习得将具有特殊的意义，经过不断的验证总结，我们对教三法进行了二次升级。

一）从语言到示范

在技能的学习中，师傅会不自觉地使用大量的语言向徒弟讲解相关的细节和注意事项，我们常见的情形是师傅喋喋不休，徒弟一动不动，师傅的努力不仅没有增加学习效果反而阻碍了徒弟的学习转化。

在技能学习中，镜像神经元系统扮演了重要角色，人类强大的镜像神经元系统可以实现师傅和徒弟的联动效应，这种默契的效果是语言难以企及的。师傅过多的语言干预会迫使徒弟将有限的注意力从技能的学习转移到语言的理解和领会上面，师傅不间断的语言干预使徒弟不得不频繁切换学习路径，学习的整体性和流畅性不断受到干扰，学习效率和效果自然大打折扣。

著名网球教练蒂莫西·加尔韦在《网球的内心游戏》中对自己的教导方法也有过一段类似的描述："我做网球教练，尝试了一种新的教导方法，不再给初学者介绍理论，而是直接让他们观看击球动作，这个方法出人意料的有效。"没有想到的是远隔万里，我居然与蒂莫西·加尔韦心有灵犀，这种教导方法恰好匹配了技能学习的特点。

对镜像神经元系统的研究成果为师傅的示范演示找到重要的生理心理学依据。师傅的全景展示、连贯动作让徒弟得以直接理解师傅动作的目的，而徒弟在观察师傅的执行动作时也会引起大脑产生运动激活，这种运动激活与徒弟自己计划执行动作时所产生的激活是极其相似的，两种激活的相似性使徒弟无须进行推断性加工就能够直接理解师傅的动作。

美国著名篮球教练约翰·伍登把示范和演示作为体育学习的第二定律，他说："语言的作用很大，但示范的作用更甚，行动要比你说什么更管用。"为了强调示范演示在技能学习中的重要地位，伍登教练做了这样的阐述："任何书面文字或口头请求，都无法教你的团队成为它应该有的样子，所有书架上的书本也不行，只有你自己可以。如果你希望徒弟成为什么样子，很简单，你做到就可以了。标准的示范胜过精准的描述。"

各种实验和实践从不同侧面提供了近乎相同的证据，师傅在教导过程中过多的语言干预反而妨碍了技能学习的效率和效果。因此我们常说，会教的用示范，不会教的用语言。

二）从整体到局部，从局部到细节

在示范演示上一直存在着两种典型的教导方法，一种是从细节开始逐步到整体，另一种则恰恰相反，从整体开始再到细节。经过长期的观察发现，第一种从细节开始到整体的方式更为普遍，这两种教导顺序孰优孰劣我们一时也是莫衷一是，通常是师傅们按照自己的喜好和个人习惯进行。

在我们的研讨中也常常谈及这个话题，支持从细节到整体的师傅们占据了多数，他们认为人类学习的天然顺序就是从简单到复杂、从局部到整体，也只有从简单和细节开始，徒弟才会真正理解和明白这样做的深层原因。如果这个理由不成立的话，还有另一个普世的原因，我们大多数人都是这么教的，这也符合了我们的"惯例"和"常规"，按照惯例去做，徒弟也更容易接受，因为徒弟已经习惯了。而支持从整体到细节的师傅更多的是从自己的教导实践出发的，他们通过比较两种教导顺序的差异和徒弟的感受找到了实践证据。从实际的教导效果来看，从整体到细节的教导顺序更有利于徒弟的掌握，同时大幅减少了师傅的工作量。这两种教导顺序究竟哪种更科学？我们从一个著名的心理实验说起。

美国康奈尔大学曾经做过"变化盲视"实验。实验的过程大概是这样的，在闹市街头一个男子A拿着地图随机询问行人B，询问的内容是如何才能找到附近的某一个建筑物，而正当两人交谈到10~15秒的时候，碰巧有两个人（C和D）抬着一个巨幅画像从A、B二人的中间穿过，而在穿过的瞬间，D代替了A，D会接着询问B，而B也会继续向D讲解具体该如何走，而全然忽视了刚才的问路人A已经替换为了抬画人D。尽管A和D会在身高、体型上有相似之处，但B居然忽视了他们在的衣着、发型、嗓音等方面的差异，当B被告知人已经被替换的结果之后，他们常常表现出惊讶和难以置信的表情。

类似的实验康奈尔大学在不同场合重复了很多次，结果表明有超过三分之二的人没能觉察到这些细节的变化。在此之后哈佛大学等也分别进行了类似实验或延伸实验，其结果与康奈尔大学的研究结果非常接近。

这些结果表明我们的大脑更擅长整体记忆。实验结果和实际案例都指向了我们人类的记忆特性：记忆的时候压缩内容，回忆的时候展开内容。

我们的大脑并不会直接把所见所闻存储进记忆系统里面，而只会保留其中的关键特点和关键信息。这就如同将一幅高分辨率的图片从几十兆字节压缩之后变成了只有几千字节，经过这种压缩之后，原来的一幅一米乘一米的巨幅画像被压缩成了一寸照片，二者放在一起从整体上来看并没有太多的差别，我们的大脑也倾向于认为压缩前后是一样的，这样就可以大幅度地节约大脑的存储难度和存储空间，即便如此，这种记忆的方式也仅是针对那些相对重要的信息起作用，而对于我们每天所见所闻的不重要信息，大脑会选择直接忽略或者遗忘。

那么，在我们需要使用这些内容的时候，大脑会如何将存储起来的一寸照片复原成一米乘一米的"原图"呢？依照操作电脑的常识，我们知道简化很容易，复原很困难，原来清晰的部分在放大之后变得模糊了起来，原来不太清晰的部分变成了马赛克。这种情况对于电脑来讲是个很难弥补的问题，只能靠电脑的操作者依葫芦画瓢般地猜想出来，而我们的大脑就不需要这么麻烦了，它有一套自己的复原技术，大脑会依据已经记住的梗概让大脑的多个系统参与到补充细节这项"伟大的活动"中，对于一时填补不上的内容，大脑也有"绝招"，会通过"让我再想想……"的方式"努力"填补上已经被遗忘的内容，而对于它的真实性，大脑是不会探究的。换句话来讲，我们的大脑会对自己编出来的故事深信不疑，正如伊曼努尔·康德所说："我们并不是机械地记录客观事件，而是在主动地创造一幅世界的投影。"而在这个主动创造的过程，正如雨果·闵斯特伯格所说的那样：我们总是相信自己"创造"出来的"事实"。

我们大脑记住梗概、遗漏细节的工作方式就决定了师傅在实施教导中需要主动契合大脑的工作方式。首先，教导的内容要依据工作程序或教材展开，而不能依据师傅的记忆进行；其次，教导的顺序需要先从整体开始，先给徒弟在整体上留下全貌，从全貌到连贯动作，从连贯动作再到细节和要点；最后，在重要的工作中需要采用自检或他人复核的方式，以避免疏漏细节。

三）从先慢后快到先快后慢

从整体开始是人类技能学习的一个高效的方式，先从技能的整体映像开始，建立技能的躯干和架构，再通过观察和练习逐步增加内容和细节，这很像我们建设一幢大楼，先把地基和框架结构建立起来，然后是外部装饰，最后才是精致的内部装修。

从整体映像入手，就需要在技能学习中以先快后慢的方式展开，而不是我们习以为常的先慢后快。先快后慢是从整体到局部的导入，先在徒弟的大脑里面建立整体架构，后面的附属物才可以在整体架构中找到自己的位置，而细节、标准这些更为详细的内容才可以在附属物上找到座位，整个过程很像一个"心智创造"的过程。徒弟先在大脑里完成从整体到局部、从局部到细节的构建，然后自己亲自动手时完成从细节到局部，从局部到整体的"实际创造"，这正如史蒂夫·柯维所说的，"所有的创造都需要经历两个过程，一个是心智创造，另一个才是实际创造"。

美国著名篮球教练约翰·伍登常用的教导方法之一的"三段式教导"为：先示范正确动作，然后模仿错误动作，最后再示范正确动作。他要向学员不断传递的是"整体动作"，先有整体后有细节，这与我们的"教三法"也有着天然的契合。

先快而后慢的教导方法发挥效用的原因在于它符合了我们大脑的工作方式，对于简单的技能我们靠观察模仿就可以胜任，但我们工作中的专业技能绝大部分不会这样简单。而对复杂技能仅靠模仿是难以达成的，这就如同我们看魔术表演一样，普通人只能看到外在的精彩，而要习得魔术表演这项技能，还需要认知系统的深度参与。而认知系统的工作大量发生在我们的工作记忆区域，镜像神经元系统捕获的信息会直接进入我们的工作记忆区域，而让工作记忆区域高效工作的方式有两个，一个是组块化，另一个是自动化。原因在于我们的大脑天然喜欢有序，抗拒无序和凌乱的内容，而且我们的大脑喜欢一气呵成，抗拒时断时续的顿挫感。通过内容开发实现了技能和作业内容的组块化，通过示范演示实现了自动化，这就让复杂技能的习得符合了大脑的工作习惯，自然就变得更加高效起来了。

《一万小时天才理论》的作者丹尼尔·科伊尔就提出了有效应对技能学习的三步策略。

（1）技能学习者整体了解一项任务——一个大组块。

（2）尽可能把大组块分解成最基础的组块单元。

（3）花时间慢慢练习再逐步加速。

丹尼尔·科伊尔形象地称该学习策略为"技能形成的节奏"，技能形成的节奏如同打开了我们习得技能的一个路径，通过反复在这条路径上游走，将它从一条小路变成宽阔大道。

发展心理学家安德鲁·梅尔佐夫对技能的学习有过这样的论述："对于模仿和再创造，我们都表现出了强烈的癖好，这两种癖好相互补充，在我们心理发展的早期表现得尤为突出。"师傅恰当的示范演示正是打开徒弟模仿和再创造大门的钥匙。

第五章
徒弟自己教自己

在上一个阶段，师傅的主要工作集中在训前的开发学习内容、制订教导计划、激发徒弟学习动力和将技能示范演示给徒弟，该阶段基本上是以师傅为主导的。师傅教徒弟解决的是输入问题，而徒弟自己教自己解决的是转化问题，转化的质量最终决定徒弟的输出质量。

进入师带徒的第二个阶段——徒弟自己教自己，该阶段包括四方面的内容。其一，徒弟将师傅示范演示的内容转化为自己的内部指令，对师傅指令的翻译质量在很大程度上决定了徒弟未来的输出质量；其二，将翻译过的内部指令转化为自己的行为动作或心智运算过程，这个过程中伴随着自我内部的不断调适；其三，内部指令外化为外部动作或心智运算结果，在这个过程中不仅需要自我的内部反馈也需要师傅给予的外部反馈，以达到修正的目标；其四，将掌握的技能运用于实践，接受实践的检验，在实践中继续完善。概括为以下四个阶段。

一、尝试练习

尝试练习阶段是自我学习中最为精妙的环节，精妙在于这个环节是两个矛盾体的交汇处。一是这个阶段是个体学习的艰难期同时也是关键期，二是心态的担忧与期待、害怕与好奇、紧张与愉悦同时存在，这两个矛盾体的交织会形成两个截然不同的结果，前者占上风会导致焦躁、马虎、不安与害怕，后者占上风会塑造专注、细致、耐心与自信。

二、自我对话

人的心里一直有两套系统在运作，分别是负责自动化处理的系统和负责控制化处理的系统，两套系统的交互作用称为"自我对话"。丹尼尔·卡尼曼称这两套系统为负责快思考的系统1和负责慢思考的系统2。

系统1和系统2的对话是我们内反馈的主要来源，也是技能学习的关键所在。

三、反馈修正

除了自我的内部反馈，技能的习得还需要师傅的外部反馈，每个人的内在构造是基本一致的，我们技能习得的方式也近乎相同，师傅采用什么样的方式对徒弟实施反馈，在很大程度上影响徒弟的学习进程和状态，反馈也是师傅教导方法的重要组成部分。

四、实践演练

从模拟仓、实训场走向工作场，二者的边界条件发生了很大的变化，徒弟已经掌握的技能需要接受实战的检验，在实践中既检验了徒弟的学习成果，也为技能的升级和改造提供了各种可能性。

第一节 尝试练习

教育的艺术就是让学生喜欢上你所教的东西。

—— 让·雅克·卢梭

教导他人不是简单的告知，在告知之前，你需要先培养自己和他人的耐心。

—— 约翰·伍登

一、从教到学的转换

尝试练习环节是连接输入和转化的关键链条，在这个环节我们需要将技能形成的全貌进行概述，把技能形成过程纳入一个全景图中来审视。在技能教导中，我们的教导内容无论是程序作业、核查作业还是沟通作业，均简称为作业。

我们分别从两个视角来审视这个过程，第一视角是从师傅的角度看技能的教导，第二视角是从徒弟的角度看技能的形成。我们先从第一视角来看整个技能的教导过程。

在第一个阶段师傅教徒弟的示范演示环节，我们形象地称其为"教三"。这里的三不是三次，而是将其分为三个不同层次的示范演示，分别是全景展示、连贯展示和分解展示。三个不同层面的展示从整体到局部、从局部到细节，分不同的颗粒度向徒弟展示了技能的宏观全貌、中观架构和微观细节三个层面，这个过程是师傅"教"的过程。

"教"和"学"如同一个硬币的两面，它们本是一体，不可分离。教为了更好地学，学促进更好地教，教的过程之所以要分成三个层面展开，是由学的不同阶段决定的。教的逆序过程就变成了学的过程，教的过程是从整体到局部、从局部到细节，而我们技能外化的过程却是从细节到局部、从局部到整体。

在教的过程中师傅已经向徒弟的大脑植入了技能的三个层面，这就形成了以全景展示为方向牵引、以连贯动作为关键路径、以分解动作为技巧支撑的技能路径图。而在学的过程中徒弟需要完成的是组装细节、打通路径、呈现全貌。教和学在技能的形成过程中就像我们衣服的面料和里子一样做到了全面贴合，成为一个整体。

将教和学的过程纳入一张图里就形成了技能学习的"教三练四法"

（见图5-1）。

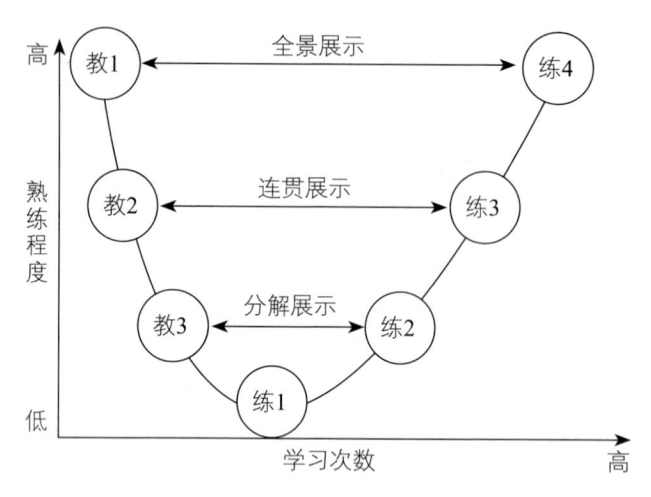

图5-1 技能学习的"教三练四法"

技能学习的"教三练四法"也称为"微笑曲线"，在整个过程中，师傅展示的教3"分解展示"与徒弟练习需要达到的练2表现相对应，师傅展示的教2"连贯展示"与徒弟练习需要达到的练3表现相对应，而师傅的教1全景展示与徒弟练习需要达到的练4相对应。这里的练1、练2、练3和练4并不是指仅仅需要练习四次就可以掌握这项技能了，而是特指技能需要达到的四个熟练水平。

我们再从徒弟的角度来审视技能形成的整个过程。

徒弟习得某项技能的过程有着明显的阶段性。以掌握骑自行车这项技能为例，我们学习骑自行车之前大概率不会拿起自行车就骑，一般做法是：先观察别人是怎么骑车的，做到心中有数（作业认知阶段）；尝试着开始模仿，模仿的过程一般是小心翼翼的，在摸索中我们建立了对扶行、起步、蹬腿、跨梁、骑行这些动作的感知（作业尝试阶段）；之后是乐趣和痛苦并存的阶段，乐趣在于自己不断突破学习的边界，不断拉近了与目标之间的距离，痛苦在于时刻面临着摔跤的风险，这个阶段在很大程度上决定了后面的学习是否还会继续,当我们将骑自行车与快乐关联时大概率会继续下去,将骑自行车与摔倒的痛苦关联时,骑自行车的行为就会逐渐停止,一旦突破了这个阶段,我们就会在不断摸索中建立了对扶行、起步、蹬腿、跨梁、骑行这些动作之间的联系,各动作之间的连贯性将取得本质性进展,表现水准进入稳定期(作业连贯阶段);接下来只要勤加练习就可以掌握住骑行这项技能了(作业熟练阶段)。如果进一步拓展,可以发展出前跨骑行、后跨骑行、单手骑行、自行车带人、自行车载货等技能,这些技能的集合完成之后,骑自行车这项技能就真正为我们所掌握了。

在学习骑自行车过程中我们会经历四个主要阶段:认知阶段、尝试阶段、连贯阶段和熟练阶段。我们将徒弟学习的这四个阶段与教导的过程关联之后,就会呈现出技能形成路径图(见图5-2)。

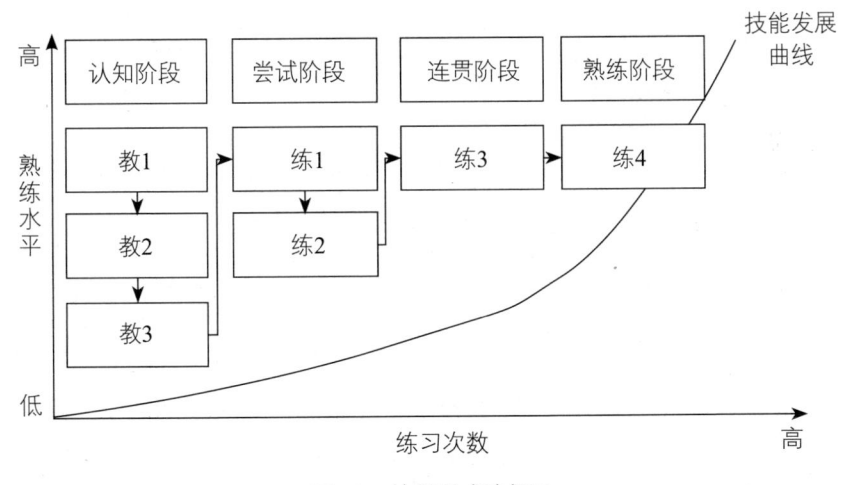

图5-2 技能形成路径图

在认知阶段,包含了教1师傅全景示范、教2师傅连贯示范和教3师傅分解示范;在尝试阶段,包含了练1徒弟试做、练2徒弟分解动作;在连贯阶段,包含了练3徒弟的连贯动作;在熟练阶段,包含了练4徒弟的完整动作。

在实际的教徒弟过程中，师傅最容易忽视的阶段恰恰是尝试阶段。在尝试阶段，所有的过程发生在徒弟的内心，发生在徒弟自己看到之后转化为自己做到的起始阶段。在这个阶段，徒弟的内心正在展开一场激烈的战斗，战斗双方来自内在的两个系统，而在外部徒弟却表现出极度的平静，这种内在越激烈、外在越平静的状态是进入深度学习的状态。

对师傅而言，是否重视徒弟这个阶段的表现会给徒弟技能的习得带来很大的影响。

二、技能学习的悖论

在一次歌咏比赛中，我碰巧与陈佳站在了临近的位置。几次演练之后我发现，陈佳居然在对口型，在为集体争得荣誉的时刻，陈佳的表现让我颇为不解，接下来在跟他的交谈中，了解了个中缘由，我感觉非常震惊，下面是陈佳的自述。

从小我就喜欢唱歌，经常在闲暇时哼唱，亲戚们也都称赞我有音乐天赋，这越发让我感觉自己在歌唱上超越了同龄的伙伴们。

五年级时，学校组织参加全市的合唱比赛，经班主任推荐我如愿被选入了合唱团。负责指挥和训练的是一位女声乐老师，在唱完一首熟悉的歌谣后，这位老师走近我的身边对我说："你把刚才那首歌的最后一句再唱一遍。"于是我就按照老师的要求认真地演唱了一遍，没有想到她当着全体师生对我说："就是你！你的声音跟其他人完全不一样，无法融入到合唱的曲调里面，时间紧急我也来不及换人了，你就别发声了，跟着大家对口型就可以了。"这位老师讲完后若无其事地走了。周围的同学马上投过来异样的眼光，有的同学开始偷笑，当时我真想找个地缝钻进去。第二天，我对口型的事情就在全校传开了，接下来的排练对我而言就是一场场的煎熬，我麻木地对着口形，直到比赛结束。

更可怕的是，我开始怀疑自己的声音，害怕挑战，变得不再自信，从那天以后我再没有开口唱过一句……

陈佳对歌唱的态度的转折点来自五年级的一次合唱，从起初对歌唱的热爱瞬间转变为对歌唱的恐惧。而引发这个转折的关键点是音乐老师无意识的负面评价，以及只准对口形不准出声的要求，这让陈佳在众多同学和老师面前感到羞耻，这种羞耻感一直伴随着歌唱，只要音乐响起，他就会有这种感觉，从此以后歌声从他的生活里消失了。

我们习得每一项新技能都会从尝试练习这个起点开始，在开始练习的时刻却存在着一个"天大的悖论"。我们常常伴随着两种心理状态，这两种心理状态如同两个性格迥异的小孩给我们带来冰与火的不同体验。第一个是好奇的小孩，他对即将开始的这项新技能保持着好奇、兴奋和期待，在他的推动下，我们跃跃欲试，勇敢地迎接挑战，克服可能出现的各种难题；第二个是担忧的小孩，他对即将开始的这项新技能保持着警惕、担心和紧张，在他的促动下，我们会谨慎、小心并保持高度警惕。我们持有哪种心态取决于两个小孩之间的较量。在尝试练习阶段，我们的大脑里面正在进行着一场拔河比赛，胜方将会成为我们心态的主导力量，并附着于我们从事的这项工作上。如果好奇的小孩经常获胜，那么伴随这项作业的将更多的是开放、自信和乐观，如果担忧的小孩经常获胜，那么伴随这项作业的将更多的是紧张、害怕和恐惧。

心理实验已经证明了人脑的边缘系统如杏仁核、海马体和尾状核等在人类的学习中不只是扮演着随从的角色，而是发挥着战略性作用。它能够阻止或促进信息的传递，如果不能把情绪变为学习的积极性因素，它就会发展为学习的障碍性因素。情绪是大脑化学物质释放所带来的感受，这些化学物质就是神经递质，神经递质在大脑不同区域的互动和连接中发挥着重要作用。我们在尝试练习中所处的状态不同，大脑分泌的化学物质就会不同，我们就会为这项技能附着不同的情感体验。在这场内部的比赛中，哪个小孩会赢得这场较量的胜利，跟师傅和外部环境有着极大的关联，任何一个外援的加入都可能会成为压倒对方的最后一根稻草。

黄师傅是公认的对工作认真负责、兢兢业业的好员工，由他负责的工作总被安排得井井有条。由于他的工作要求太高，做事情也难免有些呆板，有同事认为他不通情理。

今年单位新招聘了一批大学生，黄师傅带的徒弟是小李。俗话说，严师出高徒，黄师傅对待这位新来的徒弟小李自然是严格要求。黄师傅要求今日事今日毕，每天要求完成的任务都会做检查和指导，一方面，为的是让徒弟可以掌握好知识与技能；另一方面，黄师傅对自己的技术有自信，教的徒弟也不能落后。

这周黄师傅教导徒弟的重点内容是操作票的填写，可这位徒弟明显对操作规程和要点不在状态，黄师傅刚刚指出来的问题居然在下一次的作业中还会重犯。黄师傅认为这是个大问题，将来在实际工作中出现这样的错误，轻则设备故障，重则人身伤害，于是忍不住发起飙来……双方都堵着气、红着脸结束了上午的工作。

说来凑巧，中午在餐厅排队打餐，黄师傅刚好排到了徒弟的后面。于是禁不住又对上午出现的问题总结了一番，等双方都打完饭菜，徒弟小李已是满脸涨红。谁也没有想到，小李突然举起自己刚刚打的饭菜，"啪"的一声重重地摔在地上。随着一声巨响，饭菜散落一地，飞溅起来的菜汤上了天花板，餐盘弹了几个来回之后，滚到了餐厅一角。与此同时，所有的目光齐刷刷地聚集到了蹲在地上呜呜大哭的小李身上。看到出了这么大的动静，周边的同事都围拢过来询问到底发生了什么事情。此时，黄师傅内心翻江倒海似的，脸上更是火辣辣的难受，心想，"我可是一心为了徒弟好，她居然一点都不领情……"

师徒冲突的事情，终究闹得满城风雨。小李找了公司领导，申请更换师傅。单位征求黄师傅的意见，黄师傅心想，自己带了这么多年的徒弟，遇到这样的徒弟还是头一回，不相信自己带不了的徒弟其他人能带的了。

小李的师傅换成了周师傅，黄师傅就时常留意上了老周。他发现老周与自己的风格一点都不一样，周师傅是天天哼着小曲儿，见谁都乐呵呵的，既没有对徒弟的各种指点，更没有如自己一样的严格要求。黄师傅心想："我就不相信这样子还能把徒弟带好！"

转眼一年过去了，在公司举办的出师仪式上，黄师傅又见到了乐呵呵的周师傅，也见到了笑得很开心的徒弟小李，此刻的黄师傅心里却是无比的沉重："我究竟做错了什么？"

我们回顾一下黄师傅带徒弟的过程。在理念上，他高举着"严师出高徒"的大旗，对徒弟严字当头。在行为上，他对徒弟成长过程中发现的问题更是直接、不留情面地指正，徒弟一时遇到难点，他首先选择的是批评和指责。这种"恨铁不成钢"的心理预期在这个过程中给徒弟带来了很大的压力，这些压力让徒弟的心理变得焦躁不安，内心的担忧小孩逐步占据了优势，这种心理压力累积到一定程度后，徒弟终于爆发了。在该过程中，黄师傅试图通过增加指导的方式帮助徒弟完成改进和提升，但却起到了相反的效果。在徒弟掌握技能的尝试阶段，需要将师傅呈现的内容完整地纳入自己的大脑，此时大量的图像、画面、动作、细节交织在一起，要完成这些高难度的工作，徒弟需要将大脑切换到专注模式，把所有的注意力资源保持在当下的焦点上。在专注模式下，高强度工作的大脑需要的是安全、平静、沉寂的心理状态与之匹配。而在这个过程中，黄师傅的理念、行为却有些反其道而行之，过多的干预干扰了徒弟在专注模式下对工作的投入，同时恨铁不成钢的心理预期改变了徒弟的工作环境，增加了徒弟的压力，使其焦躁和不安，进而导致徒弟的外在表现失控。在结果上，黄师傅想要在所有师傅里面做到最好，对徒弟的预期也非常高，这种结果导向的心理预期更加强化了过程监管，直至引发了师徒争执，并最终导致了师徒关系的破裂。

反观周师傅的做法与黄师傅形成了鲜明的对比。他在徒弟练习的初期并没有进行过多或过度的干预，将徒弟的成长置于轻松、愉悦的氛围之中。教导他人不是简单的告知，在告知之前，师傅需要先培养自己和徒弟的耐心，在尝试练习阶段最大的悖论在于会教的师傅教心态，不会教的师傅教技能。

黄师傅和周师傅的情况并非个案，在他们的背后分别代表了两类教导思想，即以黄师傅为代表的结果导向型和以周师傅为代表的过程导向型。

美国哈佛大学的心理学教授罗伯特·罗森塔尔做了一个小白鼠穿越迷宫的实验。他将小白鼠分成两组，告知A组小白鼠的实验员这是一组经过挑选的极其聪明的小白鼠，却没有对B组小白鼠的实验员给出任何有关小白鼠的评价。一个月后，用相同的迷宫来测验这两组小白鼠，A组小白鼠明显反应更快也更准确，它们很快就能找到迷宫的出口，与之相比，B组小白鼠明显落后。其实，罗森塔尔当时给实验人员的小白鼠是随机分组的，他根本不知道哪只小白鼠是聪明的。

实验并未到此结束，罗森塔尔教授立刻把这个实验扩展到人的身上。1968年，他和实验人员在一所小学里进行了类似的实验，这次的实验范围包括了6个年级共18个班的学生。在经过对所有孩子的一系列测试之后，罗森塔尔教授和实验人员向校长和老师出具了"最具发展潜力学生名单"。他们把名单提供给任课老师，并郑重地告诉他们，名单中的这些学生是学校中"最具发展潜能"的，并再三嘱托这些老师不可以将这个结果告诉学生本人，只需要长期观察他们的表现就可以了。8个月后，当他们回到该小学的时候，惊喜地发现名单上的这些孩子不但在学习成绩上有明显的进步，而且在兴趣、品行、师生关系等方面也都有了很大的变化。当罗森塔尔教授告诉校长和老师这些孩子不过是他们从名单中随机抽取出来的，而测试不过是个幌子的时候，校长和老师都非常惊讶。这一现象就是我们所熟知的"期望效应"，也被称为"罗森塔尔效应"。

罗森塔尔教授认为，他们提供的"假信息"是最后得出"真效果"的主要原因。他们给出的"科学依据"和"最具发展潜能"的结论成功引发了老师对这些学生的较高期望，正是这些较高期望在随后的8个月中发挥了神奇的暗示效果。这些学生在接受教师渗透在教导过程中的积极信息之后，会按照教师所引导的方向和水平来重新塑造自我并调整自己的行为，从而产生了神奇的"期望效应"。

从陈佳与音乐老师到黄师傅与小李，再从小白鼠到罗森塔尔效应，我们可以得出这样一个结论：师傅要教的"硬"技能伴生在"软"的心态中。

三、内心的竞赛

新单位入职后，我被安排到了赵师傅门下。赵师傅面容和善，每天脸上都带着笑容，每次看到赵师傅都有种莫名的亲切感。我将要从事的工作是在高空中进行的，而我又从小就恐高，每天看着赵师傅爬到杆子上像走平地一样，既幻想着自己也能够有一天像他那样在空中运动自如，又害怕自己的心脏承受不住这样的压力。

我已经练习三天了，始终没有爬上第二级的位置，今天是我挑战的第四天。我刚穿戴好安全装备心脏就止不住地"砰砰"跳起来，在赵师傅逐项检查我的安全带接口和挂钩时，我说："师傅，我心脏跳得厉害，我感觉自己紧张得很。"没想到赵师傅笑着对我说："这孩子！心脏要是不跳就出大问题了。"赵师傅的话一下子把我逗乐了，笑过之后感觉紧张的心情舒缓了许多。赵师傅继续说："如果你还紧张，就三长一短地做深呼吸，同时把注意力集中在手和脚上，不去想其他的事情就会好起来。"我尝试着按照赵师傅的方法做深呼吸，集中注意力感受自己身体和手脚的细小感觉，状态果然好了不少。

我开始向上攀登，内心感觉有两股力量一直在不断地较量。一股力量是向上的渴望，期待着能够突破自己。每当想到这时我都会莫名地兴奋起来，也期待着能够站在第二级工作台上一览众山小，更渴望大家对我另眼看待。同时也感受到另一股力量在拉扯着我，我从没有登上过如此的高度，感到莫名的紧张，这种紧张感让我手心和后背冒汗。除了紧张之外，我还有些害怕，害怕一脚不慎跌落下来。当第一股力量占上风的时候，我就会自信一些，继续往上攀登，当第二股力量占上风的时候，我就会胆怯一些，停在原地瑟瑟发抖。克服胆怯的办法就像赵师傅说的那样，把注意力集中在手和脚上面，尽量不去想它们，直接往上爬就行了。正当这时,脚蹬突然"咔嗒"一声被卡住了,我试着抽了几下,怎么也抽不出来,我害怕起来,大声呼救:"师傅,我被卡住了,我该怎么办?"我越喊叫,越紧张,越害怕,手心越出汗,两腿越发抖,心里想:"完了!不会真要完了吧!"想到这里,我的后背和额头也开始冒汗……

正当我不知所措的时候,赵师傅从下面冲我大声说道:"别害怕!按我说的做,你把双手松开。"我听到后简直不敢相信,把手松开我不就掉下去了吗?只能说:"师傅,我不敢啊!""没关系的,你按我说的去做就没事。"我半信半疑地逐个松开手,居然被挂在了原位置上,胸前的安全带死死地锁住了我。这时候赵师傅又对我说:"你把双脚也松开。"有了安全带锁扣的保护,我心里已经没有开始时的担心了,慢慢地把双脚离开脚蹬,没想到安全带的双钩紧紧地拉住了我,丝毫不用担心有掉下去的危险。接着赵师傅继续喊道:"怎么样,还害怕吗?"我回答:"好多了!""那就好!你在上面稳稳地待着,我去找装备带你下来。"师傅说完就走了。我被挂在了半空中……过了好一会儿,我才发现有安全带和挂钩的双重防护,自己悬在空中也不必担心,渐渐地我平静了下来,实在无趣的我伸手抚摸塔杆,然后是瓷瓶,居然感觉亲切了不少。我按照三长一短地频次慢慢地调整呼吸,细细地感受高空的滋味,微风从我的指尖划过,甚至能够感受到风的强弱变化,我深深地吸了一口气,空气中居然有青草的芳香,我又仔细地感受着自己的脉搏,起初的强劲变得舒缓了起来,身上的汗液也慢慢地消失了,整个世界仿佛都变慢了,我居然可以与高空和谐相处了。

赵师傅找来了装备,把我从高空带了下来。到了地面才知道,刚才我在空中足足被吊了二十分钟,但这二十分钟不是我最难熬的时光,反而有我从未经历过的惬意。经过休整之后,我提出了再爬一次的请求,赵师傅满意地冲我点点头，我开启了第五次冲锋。有了与高空和谐相处的时光，我发现沿途皆是风景，我不仅超越了第二塔杆，这一次还到达了我梦想的最高处——第三塔杆。

在征服高空的过程中，"我"内心中感受到了两股力量的角逐。一股力量带领"我"突破自己，另一股力量让"我"谨慎小心，哪股力量占据上风，"我"就会有什么样的心理感受，就会有相应的行为表现，这恰恰是尝试练习阶段最真实的心理表达。外在的"我"风轻云淡，内心的"我"波涛汹涌，一场内心的比赛正在激烈上演。当遇到困难和挑战时，谨慎小心就要掌控全场，赵师傅的帮助让"我"有了安全感，也让"我"在这场内心的战斗中有了从未感受过的味觉和触觉体验。在这个过程中，"我"细心体验身心的状态，以从未有过的专注让身心开始和谐，自信的力量逐渐回归并开始主导身心，从未有过的身心合一让"我"看到高空的可爱，也焕发了内在的奇迹力量，成功地完成了高空挑战。在这个艰难的成长阶段，"我"不仅掌握了新技能，更为重要的是，"我"培养了耐心、细致和专注的品格，成长的艰难期，恰是塑造品格的关键期。

在这个看似漫长的过程中，赵师傅的耐心为徒弟创造出了五项收益。第一，让徒弟专注于实现的路径，个体的差异性决定了习得技能路径的多样性，徒弟的专注投入可以更快地找到实现的路径；第二，为体验细节之美创造了条件，如徒弟感触到的脉搏、闻到空气的芬芳；第三，让徒弟享受到探索的乐趣，自己遇到问题，自己找到路径，自己解决问题的过程本身就是培养成就感的过程；第四，徒弟在这个过程中为获得技能创造了条件；第五，培养了徒弟耐心、专注和细致的品格。

生理心理学研究表明，我们的大脑在不同的学习阶段活跃程度是不一样的。最活跃的状态发生在尝试练习阶段，最不活跃的状态发生在技能熟练阶段，这种变化既体现在活跃的强度上，也体现在活跃的区域上。在强度上，前、中、后期随着熟练程度的增加而逐步减少，到熟练阶段，只有很少的区域处于活动状态，这也表明了对大脑资源的占用水平在不断降低；在区域上，减少最明显的是前后部负责注意力控制的区域，随着熟练程度的增加，注意力资源逐步退出，交付给了自动化处理的新区域；熟练阶段最活跃的区域变为中间两侧的位置，神经细胞的刺激感受依据任务而发生变化，这也间接表明了随着学习和技能的深入发展，人类的大脑也会呈现出相应的变化。

欧洲商学院教授J·斯图尔特·布莱克在《变革始于个人》中引入了一条学习曲线，当我们进入一条新的学习曲线时，学习曲线开端（见图5-3）都具有高投入、低效益、低产出的特征，无论我们是学习语言、乐曲、游泳或开车，在这个过程中时常伴随的是挫败感。

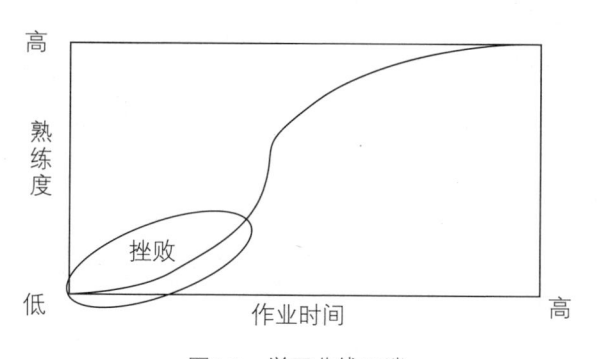

图5-3　学习曲线开端

而随着我们作业时间的增加和熟练度的提高，愉悦感和快乐感逐步增加，我们对目标结果越清晰的时候，这种快乐感越浓厚，到了学习曲线后期就变成了图5-4所示的情形。

很多师傅在教导过程中没有意识到尝试练习阶段中挫败与快乐转换的关键点，无意中扮演了落井下石的角色。师傅常常给予徒弟的是指责和批评，再加上学习初期带来的挫败感，这让徒弟的练习经常与"苦"

为伍，也就不难想象"学海无涯苦作舟"中的苦不仅仅来自任务本身，更多是来自没有耐心的师傅。

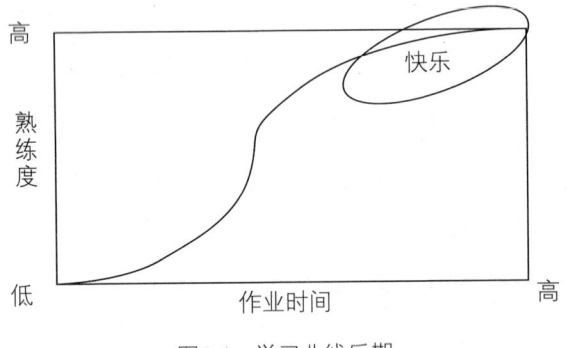

图5-4　学习曲线后期

在徒弟的尝试练习阶段，师傅设想的发展轨迹常常如图5-5所示。

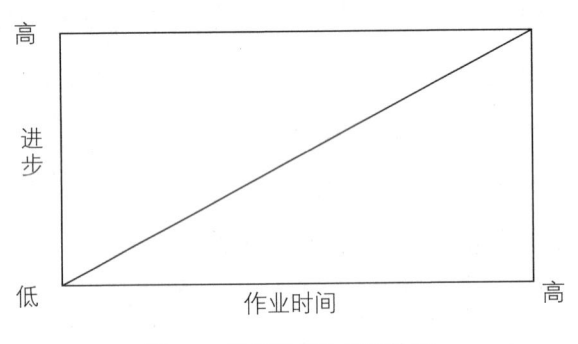

图5-5　师傅设想的发展轨迹

而徒弟实际的发展轨迹却常常如图5-6所示。

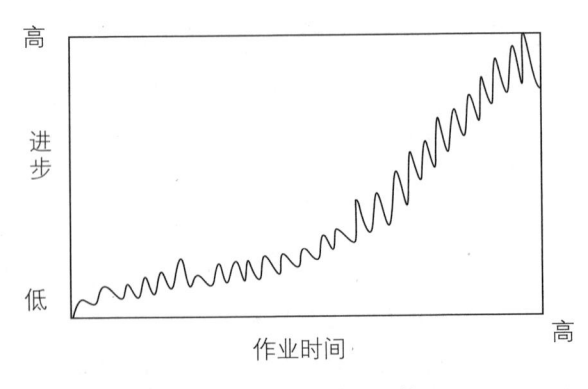

图5-6　徒弟实际的发展轨迹

个人的改变或者进步通常都是曲折的。我们都会设想美好的进程，如同一条不断爬行的斜线一般，只要从启动的那一刻开始就会沿着固定的线路一直向前，而实际上每个人的自我提升过程都充满了曲折，都需要经历一段酝酿和扎根的阶段，然后才会沿着波浪线曲折向前，有到达高峰的喜悦，也有跌落的失意，这才是真实的存在。

预期与实际之间的差异带给师傅最大的挑战是耐心，正如约翰·伍登在《教导》中所说的，"几乎所有告知者的耐心都很缺乏，告知者急切地希望看到效果，根本没有耐心去等待那一刻的自然发生，好比一根保险丝只要轻轻触碰就会熔断，熔断后的下一秒引发的就是粗暴的批评和指责，而这让问题进一步恶化"。

在徒弟的尝试练习阶段，师傅如何做才能给徒弟创造良好的成长空间呢？托马斯·M. 斯特纳在《练习的心态》中提出了4S法，分别是简化（simplify）、细分（small）、缩短（short）和放慢（slow）。简化指的是对于复杂的技能，师傅可以将其简化为简单的作业，分项完成；细分指的是对精细化的技能要尽可能进行细致的描述，细化颗粒度；缩短指的是对于作业中的关键步骤进行分项练习，减轻练习中的负荷；放慢指的是将练习的节奏放缓，为徒弟的练习和成长提供更大的裕度。

在技能学习中最容易被忽视的尝试练习，却起着关键的启动效应，毕竟"好的开始已经是成功的一半了"。

第二节 自我对话

逼真的画面乘以细节等于未发生的未来。

——路·泰斯

改变的能力是衡量智力的标准。

——阿尔伯特·爱因斯坦

一、不断被打破的实训记录

九月的天气异常闷热，临近的结业考试，给燥热的空气增加了几分压力。

今年的考评方法与以前有所不同，我们吸取了前几年的经验教训，采用了单项通过规则。单项作业里面的关键点未达标的即为该作业不通过，五项作业里面有两项不通过的即为不达标。五项作业又分为必答题和选答题两种类型，必答题是技能作业里的基础和重要操作，共两项；选答题共三项，考生需从题库（共60多项）里面随机抽取题目作答，由于改进了考评方法，增加了考试难度，今年考评结果如何，我们心里也没有底。

随着考评的进行，接二连三传来的不是坏消息而是一个个惊喜。在必答题之一的触电心肺复苏作业中，刚刚进行完毕的第三位学员创造了纪录，他实现了胸部按压300次、口对口吹气20次零失误的纪录，但这个纪录没有保持太久就被第七位学员追平。在惊叹之余，我的内心也是一阵欣喜，这个难度极高的作业在以前的测试中都是学员的"滑铁卢"，没有学员实现零失误。惊喜还在继续，这个零失误的纪录在这个实训场上被轮番追平，到了晚上总结时，居然有四名学员实现了零失误。

我们带着疑问做了小组讨论，在讨论中才发现打破这个纪录中的两名学员来自同一个师傅的教导。在阵阵的掌声中，大家的疑惑也逐渐多了起来，这些疑惑集中在三个问题，第一，今年的学员是不是比往年的学员更优秀？第二，今年的学员是不是比往年的学员更努力？第三，今年的训练方法是不是与往年不一样？大家讨论之后发现：前两个应该差异不大，第三个训练方法的确进行了调整。可问题又来了，教导方法的调整是所有师傅都进行的，为什么仅仅这四位学员发生了深度改变？

我先请前两位零失误学生的导师王师傅进行总结，可王师傅居然说："我今年最大的调整是按照教三练四的方法做完之后，就站在旁边看他们训练，即使发现了错误也忍住没有上去纠正，学员问我该怎么办，我就回答你自己停下来琢磨琢磨，结果不但自己省了不少力气，学员的成绩还变得更好了。我仔细看了一下今天的成绩，这不但表现在心肺复苏这单个作业里，其他作业也有类似的情况，今天我也在琢磨取得好成绩的原因。"

师傅干预少，效果反而好。看来改变的关键不是出在师傅身上，而是来自学员。接下来我就带着这些疑问对这四位学员进行了访谈，通过对四位学员的详细分析后发现他们来自两个不同的宿舍，这个巧合让我更为惊讶了，这其中到底发生了什么？

学员A：能够破按压300次、吹气20次零失误的纪录我也很吃惊，看到这个结果的时候我简直不敢相信，我居然可以做到和师傅一样出色。王师傅在教1环节的完美呈现大大出乎我的预料，那个完美演绎的画面深深地烙进了我的大脑，我时常拿自己的表现跟王师傅做比较，这个比较不是跟王师傅操作时候的具体动作做比较，而是跟他的完美表现做比较。通过一次次的练习，这个原本可望而不可即的目标，慢慢变成了可望又可即的现实，我最终的表现真的如王师傅一般。

学员B：我的做法也没有什么特别之处。当看到师傅的完美表现之后，我就详细地将师傅的表现与作业手册进行了对比分析，发现师傅的操作居然可以与工作程序做到如此一致。这让我充分相信工作程序是通向完美呈现的路径，只要沿着这条路径前进就能达到师傅的水平。我接下来的训练也就是这样分步骤完成的，然后把各步骤再串起来，做了一步之后我就与工作程序进行比对，拿自己的结果与要求比较之后寻找差距，逐步缩小这个差距。反反复复地这样来回练习，直到把初期的泥泞小道走成了康庄大道，最终实现零失误的表现。

学员C：当初听师傅的反馈说触电急救是每期失误率最高和最难的一个作业项目，心里就有点不服气，我相信师傅能够做到的，我自己一定也可以。等到练习的时候才发现，300次按压每次都要做到精准的确非常难，一旦遇到做错的情况，就会非常后悔，责怪自己太不小心。用力重了就会埋怨自己再轻那么一点点不就好了吗？下次练习，一直提醒自己要轻一些，结果又会出现过轻的情况，导致按压不到位，这时候又会埋怨自己要是再重一点不就好了吗？就这样，在轻和重之间不断循环往复，一直跳不出来，自己一直想要做好，却一直怎么也做不好。后来我发现自己其实挺努力的，对比每次的成绩都是在进步，而我却每次都盯着那个需要改进的小点上，与其纠结不足，不如肯定进步。等我转换了方向之后情况就发生了变化，每一次看到自己进步的时候，哪怕是一点点的进步，都会让自己欣喜起来。就这样纠结和矛盾少了很多，取而代之的是自我的和谐统一，我甚至开始为每次出乎意料的进步而欣喜了。就这样在乐趣中完成了一次次的进阶，直到最后的零失误。

学员D：我能做到零失误跟我的工作习惯有很大的关系。我做事情希望自己可以全心投入，在这个持续投入的过程中我能找到很多的乐趣。比如，在心肺复苏的操作中，随着对动作的熟练，我能感受到每个肢体的动作都被放大了，这种放大让我能够清晰地捕捉按压动作的细微变化，身体的每个细胞仿佛也都能感受到这种细微的差别，而这种动作、感觉与想法的完美匹配，让我乐在其中。一旦找到这种感觉，每次的操作就像小溪在大地上自然流淌一样，最后的结果就是水到渠成。我只要启动这个作业，保持投入的状态就能够自然而然地完成，这一切就像给自己安装了一套自动装置一样，甚至不需要丝毫的控制或刻意为之。

从师傅和四位学员的分享中我找到他们能够做到零失误背后的一些共同之处。从师傅的角度来看，师傅在徒弟学习的关键期没有进行过多的指令干预，而是放心地让徒弟在安全的条件下进行试做，试做后拿自己的结果与过程进行分析比对，主动寻找差距，发现解决问题的路径，直到获得完美结果。在这个过程中，师傅展现出了充分的信任，充分发挥了徒弟在学习中的核心地位。对徒弟而言，内在的自我和谐是实现技能突破的核心所在。

二、主宰我们的两个系统

从上述例子我们可以发现，在技能形成的过程中，一直受到两个系统的影响，这两个系统有不同的功能，二者的冲突表现为自我矛盾，二者的协调表现为自我和谐。关于人类内在的两个系统，一直有着不同版本的解读。

柏拉图把"心灵"比喻为一辆马车，而拉动马车的两匹马却有着极大的区别。右边的马体型健壮、气宇轩昂，这匹马自制且自爱，只需要下达指令即可行动；左边的马四肢粗大、动作粗野，这匹马只有用马鞭抽打、马刺刺它，才能让它行动。

分析心理学家西格蒙德·弗洛伊德则把我们内在的两个系统称为本我和自我，本我指的是人的原始的本能反应，该部分最接近人类的动物性，以快乐为原则行事，得不到就渴望，得到就快乐，满足就消失；自我指的是理性的我们，它分析利弊，按照现实的法则从事，监督本我的行为，让它在合理的范围内活动。

社会心理学家乔纳森·海特则把我们内在两个系统的关系比喻为大

象与骑象人的关系。骑象人与大象是两个独立的角色，既有联系又有区别，既相互依赖又相互冲突。骑象人更像是大象的顾问或参谋，他拥有智慧，能够理性地做出思考和判断，但却弱小无力；大象则正好相反，它感性鲁莽，只会按照预制的模式行动，按照预定的路线行动，但却拥有强大的力量。大象与骑象人之间常常发生冲突，这种冲突来源于构成我们的不同部分或者不同的功能系统，包括身体与心灵、左脑与右脑、感性与理性、控制化与自动化等。当骑象人与大象发生冲突时，骑象人面对愚笨的大象无能为力，只能甘拜下风。苏格兰哲学家大卫·休谟说过，"理性，应该只是激情的奴隶，除了服从之外，没有其他可能"。乔纳森·海特也认为当二者发生冲突时，"情"是狗，"理"是尾，狗尾随狗而动，理性所为有限，更多的只是听从狗的指令。冲突在所难免，但和谐才是生活之道。每个人希望的都是骑象人和大象能够发挥各自的优势，协同配合起来，骑象人高瞻远瞩、拥有智慧，只要找到并按照大象的工作之法与大象协同起来就可以做到与大象共舞，只有大象与骑象人配合得法，人生的道路才会愈加宽广。在如何与大象的协同上乔纳森·海特推荐使用互惠之法，避免骑象人自以为是，从而在终极之道上追求人生的意义，找到大象与骑象人的共同目标。

在技能的形成过程中，信息加工理论与社会心理学的结合也发现了人的心理一直由两套处理系统在运作，分别是负责自动化处理的系统和负责控制化处理的系统。2002年诺贝尔奖得主心理学家丹尼尔·卡尼曼在《思考，快与慢》一书中将这两套系统形象地称为负责快思考的系统1和负责慢思考的系统2，我们在不同时间分别受到系统1和系统2的控制，系统1和系统2各有特点和工作模式。系统1依赖情感和体验，希望获得满足感、尊重感和荣耀感，系统2则依赖理性分析和思考，通过分析、推理、判断来解决问题；系统1依赖过往的经验和经历，可以迅速做出判断、采取行动，系统2则行动迟缓，需要找到论据，经过充分论证后才会采取行动；系统1排斥无序和混乱，它只接受已经被结构化和程序化的内容，遇到无法应对的新情况就会烦躁不安，系统2则可以专心应对复杂和无序，能够从复杂中抽离规律，也能从无序中找到有序；系统1更关注当下的感受和满足，系统2则考虑长远，谋划未来；系统1是我们人类的本能模式，除非我们有意识地加以干预，否则就会自然地待在系统1里面，系统2则是我们人类的启动模式，除非我们有意让自己进入系统2，否则我们会无意识地返回系统1。

为了叙述的统一，接下来我们采用丹尼尔·卡尼曼的说法，将这两套系统称为系统1和系统2。

三、两个系统的对话

技能学习的过程我们可以理解为系统1与系统2通过对话相互促进、共同成长的过程。个体在自我对话中实现了技能的成长，因此，个体之间表面上是学习能力的差异，实质上是自我对话效能的差异，而这个过程只有自己可以完成，别人无法替代。

乔希·维茨金在《学习之道》一书中讲到了老师布鲁斯教他下棋的方法。布鲁斯先让他看清棋局，之后将棋子推到地上，开始进行设想练习，或者蒙上眼睛进行比赛，不动棋子，只在脑海里进行长时间的走棋练习。这很像我们在武侠小说中看到的场景，实际上布鲁斯就是这样带领维茨金一起学习的，这种训练方法带给维茨金的收益是意想不到的。维茨金阐述道："长期的这种训练方法能让我在比赛中迅速发现对手的漏洞，紧接着开始我的探索之旅，我常常发现我使用的招数远远超出了我当时年龄的水平，我都不知道自己是怎么做到的。"

俄罗斯的斯巴达网球俱乐部成名之前在网球界可以用无名小卒来形容，直到一大批世界级的网球大师称霸世界网坛之后，人们才发现他们竟然都来自同一个网球俱乐部，该俱乐部因此声名鹊起。从这个俱乐部里面走出来的世界名将包括库尔尼科娃、萨芬、米斯金娜等，在2005年到2007年间，她们几乎霸占了世界女子网球比赛的榜单，而男子网球比赛的成绩也仅仅比女子网球比赛稍逊一筹。从一个俱乐部里面走出如此多的世界级名将，这是很难想象的事情，这个俱乐部有什么独到之处呢？各方记者和学者都想一探究竟。到达俱乐部后人们发现里面只能看到动作敏捷的身影，却听不到"砰砰"的击球声，只能听到"呼呼"的挥拍声，却看不到球，原因在于他们只挥拍不击球。这一切源自斯巴达网球俱乐部独特的训练方法——"模拟击球"。球员在训练中被要求用慢动作迎击想象中的网球，直到整套动作娴熟到极致为止，没有达到要求的学员不能进行击球练习。这个俱乐部的学员甚至被要求三年内不能参加任何锦标赛，俱乐部认为"没有掌握技巧就参加比赛是一个错误"。模拟击球让系统2与系统1之间进行高效能的自我对话，直到形成稳定的回路之后才开始正式的击球训练，这是斯巴达网球俱乐部对系统1与系统2的高效运用。看来，练习并不能使技能完美，只有完美的练习才能使它完美。

著名游泳健将迈克尔·菲尔普斯曾在2008年北京奥运会上夺得七块金牌，成绩惊人。记者询问他的训练秘籍有哪些，菲尔普斯透露除了刻苦的训练之外，还有一个训练诀窍，那就是每天除了在游泳池里游几十个来回之外，还会在大脑里再游上十几个来回。在大脑里模拟游泳的时候，他会想象游泳的完整过程和诸多细节，包括了站立的姿势、入水的角度、每次摆动胳膊的幅度、每只手的角度和力量、每只脚摆动的幅度和频率等。这种预演的细腻程度堪比真实的游泳，甚至所花费的时间与实际训练时间差不多，而这个在大脑中完美的预演恰恰是他第二天要达到的目标。正是这种大脑里面的预演与实际练习的相互印证，使得菲尔普斯游泳中的很多难点在这种双向练习中被逐一突破。能达成菲尔普斯这样的状态，期间需要经历的磨砺和努力自然也是大大超越了常人，而为这个结果奠定根基的关键是自我对话。

通过以上论述，我们发现在技能的学习中自我对话有其内在规律。

一）尽可能描绘和想象成功的画面

在技能学习的过程中，对画面的描述越清晰，所要达成的目标就会越明确。在教一过程中，师傅的全景展示就是为了将这个画面映射到徒弟的大脑里面，这个画面就是徒弟要达到的目标。徒弟在自己的练习中对画面进行复原和细节补充，这些会让要达成的目标愈加清晰和完整。目标一旦确定，行动的方向就会自动向目标逼近，身体系统也会调用所有的资源向这个目标逼近，可以说，"画面感"是技能学习的第一语言。系统1的工作语言是画面，而画面可以由系统2创造完成，然后交付给系统1使用，正是系统2的完美畅想才让系统1的真实表现趋于完美。正如路·泰斯所说的，"逼真的画面乘以细节等于未发生的未来"。

二）有序化是技能学习的高速公路

人类的大脑天然喜欢有序，厌恶混乱。当我们置身于混乱或生疏的场景之中时，就会有莫名的紧张感和无助感，相反，当我们置身于有序的或熟悉的场景之中时，就有更多的掌控感和安全感。

有序化是通往目标画面的路径和手段，大脑中的路径越清晰、越明了、越可信，实现起来就越快捷、越高效、越可控，在技能形成的路径中，工作程序或清单在很大程度上在扮演有序化这个角色。问题在于系统1自己无法做到有序化，这个工作也由系统2来完成。系统2在对内容进行有序化加工之后交付给系统1来执行，有序化的内容大大加速了系统1的学习进程，实际表现为错误和负面情绪的减少，正确的练习让正向情绪得到激发，从而提升练习中的自信、耐心、细致、好奇心和探索欲。因此，我们可以说："练习并不一定能提高技能，只有正确的练习才可以。"

三）双向印证促提升

一项作业在学习过程中从外部来看是生疏到熟练的过程，从内部来看则是冲突到和谐的过程。系统2所创造的画面和有序化内容，经过系统1的使用在初始阶段会发生偏差，而这些偏差却是难得的双向提升的机会，系统2借助这些反馈完善画面的细节和内容，让有序化更进一步，系统1通过练习提高动作的稳定性和正确性，在这个双向提升的过程中，二者走向了和谐统一，为身心合一铺平了道路。

四）自动化是技能被掌控的标志之一

在技能的形成过程中，注意力的参与程度与技能的熟练程度成反比。正是注意力资源在前期的高度投入才让系统1和系统2进行高频次的对话，为双向修正提供了机会。随着熟练程度的提高，注意力资源逐步减少直至退出。心理学家丹尼尔·威林厄姆对这一现象解释道："反复练习的价值在于使某些认知活动可以自动化进行，从而为思考所用的工作记忆腾出宝贵的空间，以便用于更具策略性的活动。"

自我对话可以理解为内反馈机制从开启到完成自我修复的过程，这种自我改变的能力恰恰是衡量个体成长的标志之一，因此，阿尔伯特·爱因斯坦将其表述为"改变的能力是衡量智力的标准"。

四、自我对话的状态

人类的大脑更像是一个双核单通道结构。大脑有两套系统，很像"双核"，但两套系统不能同时控制我们的行动，当一套系统在工作时，另一套系统就会被挤出。两套系统之间既相互协同，又会相互矛盾，我们将两套系统之间的交互状态称为"自我对话"，由于系统1和系统2的典型差异性，在自我对话中常常有如下三种基本的状态。

一）控制逆反状态

学习成长的过程很像是一个内在的自我改造过程，在这个过程中，我们的默认模式是系统1所处的状态，进化和成长的方面是系统2所设定的未来状态，这就好比系统1喜欢"眼前的苟且"，系统2喜欢"诗和远方"，二者之间终究会有一场较量，"要么东风压倒西风，要么西风压倒东风"，只有当一种力量占据上风时，自我才会进入一个相对的稳定状态。

在控制与反控制的过程中，系统2总有控制系统1的欲望，急于求成的系统2会让系统1的自然进阶之路变得坎坷崎岖，但愈想控制，却愈难以达成，过度的控制企图会让系统1逆反，进而导致紧张、烦躁。情绪一旦出现，系统2的指令就会失效，学习随即宣告停止。在技能学习中，过高的目标或自我期望，以及不恰当的竞争都会导致学习过程的反复甚至停滞。

二）相互欣赏状态

在相互欣赏状态下，自我系统从控制逆反进入相互欣赏。系统2领会了自我的学习方式，按照系统1的成长进度下达指令，对系统1的进步给予赞赏和嘉许。这个过程中，我们的内在奖励系统常常被激发出来，学习过程中伴随着积极的心理体验，这说明了自我感知是帮助我们发现学习规律的线索。比如，在练软笔书法的初期，字常常写得歪歪扭扭，跟临摹的字帖相差甚远，此时如果关注点在不足和需要改进的点上，常常带来的是挫折感。转换一下关注点，体验就会完全不同。当认识到所有人的书法学习过程都会经过这个阶段时，就主动调整自己的关注点，从满张的字里面找哪个字写得好，或者哪一个笔画写得有进步，如此品评一番之后，看到的是自己的进步。这个时候持评判态度的系统2变成了欣赏态度，看到的都是系统1的优点，系统1的满足感、成就感也就逐渐培养出来了。

三）身心合一状态

系统1与系统2经历了相互欣赏之后，可以进一步发展出身心合一的新阶段。在这个阶段，系统2的"想到"与系统1的"做到"之间的距离被无限缩小，甚至可以达到想到即可做到，做到升级想到的境界。

网球教练提摩西·加尔韦将这种自我和谐统一的状态描述为"身心合一"。关于身心合一我们更熟悉的是"庖丁解牛"，故事来源于庄子的《养生主》，原文为："庖丁为文惠君解牛，手之所触，肩之所倚，足之所履，膝之所踦，砉然向然，奏刀騞然，莫不中音，合于《桑林》之舞，乃中《经首》之会。"意思是：有一位名叫丁的厨师为梁惠王宰牛，手接触的地方，肩膀依靠的地方，脚踩的地方，膝盖顶的地方，都哗哗作响，进刀时豁豁地，这些声音没有不合乎音律的，它们竟然合乎《桑林》《经首》两首乐曲的节奏。

我们不会始终处于某一种状态，常常在以上三种状态中调整着。正如丹尼尔·平克在《时机管理》中指出的，大到我们一生的状态，小到我们一天的状态，都在不断地变化着，但我们每个人会时常相对稳定地处在某种状态里面，即便如此，这种稳定态也是个变动的稳定态。

每一次自我对话的完成，都是我们在技能形成目标上前进的一小步，正是这些小步累积成了自我成长的一大步。在这个过程中，每一小步的迈进都会让我们有愉悦的体验。这个体验来自我们大脑的"愉悦回路"，愉悦的来源是我们大脑分泌的多巴胺或内啡肽。这种快乐的感觉心理学家理查德·戴维森将其称为"达成目标之前的积极情感"，这就是我们朝着设定目标前进时所伴随的积极情感。这种积极的情感会伴随着完成目标的整个过程，每次向目标推进的一小步，都会激发这种积极情感的出现。尽管完成目标的过程中有挑战、有困难，但这种积极的情感会让我们的体验超越困难本身而将其视为成长的历练过程。每当一件事情完成的时候，也会随之而来另一种积极的情感，这就是"达成目标之后的积极情感"。这种情感的出现同样是愉悦系统在发挥作用，但这次的愉悦体验却没有我们期待的那样欣喜若狂，往往是一种如释重负的轻松感，这种感觉短暂而清淡，甚至不如"达成目标之前的积极情感"来的浓烈。正如莎士比亚所说，"成功之时，一切已结束，努力的过程才最幸福"。

第三节 反馈修正

自诚明，谓之性；自明诚，谓之教；诚则明矣，明则诚矣！

——《中庸》

分数和错误能告诉你学生的当前水平，却无法告诉你学生的最终水平。

——卡罗尔·德韦克

一、大师也需要反馈

人类是群居动物，每个人的成长都是建立在全人类共同进化的基石之上的。我们除了接收来自内部的反馈以外，更需要接收来自外部的反馈，正是这两套反馈系统的协同工作，真正拉开了人类与地球上其他物种的距离，成为后天可以超越先天基因的物种。

每个人的成长都需要反馈。竞技体育（如篮球、乒乓球、羽毛球）的运动员甚至拥有自己的专属教练团队；在商业领域，个人教练和团队教练也早已为大家所熟知，著名商业教练坎贝尔一直致力于为商业精英们提供教练服务，苹果前CEO乔布斯、Facebook的CEO扎克伯格等都是他的辅导对象。这些已经在各自领域里面做到极致的世界级冠军和商业精英们能从教练那里得到什么呢？答案是——反馈。因此，在英文里面对导师的称谓是"advisor"，我们可以直译为"做反馈的人"，而如何反馈才有效、如何反馈才能引发他人的成长却是个技术活。

美国著名教练米尔顿·埃里克森以下面的一段经历来讲述如何给别人反馈。

在我还是个孩子的时候，一天下午，我和几个朋友在农场的谷仓里玩耍，这时，我们看到了一匹红色的大马沿着大道一路小跑过来，它跑到我们身边，停在水槽边开始喝水。

我们都很惊奇。我是其中年龄最大的，于是决定勇敢地尝试一下骑上去。我悄悄地爬到水槽边，然后小心翼翼地爬上马背，当我爬上马背时，马警觉地抬起头，但它实在是太渴了，又低下头继续喝水。等马喝完水，我揪住马的鬃毛用膝盖顶了一下马肚子，催促它上路，那匹马居然听从了我的号令，跑回到大路上。马跑了一会儿，在一个十字路口停了下来，此时我并没有催促它，而是耐心地等待着它的反应，最后马选择了一个方向，我继续用膝盖顶住了它的肚子，催促它快点跑。

四小时后，我们来到了山谷中一个完全陌生的地方。一个皮肤黝黑的农民放下手里的活，抬头看见我骑着马沿着大道走过来，高兴地喊道："我的马回来了！"他问我："你怎么知道把马带到这里来？"

我笑了笑回答道："我不认得路，但是马认得。我只是让它把注意力放在赶路上。"

讲完这个故事，米尔顿·埃里克森告诉大家："这对任何人都适用，人们都知道他们要走的路，我需要做的就是让他们把注意力放在赶路上。"

米尔顿·埃里克森通过亲身经历的一件事向我们传递了反馈的基本原则：调整对方的注意力模式，启动对方的自我对话。甚至可以说，反馈的有效程度取决于师傅在多大程度上引发了徒弟的自我对话。在技能掌握和自我成长的道路上，只有自己可以教会自己，只有自己可以帮助自己完成升级，也只有自己可以弥补自己的不足。

管理大师彼得·德鲁克在管理技能的掌握上曾经说过，"管理只可以学，不可以教"。自己学到的东西才能掌握其中的变化与精妙，形成自己的方法和风格，而从教得到的大多是形似，并没能领会其中的真意。国画大师齐白石老先生的关门弟子许麟庐模仿老师的对虾已经到了炉火纯青的地步，外人已经很难分辨出真假了，大家送他"东城齐白石"的美誉。有一次，许麟庐画了一幅作品请老师点评，齐白石先生给出了一句经典评语："学我者生，似我者死。"许麟庐在家反思多日之后悟出了"寻门而入，破门而出"的修行法则，在博采众家之长后形成了自己古朴凝重、狂放不羁的大写意画风。

大师们尚且花费时日才体悟到教与学的关系，我们现实中众多的师傅们又会有怎样的表现呢？

二、反馈的心态取向

　　毕业不久，我被分配到了公司的项目部，按经理指派，我跟随张师傅学习风机的结构、保养和故障处理。刚到电场的我觉得一切都充满了新鲜感，我也希望能像张师傅一样娴熟地处理各种故障，成为行家里手。

　　起初的工作简单而枯燥，张师傅对我的要求是每天看图纸，从简单的电路到复杂的控制系统，对我不明白的地方，师傅会简单地做一下解答，尽量让我自己琢磨。

　　两个月后的一天，张师傅突然对我说："风机的偏航系统有点问题，你把图纸拿出来。"听到要处理故障我也兴奋了起来，赶紧拿出图纸，张师傅查找一番，指着图纸说："依据我的经验，应该是这个位置的接线出了问题，你上去找到它然后重新接线，故障应该就可以排除了，如果重新接线不行，把它更换掉就可以了，明白了吗？"我听完后愣住了，重复了一下张师傅刚才的话："您是说，让我上风机去处理故障吗？""是的，这点小故障你上去就可以排除了，快点准备一下吧。"看着张师傅坚定的样子，我确信了刚才的疑惑是多余的。

　　我爬上风机，打开图纸查找对应的元器件，平时只看过它们被拆解下来的样子，从来没有在设备上见过它们。尽管张师傅已经为我做好了安全措施，但我还是害怕触及高压电源或传动设备。我小心翼翼地查找了几个位置，再跟图纸做比对，几次对照后确定了位于风机轮毂下方的装置就是故障点。我心里还是没有底，拍照之后打电话给张师傅，张师傅也确认了该位置，此时我心里有了些许的激动，这毕竟是我处置的第一次故障啊！

我尝试着拆下它，重新接线，然后通知张师傅测试，结果线路却依然不通。我只能替换原来的元器件，安装了新的元器件上去，接线后再次通知张师傅测试，线路通了！在信号指示灯闪烁的那一刻，我的心跳都与它同频了。我内心充满了无限的欣喜，也着实为自己能完成故障处理骄傲了一把，相信张师傅一定也会表扬我的。

我带着喜悦的心情返回了风机底部，面带笑容地对张师傅说："张师傅，您看我刚才处理的怎么样？我第一次上设备就把故障给处理了。"当满面春风的笑容遇到张师傅面无表情的脸庞时，我才发现自己高兴得太早了。只见张师傅板着脸对我说："我还纳闷你在上面搞什么名堂，我处理这个事情最多二十分钟就搞定了，你居然用了近两小时，你平时都是怎么学的？按你这个工作表现，别说两年了，三年你都出不了师……"面对张师傅劈头盖脸的一顿训斥，我感觉像掉进了冰窖里，一股寒流包裹了全身……

张师傅对徒弟的行为表现做了反馈，从徒弟的感受来看，反馈对技能改进并没有实质性的帮助。表面上是徒弟技能水平出了问题，背后却是师傅带徒弟的心态出了问题。张师傅急于看到带徒弟的成效，期待徒弟表现出很高的水平，他的反馈中带有明显的"表现取向信念"。

埃姆斯和阿切尔指出，我们在做反馈的背后持有两种不同的信念取向，分别是"掌握取向信念"和"表现取向信念"。持有"掌握取向信念"的人注重技能的掌握和运用，他们关注的是技能本身的改进和改良，通过改善内在技能掌握程度达到改善外在行为表现的目标。而持有"表现取向信念"的人注重取得好成绩、考得高分或赢得荣誉，对于是否真正掌握技能并不那么关注。二者相比，持有"掌握取向信念"的人更倾向于在学习中使用策略和方法，更愿意接受挑战，也更加积极、乐观，更加相信成绩的提高源于勤奋和努力。与之相对应，持有"表现取向信念"的人更倾向于避免犯错，对错误的容忍度很低，为了取得好成绩不惜采用各种手段，取得好成绩和荣誉才是其奋斗的目标。由此看来，反馈是一个有着既定结果的过程事件。

三、如何做高质量的反馈

方向确定以后，方法是关键。师傅通过有效的反馈达到徒弟自我修正的目的，有反馈、有修正这个看似简单的问题，背后却隐藏着不简单的心理机理。反馈的过程就如同我们的接力赛一样，师傅要将接力棒稳稳地放入徒弟的手里，确认徒弟抓牢之后，才能放手，如果缺少这样一个对接的过程，反馈就成了师傅一个人的独角戏，只是有反馈、无修正。

在给予徒弟做反馈的过程中，我们常用的方法包括使用隐喻、提出问题、描述事实、设置场景、给予评价等。

一）使用隐喻

隐喻是常用的反馈方法之一，我们的很多故事中就包含着隐喻的智慧，如三人成虎；螳螂捕蝉，黄雀在后；鹬蚌相争，渔翁得利等。隐喻的形式包括故事、寓言、案例等，隐喻所传递的不仅仅是语言，而是一个场景，场景的代入感让人有投入其中的体验，如同CT扫描一般进行了一场自我审视。玛丽莲·阿特金森曾对隐喻有过这样的评价："这种全身的体验过程如同跳入了自我认知的深潭中，当我们浮出人生的湖面时，此时已经置身于另一个湖面。"

（1）隐喻有很多特殊的功能。首先，隐喻具有"隐蔽"的特性；这种隐蔽既来自隐喻本身，又来自我们所面对的问题，我们常常处于某种"自以为是"的状态，看不到真正的问题，叔本华曾说过，"我们常常把自己看到的世界认为是世界的全部"。我们通常不愿意面对自己的问题，稍有触及就有可能引发自我保护反应。而隐喻较好地将隐蔽自己与隐蔽问题结合到了一起，用"显"的形式达到"隐"的目的。如盲人摸象的故事通过盲人之间的对话，隐喻我们每个人的视野有限。

（2）隐喻具有"连接"特性。隐喻可以创造一个共同的场景，在这样的场景中双方有着共同的体验和情感融通，双方共同进入了体验、感受、转变的场域，这种全方位的体验和感受在无形中增强了双方的连接力和信任感。如触龙说赵太后，触龙通过自己儿子的遭遇顺利连接了赵太后的儿子。

（3）隐喻具有神奇的投射效应。当我们无法感知对方内在状态的时候，最好的方法是使用投射。我们依据对方的类型、特质、状态来定制化场景，通过对方的反应来投射其真实的意图。如三人成虎的故事，庞葱描述老虎上大街的情形，投射国王的心理状态，洞察了自己必为谗言所害的结局。

（4）隐喻是智慧的凝结。我们的大脑运转着五种能量，分别是情感、逻辑、想象、感受和觉察。隐喻可以在一个场景里面同时运转多个乃至全部能量，常常带来醍醐灌顶的功效。如我们熟悉的成语盲人摸象，本身就是个饱含智慧的能量体。

（5）隐喻具有很好的流传性。隐喻形象、生动，具有多场景的适用性，它通过描述画面、激活感受的方式引发深度思考，它所包含的哲理和智慧为广大人民群众所传颂，借助人们口口相传，经典的寓言故事更是千年不衰。

二）提出问题

"最有效的教育不是告诉他们答案，而是向他们提问。"这句话出自西方哲学的奠基者苏格拉底，他本人也是这个理念的倡导者和实践者，他的教导自始至终贯穿着师生问答。苏格拉底经常说："我的母亲是一个助产婆，我要追随她的脚步，做一个精神上的助产士，帮助别人产生自己的思想。"苏格拉底一生坚信"教育不是灌输，而是点燃火焰"。

西方的很多专业人士也都表达了对提问的热爱。阿尔伯特·爱因斯坦说过，"提出一个问题，往往比解决一个问题更重要"。物理学家沃纳·海森堡说过，"提出正确的问题，往往等于解决问题的一大半"。美国作家约翰·安东尼·查尔迪认为，"好问题是没有答案的，它不是一个需要拧紧的螺栓，而是一颗种下的种子，由它可以收获一片思想的绿洲"。学习型组织之父彼得·圣吉对提问也极为推崇，他说过，"提问引发思考，告知引发争辩"。行动学习创始人雷格·瑞文斯这样定义学习：L=P+Q。其中，L代表学习，P代表程序性知识，Q代表有洞察力的提问。这一理念与我的技能学习主张有着天然的契合，通过提问对程序性知识P进行改进和提升，从而引发真正的学习。

中国的先贤和学者也对提问钟爱有加。《中庸》中，哀公问政里面孔子提出学问之道在于"博学之、审问之、慎思之、明辨之、笃行之"。在《论语·八佾》中记载"子入太庙，每事问"。近代教育学家陶行知深得提问的妙处，认为每事问是连接知和行之间的桥梁，他曾经做过一首《每事问》的五言律诗。

有一次在课堂上，有位学员分享了他与师傅有关提问的故事。

变电站的GP对时有几个时钟，它们之间的时间很难保持一致，过了一段时间后就会出现对时不准的问题。我发现后就告诉了师傅，没想到师傅问我："不一致会有哪些问题或损失？"于是我查找了各项资料，告诉了师傅。师傅又问我："都会涉及哪些设备？"我再次查找了相关资料，告诉了师傅。师傅又问我："如何改造它们呢？"我四处求证，查验资料，告诉了师傅。师傅又问我："如何买到这些东西？"我又咨询了公司的各项采购流程，买到了这些东西。师傅又问我："如何安装和调试？"我开始翻阅说明书，并做了实验，确保无误后告诉了师傅。师傅对我说："动手去做吧！"这段经历成了我职业生涯里最深刻且难以忘怀的部分。

三）设置场景

人们不缺少行动，而是缺少引发行动的场景。康奈尔大学教授布莱恩·万辛克曾经做过著名的"爆米花实验"，实验的过程大致是这样的：为了验证人在不同场景下的反应，实验人员将免费的爆米花发给进入电影院的观众，随机发放的爆米花有小桶、中桶、大桶，为了将实验做得更逼真，这些爆米花并不是新鲜出炉的美味食品，而是已经放了5天后的"过期食品"。每次实验开始和结束后工作人员都会称量，实验的结果相当令人吃惊，拿到大桶的观众比拿到中桶的观众多吃了53%，折合成卡路里的话足足有173卡的热量。这个实验进行了多轮，正如布莱恩·万辛克所说的，"无论实验细节如何调整，结果始终不变，那就是食物容器越大，观众的食量就越大"。

场景适宜，行动一触即发。比如，让大家少吃垃圾食品的办法有很多，可以是不停地宣讲它的危害性，也可以通过案例让大家警醒，但更为有效的方法是将超市中垃圾食品的位置转移到货架底部，减少与大家的接触，销量自然就减少了。奇普·希思兄弟在其合著的《行为设计学》中认为引发自己和他人改变需要三个要素：理智、情感和场景，促人改变表面是人的问题，实际是场景的问题。

大学毕业初到公司，领导就给我分配了一个师傅。第一天与师傅见面，我自我介绍一番，只见师傅冷冷地对我说："好的，我知道了。"我瞬间感觉自己被冰冻了，这次交谈的唯一收获是知道了师傅姓乔。每次与乔师傅交流，总感觉他有种拒人千里之外的意思，渐渐地，我跟乔师傅保持着不远不近的距离，在与其他员工的了解中我也发现，大家跟我的感觉一样，对乔师傅的评价几乎趋于一致：不合群。

大家的评价也愈发强化了我对乔师傅的远离，如果没有推脱不掉的事情我很少主动去接近乔师傅。每天上班后我会主动找人多的地方，大家聚在一起闲聊，而乔师傅好像没有看到我一样，不是查资料就是看书，对我的行为免疫。一段时间后，我的美好时光就是与同事一起喝酒、打牌，几乎忘记了还有一个啃书本的乔师傅。

这种情况大概持续了三个多月。有一天，乔师傅带我到现场开展工作，他对我说："你去量一下主机的电压。"主机电压怎么量？我的大脑一片空白，乔师傅看我愣在那里就自己动手完成了这项工作。没过一会儿，乔师傅又对我说："你去量一下电机的绝缘。"我又愣住了，我不会啊！乔师傅看了我一眼，又拿起工具熟练地做完了。没过一会儿，乔师傅又对我说："你把电机的碳刷检查一下。"这次我开始冒汗了，我没见过碳刷长什么样啊！就这样一直持续了一天，乔师傅总共让我做了34项工作，我完全不会！回到基地，乔师傅仍然带着冷淡的表情说："今天工作挺累的，晚上好好休息吧。"就这一句话，我被师傅彻底搞懵了！

回到宿舍，我躺在床上翻来覆去，一晚上没有睡着，这些工作我怎么都不会呢？这些基础的工作都不会做，以后如何在公司立足呢？难道我的工作是八卦、喝酒、打牌？

第二天早上，又是熟悉的车间和熟悉的那群人，我主动绕过了那群喝酒、聊天的哥们，直奔向了乔师傅……

没有说教，也没有指责，乔师傅通过设置场景顺利地引发了徒弟的内在改变，高水平的师傅设场景，低水平的师傅在说教。

四）描述事实

恰当地使用隐喻、提问和设置场景，描述事实的难度就降低了很多，但要学会不带情绪地描述事实却是个不小的挑战。心理学家马歇尔·卢森堡认为，我们不能很好沟通的主要障碍在于经常使用带有情绪和指责的"豺狼语言"，这些语言包含了道德评判、进行比较、强人所难和回避责任。而与"豺狼语言"相对应的则是"长颈鹿语言"，掌握这种语言的前提就是要先学会"描述事实"。

被誉为棋坛"石佛"的李昌镐在《不得贪胜》中这样描述师傅曹薰铉对他的教导："我下棋给人以非常迟缓和笨拙的感觉，老师却从未试图要改变我的方式，虽然不甚满意，但老师仿佛坚持着这样一种哲学：你的围棋是由你的气质构成的，他把我下棋错误的地方指出来，然后引导我自己修正。即使看到我一团糟的棋局也绝不流露出失望的情绪。现在回想起来，我的老师不仅仅是围棋斗士中的顶尖高手，更是一个无人能及的指导者。"

美国著名篮球教练约翰·伍顿在篮球界久负盛名，ESPN给约翰·伍顿冠名为"有史以来所有运动中最优秀的教练"。曾经有人研究过他教练过程并做了追踪分析，结果却大大出人意料，约翰·伍顿在整个教练过程中没有激动人心的演讲，没有长篇大论，更没有没完没了的训话。

他讲话的时间很少超过20秒，在记录的2 326次不同的教导过程中，仅有6.9%是表扬、6.6%是表达不满，这其中主要的内容他做了什么？是纯粹的信息，超过75%的内容约翰·伍顿向学员们传递了该怎么做、什么时候做、做到何种程度等。

在我们交流所获取的信息中，语言只占7%，语音、语调、语速等占38%，而非语言的交流，如眼神、身体动作等却占到了55%。这告诉我们，当我们描述一个事件的时候，语言本身传递的并不一定是事实，而我们通过语音、语调、眼神及身体动作等传递出来的信息才更接近于我们要表达的事实，这也正是对方极希望捕捉到的"事实"。可见文字只是提供了线索，而语音、语调和身体动作才是"事实"的传递者，我们大多数情况下只是通过语言传递了感受而不是事实。实际上，描述事实就可以引发他人的改变，难怪印度智者克里希拉姆奇说过，"不带评判的观察是人类智慧的最高境界"。

五）给予评价

评价如何才能引发人的良性行为？这是个十足的技术活。美国学者佩奇做过一个实证研究，他对74个班级超过2 000名学生的作文情况做过追踪研究。他把学生分为三组，第一组只给甲、乙、丙三个等级，没有评语；第二组给等级且给出一致的评语，相同等级的评语内容都是一样的，如给甲等级的作文评以"非常出色，坚持努力"，给乙等级的作文评以"表现良好，继续加油"，给丙等级的作文评以"表现尚可，仍需努力"；第三组不但给等级评价，还要给出顺应性评语，老师会基于每个学生的特点给出中肯的评语。在学期开始时记录每个学生的作文水平和成绩，等到期末时再对比三个小组的作文成绩，结果会发生怎样的变化呢？

结果表明，针对学生特点的顺应性评语带来的效果最好，而一致性评语的效果一般，无评语的效果最差。正确而恰当的反馈对学生成绩的提高具有较为明显的作用，同时可以保持学生的学习动力，让持续提高成为可能。

无论何种方法，有效的反馈都需要针对优势和良性行为展开。美国作家杰里·布洛菲总结了反馈的技巧并提出有效的反馈需要具备以下特征。

（1）针对良性行为展开。

（2）明确哪些行为值得表扬，越具体越好。

（3）要真诚，体现了关心和爱护。

（4）表达出如果继续努力，将来还有可能成功。

（5）表达出是因为他们喜欢这项工作并形成了能力的结果。

四、反馈背后的心理成因

反馈的有效性不由师傅决定而由徒弟决定。师傅外部反馈的有效性是由其引发徒弟内部反馈的有效性决定的，我们甚至可以说，师傅所有的外部反馈都是为引发徒弟的内在反馈而设定的。要想使外在反馈有效，我们先对人的内在反馈机理探究一番。

心理学家丹尼尔·列维汀认为，注意力是人类最重要的心理资源，它既决定了我们成为什么样的人，也同时决定了我们这个进程的有效性。人类在发展的过程中成功地进化出了注意力的筛选装置和注意力的切换装置，正是这个差异拉开了人与动物的距离。人类可以主动分配自己的注意力系统，而动物只能跟随外界的刺激被动响应，从这个角度来讲，注意力的这套装置也拉开了人与人之间的差异。正如康德所说的，"真正的自由不是随心所欲，而是自我主宰"。

我们每时每刻都在感知周边的大量信息，而能够进入到注意力筛选器的却非常少，原因在于我们的注意力系统不会对习以为常的信息发生反应。要了解它的工作机理，我们从科学家安培的故事讲起。

有一天，安培在街上散步，他没有心思关注道路两旁商店里琳琅满目的商品，所有的注意力都放在一道数学题上面。他摸了摸口袋发现没有带纸和笔，只摸到一截粉笔，此时恰好发现前面有一个小黑板，就跑过去在上面验算起来。不一会，黑板动了一下，安培也跟着动了一下，黑板向前移动安培也就跟着移动，直到黑板越走越快，安培实在跟不上了，这时他才发现那个黑板原来是马车的车厢后壁。

在这个故事里，引发安培关注的不是街上的商品，而是他的数学公式。在他的眼里，黑色的箱体是"黑板"，直到"黑板"奔跑起来之后，他才意识到那是马车车厢后壁。在这个过程中，能够进入安培注意力系统的东西需要具备两个关键的要素，一个是重要性，数学公式；另一个是改变，行走的黑板。进入注意力系统之后大脑的注意力切换装置会判定把这项任务交付给谁来处理，例行的工作交付给系统1，例外的工作则会交付给系统2。而做出这个判定的是我们大脑中的一个被称为"脑岛"的机构，脑岛做出判定的依据，一是靠分类，二是靠我们大脑的各种外化工具，如笔记、流程、规则等。

注意力系统的工作方式用图5-7来示意。从图5-7中我们可以得知，师傅的反馈要想达到修正的效果，需要依次完成以下四个步骤。

（1）成功地进入徒弟的注意力系统。

（2）顺利地引发徒弟注意力的切换装置。

（3）让徒弟分别在系统1或系统2进行工作。

（4）完成系统2和系统1的对话。

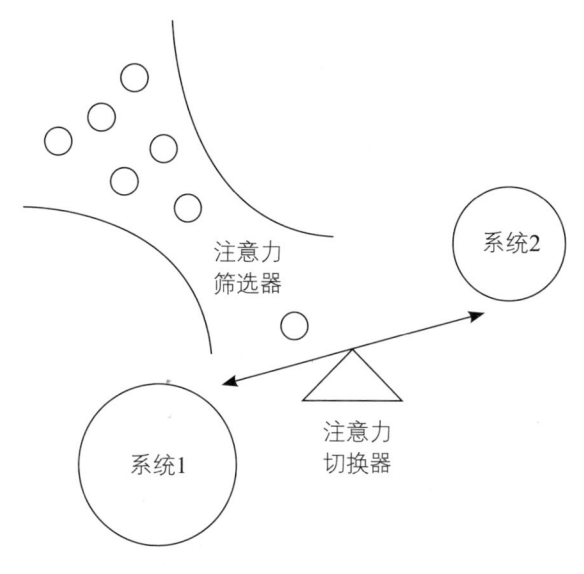

图5-7　注意力系统的工作方式

依据师傅反馈有效性的四个步骤，笔者在实践中总结出了有效的反馈工具FOLA。

F（facts）：描述事实和情形。通过对徒弟练习过程的描述引发注意力系统的关注，通过对重要内容的强调或者发生改变内容的描述，引发徒弟对练习中的重点内容进行关注。

O（outcomes）：对练习结果的描述。通过对结果的描述引发注意力的切换，徒弟对预期结果与实际结果之间的比较找到改进点，也可以通过与师傅呈现结果之间的比较中找到差异点。对结果的关注可以顺利地引发徒弟的系统2进入工作模式。

L（learnings）：从中学到的内容。通过对结果的差异分析，寻找自己做得对的地方和需要改进的地方。对学到什么的询问可以促使徒弟对练习的不同层面进行立体审视，找到需要保留什么，需要调整什么，以及如何调整等，而这些关键信息的获取在于顺利地启动了徒弟的系统2，徒弟运用系统2审视系统1。在这一过程中，师傅着重于对做的好的地方进行强化，肯定和赞许可以起到安抚徒弟的系统1的作用，对于需要改进的地方，师傅可以通过多种方式启发徒弟做自我总结和自我剖析，只有徒弟自己意识到才会真正去改进。

A（actions）：行动。徒弟已经找到了改进点和修正路径，以及用于指导系统1的具体措施，剩下的工作就是让系统1和系统2通过不断对话的方式启动下一轮修正的循环。

FOLA反馈技巧的有效性在于契合了人的注意力系统工作的四个关键步骤，为徒弟的自我进化和升级找到了可行的反馈修正路径。

有一天，上过笔者课的师傅打来电话："杨老师，这个方法太神奇了！"紧接着，她向我讲述了整个过程。

我在单位做设备验收工作，以前看到徒弟做得不对的地方，直接上去就是批评指正，后来发现自己说得越多，徒弟改得反而越少，自己讲得越对，效果反而越差。上了师带徒的课程后，我就有意使用了FOLA的反馈技巧，没有想到居然收获了惊喜，我对FOLA真是服了！

师傅：以前师傅带你的时候总是批评得多、表扬得少，师傅为以前的行为向你道歉。这次师傅保证不批评你，咱们一起看看如何改进咱们的验收工作，让咱们的工作少一些纰漏，尤其是避免一些很低级的错误。

徒弟：师傅你说的是真的吗？我早就憋了一肚子话，找你说又怕你训我。

师傅：这次师傅保证，坚决改掉批评人的坏毛病，咱们就拿你昨天的验收工作来聊一聊，看看师傅怎样才能更好地帮助你改进。

徒弟：我以为你又要批斗我一番呢，你要这么说，我就放心了。

师傅：那你聊一聊上周的具体情况吧。（描述事实）

徒弟：在上周的验收工作中，由于我的疏漏，在刀闸遥控这一项上忘记了复位，幸好老李及时发现了，才避免了一起事故。

师傅：对这件事的后果，你是否清楚？（询问结果）

徒弟：现在想想都有些后怕，如果没有及时发现，很容易在测试中造成接地故障，引发跳闸，甚至可能会有人身伤害……

师傅：你说的很对，幸亏及时发现才避免了可能发生的事故，对这次事件我们能够从中学到什么？（启发收获）

徒弟：事后我也是挺自责的。总结一下，这里面既有我自己的问题，也有我们班组的问题。第一，我是第一次做这样的事情，心情难免慌乱，紧张感让我在工作中难以做到专注，出问题成了大概率事件；第二，我事前没有做详细的计划和准备，只是按以前的验收表进行，事前也没有勘察验收现场；第三，咱们对关键部件，像主变、开关柜等验收的项目多达十几项甚至几十项，没有专项的验收单，很容易出现漏项；第四，涉及回路的验收，没有将其与五防系统做联动，对一些缺陷没能及时发现；第五，建议验收后对设备进行复位，以前验收之后没有将设备整体恢复至验收前的状态，这给我们和客户都带来了不便，客户虽然有些不太满意，但鉴于我们是验收方，也没有提出意见，这样很容易造成一些疏漏，甚至是隐患。

师傅：你讲得很好！既有自己的改进项，也有团队的改进项，看来类似的事情是完全可以避免的，那你有没有具体的计划呢？（鼓励

改进）

徒弟：我是这样想的，只要针对问题采取一些专项措施，很快就会收到成效，接下来我打算这样做，您也给把把关。第一，干工作前需要先平复一下心情，尤其是第一次从事的新工作，出现异常及时报告，最好首次作业由师傅在场监督更为妥当；第二，验收前一天班组整体勘察一下现场，对自己所负责的工作领域和工作内容做到心中有数，表面上多用了时间，实际上效率会大大提高；第三，制作验收卡，对关键部件做独立验收；第四，对回路部分增加五防联动验收的内容，减少遗漏和失误；第五，勘查现场中要记录设备的初始状态，验收后复位，这样可以建立我们的专业形象……

一次FOLA对话获得五项收益，这就是外在反馈引发内在反馈的神奇效果。

第四节 实践演练

知之真切笃实处，即是行，行之明觉精察处，即是知，知行工夫，本不可离。

——王阳明

在打铁中成为铁匠。

——谚语

技能区别于知识的显著特征是只有在练习中才能获取，只有在应用中才能得到发展。而在这个阶段，往往伴随着痛苦乃至事故，一些危险性行业甚至会付出伤病乃至生命的代价，在应用过程中如何把徒弟保持在学习的"甜蜜区"，铺平通往徒弟成长的关键一公里是师傅们不得不面对的现实问题。

一、"11·15事件"引发的思考

"杨老师，不好了！有学员受伤了！"听到这个喊声后我也吃了一惊，我从凳子上跳起来冲向实训室，路上询问其中的原委。

原来，在今天上午的实操训练中，一名学员不慎将右手伸到了旋转的叶片中，三个手指受到叶片的撞击，瞬间流血不止，目前训练已经停止。我们边说边走，一会儿就来到了实训基地。到达现场后才发现带班老师正坐在椅子上发呆，学员三三两两地散落着聊着刚才发生的事情，现场的其他老师已经给受伤的学员做了止血包扎后送往医院。我们对现场做了隔离，经过询问和评估带班老师的状况后重新调换了老师，课程继续进行。

下午3点左右，受伤的学员经过医院的治疗后返回实训基地。学员右手的三个手指因为受到了旋转叶片的打击而受伤，幸亏叶片是塑料材质，但还是在手指上划开了口子，经过医疗处置后，已无大碍。看着受伤的学生，我满是愧疚……

这是在技能实训中发生的一幕，接下来我们按照公司的事故事件调查程序进行了认真、细致的调查，并按照"四不放过原则"（事故原因没有查清不放过，事故责任者没有处理不放过，当事人和群众没有受到教育不放过，防范措施没有落实不放过）对整个事件进行了全面的反思和整改。我在团队反思中进行了自责，整个事件给我们团队上了一课。我们在实训中接受了血的教训，事件已经发生了，但事件反映出来的问题和带给我们的思考却远没有结束，唯有从中汲取经验教训才能让损失变成收益。反思整个事件，至少带给团队如下五项收益。

第一，当事人和团队接受了一次安全教育洗礼。以前我们认为安全是现场的事，与实训没有太大的关联，实训场只注重口头防范，我们意识到的为我们所控制，我们意识不到的反过来教育了我们。

第二，事件带领我们发现了实训教导的软硬件漏洞。从硬件上看，一些设备还处于不安全状态，需要做物理隔离和防护；从软件上看，需要对设备做授权，需要明确设备的状态和使用范围。

第三，技能需要与知识和态度协同完成。仅有技能的实训是不完整的实训，仅有知识的实训是不全面的实训，仅有态度的实训是不科学的实训。技能、知识和态度不能独存，需要整合协同起来一起完成，以技能实训为核心，整合起知识和态度教导，用知识支撑技能，用技能演绎态度，形成晶体结构。

第四，全面接轨现场工作标准，让实训接近实战。实训教导不能成为"假把式"，要全面接轨现场的工作要求，实现实训场与现场的无缝衔接，工作程序和工作标准与现场做到完全一致。这样既提升了工作质量，又让学员可以快速地适应现场的工作环境，将"训场即现场，实训即实战"作为我们的新标准。

第五，让安全成为一种习惯，将安全要求落实到工作的各个环节。全面引入电力安全生产规程的管理要求，如入场安全教育，工前会、班前会、班后定期巡视等。

"11·15事件"之后，引发了我们很多的思考，如其他企业究竟是如何解决这一问题的，尤其是那些存在高危风险的行业又是如何化解这一问题的呢？

二、向先进行业借鉴经验

航空业是公认的高危行业，但同时也是事故率较低的行业，它的事故发生率远低于日常的公路和铁路运输，它们究竟是如何做到的？这离不开一个关键的人物和他的训练理念，这个人就是艾德温·埃尔伯·林克。

第一次世界大战结束后，大量军用飞机被当作剩余物资低价抛售，引发了民间的航空热潮，吸引许多人去学习飞行。其中一位就是艾德温·埃尔伯·林克，他不断利用业余时间学习飞行技能，花了好几年的时间和不菲的学费后终于在1927年考取了飞行驾照。

林克平时在父亲开办的一家生产钢琴和管风琴的企业里工作，他熟悉气动和机械原理，再结合学到的飞行知识，利用从工厂里淘来的设备开始制造自己设想的装置。他在一个浴盆大小的地方，集中了飞机上的重要操作按钮，内置了多个电动气泵，并装上短翼和垂尾。使用者坐在敞开的座舱内，通过操纵杆和脚舵来控制气动阀门和电机产生滑行、倾斜、侧滑等姿态，如果操作失误，机头的一盏小灯就会亮起。林克对这一设计进行了反复的测试和调整，直到取得比较满意的效果。1929年，林克终于制作出第一台飞行训练器——"林克机"，并在两年后取得专利。在此后的四年里，林克虽然对飞行训练器几经改进，但始终没有卖出去一台。

转机发生在1934年，在此之前飞行员的培训一直建立在优秀飞行员是天生的理念之上，大部分的培训都套用相同的程序，指导员带领有潜质的学生进行训练，完成几周的地面训练之后就可以上机操作了。这也造成了飞行事故不断，一些航空学校早期的死亡率接近25%，这个状况直到美国陆军航空兵接管了其国内的航空邮政运送业务才引起社会的广泛关注。

1934年冬，暴风雪肆虐，在不良天气和夜间环境的多重作用下，美国陆军航空兵接连发生事故，20天内就有9名飞行员丧生，这招致公众铺天盖地的批评。为了改善飞行的安全性，美国军方才将视野投向了林克的发明，以单价3 500美元的价格订购了六台"林克机"，用于提高飞行员的飞行技能。"林克机"的使用效果迅速得到了肯定，不仅美国国内军方和民间航空公司的订单剧增，还吸引到日本、苏联和英国等国外用户，由于粗短的机身通常被漆成明蓝色，"林克机"获得了"蓝盒子"的绰号。

第二次世界大战前夕，日趋紧张的国际局势促使各国加强军备建设，"林克机"的销量陡然增长，后续推出的新型号和更复杂的改进型模拟机，以及针对特定机型的专用模拟机在第二次世界大战发挥了重要的作用。美国军方先后采购超过了一万台"林克机"，累计培养了50多万名空军飞行员。第二次世界大战后，林克继续为空军的各种型号飞机制造模拟器，甚至还为阿波罗计划设计了登月舱模拟器。如今飞行模拟器已经是飞行员走上天空前的必备训练科目。飞行员可以在训练器上完成起飞、降落等基础作业，也可以完成翻滚、俯冲等高难度作业，更可以在极端天气、空中故障等极端条件下进行训练。这些训练可以使飞行员在知识和技能极限状态下待上很长时间，这种极限状态下的进步是在真正的飞机上无法做到的。

"林克机"成了航空、航天等高危行业人群的训练器，把飞行员放在模拟机上不断地试错并改正，解决各类疑难问题，成为技能训练的关键。

核电是对安全要求极高的行业，核电操纵员的训练充分借鉴了"林克机"的良好实践，在世界核电运营者协会的组织下发展出了一套应对方法。

一）模拟机训练

核电领域从一开始就将模拟机训练作为操纵员的必经阶段和必备科目，我们已经在第四章"教导计划"一节中做了介绍，这里不再赘述。

二）人因训练

数据显示，医疗、航空和核电领域发生的事故多数是由于人的因素造成的，个别领域人为的事故率甚至高达80%以上。这些事故并非有意为之，而是在不知情或者非主观故意的情况下造成的，对工作任务、工作环境、人的工作能力及人的状态实施管理，可以有效减少事故的发生。其中，常见的人因错误包括如下方面。

（1）时间压力。人在面临时间压力的情况下会导致大脑资源的稀缺，进而引发错误的发生。

（2）面对新工作。初次承担工作，对工作环境和工作内容不熟悉，极易引发错误的发生。

（3）环境干扰。表面是人的问题，背后是场景的问题，易于犯错的环境导致人犯错误。

（4）过于自信。在技能形成过程中会经历"达克曲线"，人往往在技能水平不高但自信程度很高的状态下犯错。

（5）疲劳。疲劳引发精力水平下降，从而使注意力受损，在此状态下易于引发错误。

（6）指令模糊。在协同工作中，由于双方或多方的语境不同，导致歧义或在未经确认的情况下按自己的意图执行，从而导致错误的发生。

（7）任务繁重。个体承担的工作任务超出了特定时段的承受力，间接导致错误的发生。

为了预防上述情况的发生，世界核电运营者协会推出了特定的管理工具——人因工具卡，对上述情形实施管理。常用的人因工具卡包括使用程序、明星自检、监护操作、监护复诵、工前会、质疑的态度等。

三）实操指导

实操指导以制度的形式明确了各岗位需要接受在岗历练的科目和时间，具体明确到了作业层面，每一个作业内容都需要在监护的状态下完成后，再评估是否允许单独操作。

实操指导要求学员每次完成后，师傅要对完成情况进行评价，并就结果与徒弟展开反馈，直到徒弟可以独立开展工作为止。

四）影子训练

影子是对师傅在徒弟实践演练阶段的角色、状态和行为的形象化称谓。实践演练阶段是徒弟塑造工作习惯的关键期，是技能与实践结合的匹配期，同时也是容易发生事故的危险期。从角色上来讲，这个时期的师傅像徒弟的影子一样，跟在徒弟的身边，形与影不能分离。从状态上来讲，师傅是影子，处于从属位置，但要时刻保持警惕，随时准备替换。从行为上来讲，师傅秉持非必要不干预的原则，做到以徒弟为中心。

三、实践演练的关键点

教育心理学家戴维·H.乔纳森曾经提出，知识的获取需要经历三个主要的阶段，即初级学习阶段、高级学习阶段和专家学习阶段。在初级学习阶段，我们往往只是掌握了基本的概念和被老师整理好的结构良好的知识体，而我们对这些知识体的掌握更多的是字面的含义。这些结构完美的知识体看起来很美，用起来却是另一番景象，要想改善这种局面就需要将初级学习提升到高级学习。在高级学习阶段，我们开始将知识应用于实践，我们所掌握的这些结构良好的知识体一旦遇到实际场景很快会变得适应不良。场景发生变化，知识体就需要随同调整，知识体要经历从结构到解构的过程，在这个阶段，知识体只有变形后才能应对复杂多变的实际场景，这个时候师傅需要营造安全的环境，通过试错和反馈构建起更为精细化的知识体，而这也正是专家学习阶段的基础。在专家学习阶段，在大量的实践和反复总结提炼中，建立起更为精细化的知识结构，对知识之间的关系有了更为清晰的掌控，徒弟就可以针对不同的场景建立大量的图式化模式，做到精准匹配。

依据乔纳森的主张，实践演练阶段正是徒弟从初级学习进入高级学习的阶段，同时也是师傅所传授的结构化技能与实践进行互动变形的过程，在这个阶段需要完成如下两个关键内容。

一）技能的解构过程

技能的解构就是要完成技能与场景的适应化过程。已经被师傅整合后的工作程序面对多变的场景时需要被重新解构，变得更符合实际、更接地气、更有操作性。

某人想为儿子炒一份土豆丝。在看了多遍大厨的视频操作之后，便确信自己可以完成了。拿出土豆开始切丝，几刀下去，发现自己切出的土豆丝不像大厨的手艺，再切青椒丝，品相也相去甚远，再看自家的煤气灶也跟大厨的炉火不能相提并论，上手颠锅更是自叹不如，结果土豆丝的味道一言难尽。几轮实践后才幡然醒悟，只能依据自己的现有条件进行适应化改进，刀工不行上切丝神器，土豆丝的形状瞬间整齐划一，炉火不行看火候，颠锅不行勤翻炒……多轮次改进后，大厨级土豆丝终于登场。

工作现场也大抵如此。例如，工程现场有一个常用的作业"使用力矩扳手紧固螺栓作业"，到了现场才发现不同规格的螺栓多达几十种，螺栓的材质和强度也是各不相同，在设备的不同位置紧固方法也不同，进而衍生出了加长版的力矩扳手、拐弯版的力矩扳手等。

二）技能的重构过程

技能的重构就是要完成技能与场景的匹配化过程。高级学习阶段与初级学习阶段的本质性差异是建立了针对特定问题的精细化匹配，而这种匹配和对应的过程就是技能被重构的过程。

有一次，笔者陪儿子练习竹笛。音乐老师展示了一段《鹧鸪飞》，只听得笛声悠扬、空旷神灵。期间，笔者发现老师会更换笛子，听罢之后向老师请教其中的缘由。老师详解道，西乐如钢琴有88个键，它通过增加按键的形式覆盖全音，而竹笛只有6个孔，它的解决方案是变换指法和更换不同声调的笛子，这就需要根据音乐的表现力找到匹配的笛子和指法。类似的情形还有"厨神大赛"，中国的厨师一把菜刀走天下，而米其林大厨却有十八般厨具，背后的原因在于中国厨师通过增加技法来应对，西方厨师通过增加厨具来应对，这就是在重构的过程中，中西方厨师解决问题路径不同所造成的差异。我们的实践也很类似，如上面提到的螺栓紧固作业，徒弟最终是要基于自己的工作场景建立起螺栓、工具和方法之间的精细化匹配。

由此看来，"林克机"、模拟机、人因工具、实操指引、影子培训等都是解决这两个关键问题的外化形式，把握住问题的本质才是关键。

四、实践演练的典范

我国教育家孔子在《论语·述而篇》说过，"不愤不启，不悱不发，举一隅不以三隅反，则不复也"。意思是说不到学生努力想弄明白却不明白的程度，就不要去开导他，不到学生心里明白却不能完善表达出来的程度，就不要去启发他，如果教给他一个方面，他却不能以此来说明另外三个方面，就不要用同一种方法重复教他了。孔子从教导的方向阐述了在实践演练阶段师傅应该如何做，如果调换一下角色，把孔子变成学生，他在实践演练阶段会如何去做呢？《史记·孔子世家》中记载了孔子学琴的一段经历。

孔子学鼓琴师襄子，十日不进。师襄子曰："可以益矣。"孔子曰："丘已习其曲矣，未得其数也。"有间，曰："已习其数，可以益矣。"孔子曰："丘未得其志也。"有间，曰："已习其志，可以益矣。"孔子曰："丘未得其为人也。"有间，有所穆然深思焉，有所怡然高望而远志焉。曰："丘得其为人，黯然而黑，几然而长，眼如望羊，如王四国，非文王其谁能为此也！"师襄子辟席再拜，曰："师盖云《文王操》也。"

这个故事的意思是：孔子向师襄子学琴，学了十天仍然没有学习新曲子。师襄子说："可以增加学习内容了。"孔子说："我只是学了乐曲的形式，却还没有掌握其中的技法。"过了一段时间，师襄子说："你已经学会弹奏的技法了，可以增加学习内容了。"孔子说："我还没有领会曲子所表达的意境。"过了一段时间，师襄子说："你已经领会了曲子的意境，可以增加学习内容了。"孔子说："我还不了解作者。"又过了一段时间,孔子神情俨然,仿佛进入了新的境界:时而庄重穆然,若有所思,时而怡然高望,志意深远。孔子说:"我知道他是谁了,那人皮肤深黑,体形颀长,眼光明亮远大,像是个统治四方诸侯的王者,若不是周文王还有谁能写出这样的乐曲呢?"师襄子听完之后,赶紧起身再拜答道:"我的老师也认为这首曲子叫《文王操》。"

孔子从徒弟的角度帮助我们厘清了徒弟的实践演练路径,从形式到技法,从技法到意境,从意境到志向,从志向到作者,由表入里,由浅入深,沿流溯源,直达本质。

第六章 徒弟熟练掌握

徒弟熟练掌握是技能习得的第三个阶段，这个阶段也是技能外化形成可视化成果的主要阶段，更是将技能推向更高层级和更高阶段的机遇期。在这个阶段，从技能本身而言，随着熟练度的增加，控制化反应逐步减少，直至退出。自动化反应不是技能发展的终点，而是技能再升级的起点，技能也正是实践中被二次创造和发展起来的。

徒弟熟练掌握阶段主要包括如下四个方面的内容。

（1）刻意练习。不是所有的练习都是刻意练习，区别于一般的天真练习，刻意练习在练习的目标、路径、方法和结果上有明显的区分，只有刻意练习才能把技能推向更高水准。

（2）支持指导。在刻意练习通往精熟的道路上并不是一帆风顺的，徒弟的动力水平和技能状态会不断地起伏变化，师傅也需要不断地调整自己的支持策略和指导方法，帮助徒弟度过不同的阶段，同时也帮助自己获得升级。

（3）拓展应用。没有一成不变的技能，技能需要随着需求和任务的变化而改变，不断在实践中升级和拓展技能的应用领域。实践需求是技能提升和改进的动力，掌握技能升级的方向和要旨，推动技能在实践中不断迭代升级。

（4）复盘反思。没有复盘就没有真正意义上的成长。复盘从个体开始逐步延伸到组织，组织通过个体完成学习，个体又通过组织获得升级，复盘反思是一个学习循环的结束，同时又是另一个学习循环的开始。

第一节 刻意练习

练习并不能使技能完美,只有完美的练习才可以。

——托马斯·M.斯特纳

天才不是天生的,而是练出来的,一万小时是成为高手的基础阈值。

——马尔科姆·格拉德威尔

一、一场争论引发的思考

从2015年开始，我们就清晰地意识到照本宣科的传统讲师在这个时代越来越没有市场，互联网会将一大批这样的讲师淘汰出局。如何应对下一轮的挑战，让我们与时代并行，经过与团队的多轮次研讨，我们形成了新生代讲师的五项关键能力，在内部形象地称之为"五型讲师"（见图6-1）。恰在这时，笔者读到了安德斯·埃里克森的著作《刻意练习》，读罢之后如获至宝，就这样，五型讲师加刻意练习的组合方案出炉了。

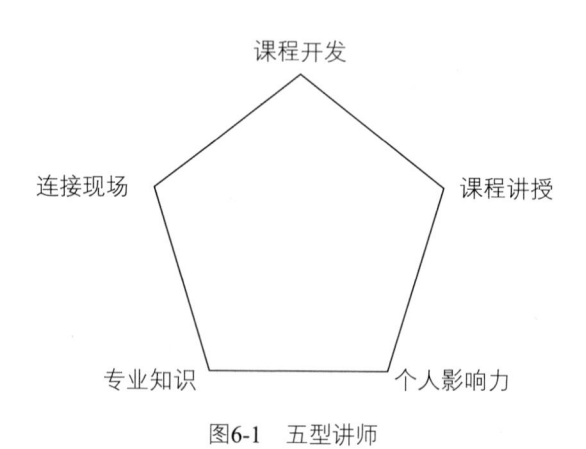

图6-1 五型讲师

五型讲师就是指新生代的讲师需要具备五项关键的能力，分别是专业知识、连接现场、课程开发、课程讲授和个人影响力。

（1）专业知识是指讲师应该在所属领域内形成自己的系统知识，专业是讲师的立身之本。

（2）连接现场是组织对讲师的要求，每个讲师都应该以需求为导向，围绕现场问题展开工作，以解决现场问题作为工作的最终衡量标准。组织从实际需求助力讲师在组织立足、在行业立信、在社会立稳。

（3）课程讲授指的是讲师通过清晰生动的语言、适当的教具和各种教导工具将内容传递给学生,让学生掌握并能够用于解决实际问题。

(4)课程开发指的是讲师应该具备将生硬晦涩的专业知识与现场需求进行连接,并将其转化为可供学员使用的教材的能力。课程开发的内容来源于现场、来源于学员,是讲师专业知识、连接现场和课程讲授能力的集中体现,有自己品牌课程的讲师和只会讲授别人课程的讲师是两个级别的存在。

(5)个人影响力指的是讲师通过发现问题、解决问题到形成方法论,完成自己的专著,在组织、行业乃至社会中形成个人影响力。

确立五型讲师的发展路径后,我们按照刻意练习的要求又细化各项专业技能,让每位讲师按照自己的实际情况制订发展计划。为了督促大家形成相互比拼的氛围,我们特意安排了每周一课活动,每周一课可以很好地将专业知识、连接现场、课程开发和课程讲授一起呈现出来。每周一课是通过授课或说课的方式,提升和锻炼讲师的专业技能,起初大家觉得相互督促效果会好很多,后来就发展成了每周的固定活动,再后来逐步完善了考评方式,授课的讲师在台上讲课,听课的学员当评委,每个人拿着一份考评表,按照标准的套路进行反馈,通过自我反馈和外部反馈中的差异找到要着重提升的技能项。相信通过这样的持续努力,讲师们的五项待发展能力会变成"五项全能"。

做一件事情并不难,难的是按刻意练习的要求一直做下去。起初大家做这件事情主要受愿景和好奇心的驱动,后来随着活动的深入,好奇心逐渐消失,愿景在现实的困难面前逐步淡化,意志力消退。不到三个月的时间,团队就出现了自然分化,有的讲师从每周一课中找到乐趣,激发了对授课的热情,越来越喜欢这项活动;也有的讲师发现这是一个不断纠正自己,让自己难受的工作,表现出对大家反馈的不重视。不同的声音开始出现，如"培训这项工作在公司里干出彩也没人看""再怎么提高讲课能力，也是这点工资，没人为多出的能力付费""这么费劲的做工作，还不如自己创业"等。

面对这些声音和质疑，我们既没有置之不理，也没有刻意纠正，分析了一下不同声音的群体特征，发现它们有两个关键的不同点。第一是目标感的差异，能够坚持做练习和反馈的讲师有着明确的方向感和目标感，他们相对清晰且坚信两年或者五年后应该成为什么样子；第二是路径差异，有些人已经当专职讲师很多年了，但更多的是将重复的事情做了很多年，自我感知没有什么本质的提高，好不容易有了"五型讲师"的标准，又看到了自己与高手之间的差异，他们甚至每次对评课很"期待"。

把这两个象限做了交叉之后，我们发现了更多有趣的事情。这个划分方法不仅可以把所有的讲师装进去，甚至可以全公司的人装进去，这就是有趣的职业状态象限图（见图6-2）。

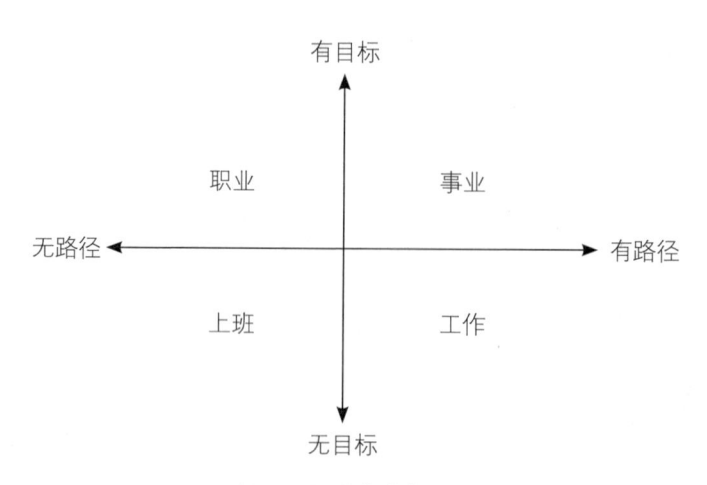

```
                    有目标
                      ↑
                      │
            职业      │      事业
                      │
    无路径 ←──────────┼──────────→ 有路径
                      │
            上班      │      工作
                      │
                      ↓
                    无目标
```

图6-2 职业状态象限图

通过引入目标和路径两个维度，可以形成四个象限，分别是无目标、无路径的上班态，有路径、无目标的工作态；有目标、无路径的职业态和有目标、有路径的事业态。

第一种类型，既没有目标也没有路径，这类人处在"上班态"。你要我干什么，我就去干什么，没有指令就闲下来，随便喝茶、聊天都无所谓，我的工作是上班，上班干什么是组织的事，朝九晚五刷卡两次，在公司消费够八小时就下班，月底公司发工资，用时间换工资，公私两清。

第二种类型，有路径、无目标，处于"工作态"。这类人对待工作兢兢业业，把自己分内的事情做好，凡是上级或组织交办的工作，尽力保质保量完成。工作更多带来的是辛苦和疲劳，难以从工作中找到乐趣，因为工作都是别人分派来的，没有选择权，更多的是接受工作，工作对他们来讲更多的是一种负担。

第三种类型，有目标、无路径，这种人处于"职业态"。对自己要从事什么职业，成为什么样的人已然清晰，对自己未来的样子也有了清晰的定位，问题就在于"未来很清晰，当下很迷茫"，对自己如何达成目标、走什么样的路、如何做等充满了疑惑，或者按照自己的想法尝试了很多次，都没有走通，一次次努力后发现很难完成自我突破。他们不缺少努力，缺少的是发力点。

第四种类型，有目标、有路径，这种人处于"事业态"。对自己的未来有清晰的认识，对实现目标的路径有清楚的了解，现在需要的就是用时间来锤炼自己的核心能力，用行动来铺平自己的发展道路。

把四类人放在一起我们就会发现，"上班态"的人不愿去做刻意练习，"工作态"的人不会去做刻意练习，只有"职业态"和"事业态"的人才会去做刻意练习。刻意练习推动我们从职业走向事业，职业人是以拥有职业技能为标志的，而职业技能唯有靠刻意练习才能获得。分析后我们才发现刻意练习是个奢侈品,只有找到方向的人才可能拥有,只有找到路径的人才会使用。

二、区分刻意练习与天真练习

有一次在课堂上,笔者的观点引发了学员之间的激烈争论。争论的核心是日常工作是否能够让一个人获得真正意义上的成长。争论的双方相持不下,只好将问题又抛给了笔者。一名学员激动地说:"杨老师,我们很多人就是在现场做这些基础的工作,公司也是要求我们要做好这些基础的工作,难道我们就没有获得成长和进步吗?"

对这个话题充满疑惑的不止课堂上的学员,大部分人对这个话题都存有疑惑:我做的就是这些工作,甚至是日复一日、年复一年地从事这些工作,我每天都在练习,都在做,我做得又这么辛苦,成长不就是自然而然的事情吗?可事实上,能在工作中找到升级密码的人并不多。面对大家的疑惑,笔者分享了自己的一个经历。

我刚到公司不久,工位前面的大姐就要退休了,退休前大姐语重心长地对我说:"这个工作太难干了,我从月初忙到月尾,发完这3 000多人的工资,还轮不到休息一会儿,下个月就又开始了……"看大姐这么辛苦,我愈发想沉下心来好好学习,仔细观察她是如何核算工资和缴纳社保的。大姐从月初开始到各部门收表格,收表格的时候对各部门的工资协调员讲清楚她发现的问题,让他们下个月填表的时候不能出错。表格收回来以后,大姐把表格中的信息录入工资核算系统,录入时遇到的各种问题还要再给协调员打电话,3 000多人的信息核算完了也到月底了。再加上单位人员变动比较频繁,有入职的、辞职的、休假的、调休的各种情形,足够大姐忙活一个月了。

我接到工作后，第一个月也按照大姐留下的套路做了一整月，从月头忙到月尾，第二个月我就开始了改造之旅。通过加入人力资源社群我发现了"网络大神"使用的"宏运算"，通过宏运算可以大幅度缩减核算的时间和精力，但宏运算对数据的质量要求很高，一个出错就需要从头再来。为了保证数据的质量，我重新设计了工资表格，为了避免工资协调员填报错误，对不需要填写的内容做了锁定，这样就最大限度地减少了错误的发生。然后对工资协调员进行培训，让大家统一采用电子表格，试运行了一个月发现个别小问题，修正之后到了第三个月，效率和效能就得到了释放。各单位按统一格式填报，审核无误后通过"数据透视表"功能提取关键信息，然后统一导入工资核算表，运行宏之后就可以喝着咖啡看着电脑替我劳动，那种舒爽的感觉真是奇妙至极！就这样，原来一个月的工作现在只需要一周就可以完成，剩下三周的时间我悠闲地看着书，思索着下一个要改造的领域。

这个工作方法后来读史蒂芬·柯维的《高效能人士的七个习惯》才知道叫"以终为始"，这种把工作当练习的方式后来看了安德斯·埃里克森的《刻意练习》之后才知道叫"刻意练习"。而与刻意练习相对应的是那种认为自己工作了、重复做了，就能获得能力提升的"天真练习"，天真练习有如下几个典型的特征。

（1）对工作目标的追求是满足当下。只要公司没要求，他们不会想到去改进和提升工作，做一天和尚撞一天钟，满足当下就好。

（2）对工作质量的追求是符合要求。"差不多"是他们的口头禅，能符合要求的绝不再向前一步。

（3）对工作努力的要求是最小阻力。凡是可以省劲的，凡是可以走捷径的，会按照最小阻力的方法办，标准和要求会不断衰减，直到滑向无底线的深渊。

（4）对工作过程的要求是重复。复杂工作简单办，简单工作重复办，这就是大家俗称的"十年工作经验，不过是重复的事情做了十年"。

我们大多数人习惯于按自己熟悉的方式去生活和工作，在舒适区里工作让我们驾轻就熟，乐此不疲。它可以节约我们的认知资源，让我们不需要更多的思考，不需要消耗更多的能量。但这种待机模式却很难让我们进步，天真练习者在舒适区里进行的练习，就算多练几年也不会有什么实质性的进步，在舒适区的练习叫"生活"，在学习区里的练习才叫"成长"。

三、如何做到刻意练习

著名心理学家安德斯·埃里克森一生痴迷于研究各行业的"高手"，他在这个领域的研究长达30年之久。他的研究对象涉及各行各业，如护士、小提琴手、出租车司机、体操运动员等，他从练习的角度重新定义了技能的形成，他认为，"任何领域的任何专家都要经过至少一万小时专心致志的练习"。埃里克森的研究表明，很多特质以前被认为是天分，但实际上它们是至少十年高强度练习的结果，越来越多的证据表明，遗传的作用小于我们的想象。这一说法后来被马尔科姆·格拉德威尔在《异类》中引用，发展成了大家熟知的"一万小时定律"。

努力只会让我们有所差异，坚毅才能让我们有所不同。安杰拉·达克沃思在《坚毅》中阐述道："要想在艰难的目标中取得成就，不仅需要天赋，更需要持之以恒、集中精力地运用自己的天赋。"我们更多的可以理解为，天赋是刻意练习之后的副产品，越努力，越有天赋。温斯顿·丘吉尔也曾将其概括为："不懈的努力，而非力量或智慧，才是发掘潜力的关键。"通过刻意练习的方式塑造和打造自己，是自我成就和自我升级的必由之路，如何才能做到刻意练习？

一）刻意练习是有目标的

天真练习可以漫无目的，而刻意练习一定要有明确的目标，那就是获取"职业技能"，并达到专精的程度。

以踢足球为例，很多人从事这项运动是为了享受过程，享受踢球带来的快乐，而专业人员则是为了完成有难度的挑战动作，如后空翻踢球、脚跟踢球、弧线球等。欧洲杯上C罗带球过人、后空翻入球、腾空冲抢等动作是我们普通人极难做到的，而这些恰是职业选手的看家本领。为了练就这些超人的职业技能，职业选手付出了巨大的努力。据说贝克汉姆为了练成经典的弧线球，用汽车轮胎当球门，直到足球像炮弹一样精准地穿过轮胎中心为止。被誉为"国球"的乒乓球也是如此，国手们可以将旋转的乒乓球精准地打入纸杯，这些训练与我们普通人的天真练习是有着本质区别的。

韩国花样滑冰运动员金妍儿是美国《时代周刊》全球100位最具影响力人物入围者，她在职业生涯里获得了无数的荣誉，而这些荣誉是她通过汗水练就的职业技能塑造出来的。她在自传《云雀高飞——金研儿的七分钟梦剧场》中写道："烧水的时候，即使你花费很多力气，将水烧到99摄氏度，但如果无法超越最后的一度，水永远不会烧开，水沸腾前的那最后一度，想要放弃的那最后一分钟，只有承受了那一分钟，才能打开下一道门，这样才能进入我所梦想的世界。"游泳名将菲尔普斯7岁开始练习游泳，11岁受教练鲍曼的影响开始认真对待这项运动，他将自己的成功归因于训练。他在夺得冠军后回忆道："在过去的7年里，

2 500多个日子里，仅有5天没有下过水，如果你休息一天，实力就会倒退两天，这是教练鲍曼送给我的至理名言，我对此深信不疑。"天真练习在持续做自己熟悉的事情，而刻意练习的精髓在于持续做自己做不好的事情，这种目标感的差异是刻意练习的核心特征。

工作也是如此。如果我们期望在工作中获得职业技能的进步，就需要每天刻意地走出舒适区，用新学到的技能去解决问题，多思考为什么要这样做，如何才能做到更好。《道德经》有云："君子终日行不离辎重。"锤炼职业技能、积累职业资本，才能获取我们赖以发展的"辎重"。

二）刻意练习是有计划的

复杂技能是由简单技能组合而成的。不同的技能之间存在着隐性的结构和联系，这些支撑更高技能形成的"子技能"是进阶的台阶，只有当这些台阶有序地摆放时，我们的进阶之路才会平坦，这些台阶的顺序和位置就是教导计划，我们在第四章"教导计划"一节中已经进行了阐述，不再赘述。

在教导计划的进程上，笔者很推崇韩国围棋名将李昌镐的做法。李昌镐提倡"51%的效率"，也就是每手棋，只追求比对手多出1%的效率，而不是追求更高效率的"妙手"。一个棋局一般需要两三百手，李昌镐往往以一目或半目胜出，这也为形成他"厚实"的棋风奠定了基础，追求51%的效率，避免走入"大道甚夷而民好径"的歧途。

三）刻意练习是有方法的

一个有20年工作经验的驾驶员是否一定比有5年工作经验的驾驶员的驾驶水平高很多？一个有20年工作经验的医生是否一定比有5年工作经

验的医生医术高很多？一个有20年工作经验的教师是否一定比有5年工作经验的教师教导水平高很多？一个有20年工作经验的技术工人是否一定比有5年工作经验的技术工人的技术水平高很多？一个有20年管理经验的管理者是否一定比有5年管理经验的管理者管理水平高很多？答案不言自明，一定不是这样的，至少在我们这个时代，越来越多的情形被证明不是这样的。通过上述讨论我们可以抽离出职业技能发展道路上的两个共同因素，一个是时间，另一个是效果。两两交叉后，可以发现有四种练习类型（见图6-3）。

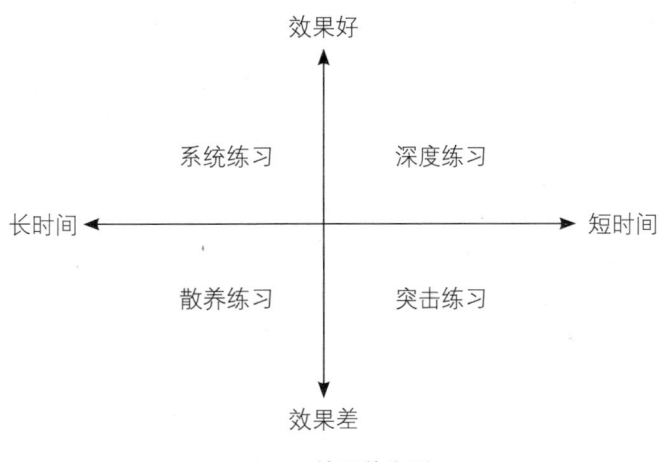

```
                      效果好
                        ↑
                        |
        系统练习         |       深度练习
                        |
  长时间 ←——————————————+——————————————→ 短时间
                        |
        散养练习         |       突击练习
                        |
                        ↓
                      效果差
```

图6-3 练习的类型

（1）散养练习：时间长、效果差。个体按照自己理解的方式练习，这很像把小鸡放到树林里面却期待它们可以成长为雄鹰。这种成长方式在职场中比比皆是，其结果往往是"十年的经验不过是一个经验用了十年"。

（2）突击练习：时间短、效果差。它与散养练习相比最明显的变化是希望通过短期的集中练习获得进步，它的俗称是"临阵磨枪"。这种"突击练习"的本质是不断重复以前的行为却期待有不一样的结果。

（3）系统练习：时间长、效果好。这种练习类型与前两种练习类型相比已经有了本质的差别，至少是应用了经过系统设计的一套成长方案。例如，驾考按照科目将知识和技能分离，把技能再拆分为倒车入库、路边停车、半坡起步等，按照这个路径走下来，比天真练习的效果好很多。这种通过专业学习设计的练习方式，我们称为"系统练习"，很多学习项目的设计都是试图通过系统练习达到提升技能的目的。

（4）深度练习：时间短、效果好。这是我们最渴望达成的结果，通过精细化的设计，不需要付出百倍的努力却可以获取百倍的收益。澳大利亚游泳队近些年来持续保持着世界泳坛的领先地位，这与它们的训练方法密不可分。他们在技能训练中结合了神经科学和学习规律进行练习安排，将我们传统认为的体力运动重新定义为基于脑力运动基础上的体力训练。刘翔在雅典奥运会上以12.88秒夺得了110米栏的世界冠军，在采访中其教练刘海东揭秘了一些刘翔的训练方法，如通过高速摄像机捕捉刘翔的跨栏曲线，再与计算机模拟的最优曲线做比较分析，找到差距后做定点的矫正训练，包括起步是左脚还是右脚、第一次跨栏需要的步数、弹跳的高度等，更为精细的训练甚至细化到了肌肉的强度和弹性，然后针对每块肌肉展开针对性训练。

只有在系统练习和深度练习的范畴里，才符合我们所说的"刻意练习"，而深度练习无疑是刻意练习的理想状态。

四）刻意练习是有反馈的

刻意练习是为了获得职业技能，针对特定技能的掌握是按计划、按方法展开的，在这个过程中常常伴随着来自师傅的外反馈和来自自我的内反馈，在外反馈和内反馈之间，激活内反馈是所有外反馈的价值所在。

儿子在上小学，每周的语文课都会学习很多生字。为了督导儿子学会弄通，我会不定期地抽查他生字的掌握情况，既然是要刻意练习，每次的抽查都针对儿子不会的生字和生词展开。我专挑复杂和生僻的字，结果默写了二十个错了七八个，看着这个结果，儿子挺郁闷我也不高兴。下一次再听写生字，儿子强烈要求妈妈来查看。母子两人听写生字，我在外面等着，听写的过程中不时传来两人开心的笑声，写生字的工作很快就在愉悦的笑声中结束了，这个过程完全出乎我的预料。我想探个究竟，才发现妈妈听写的生字多半不生，只有少数几个生，二十个生字写对了十七八个，只有几个不会写，于是儿子静下心来把不会的生字学会就行了。同样的辅导过程，我的方法仅仅起到了检测的作用，并没有引发儿子学习行为的发生，而妈妈的做法看似缓慢，反而真正有效。

苏联著名教育学家维果茨基认为真正意义上的学习和成长发生在已知和未知之间，他提出了学习的"最近发展区"（见图6-4）主张。在已知区里个体没有成长，在未知区里个体进入自我防御状态，学习关闭，学习的发生来自我们主动离开舒适区到达学习区。学习区的存在又很有特点，它很像交通信号灯中的黄灯，当我们踩着黄灯通过时，稍有紧张而又伴随着些许快乐，这种"快乐的紧张感"恰是我们在学习区里面的感受。如果越过了这个区域到达未知区，如同闯红灯的感觉，快乐感消失，只剩下紧张感。在上个例子中，"我"的方法就如同直接把儿子带到了未知区，他的大脑被紧张感占据，学习停止，即使发现了很多生字，但改进的意愿也已经消失了；而妈妈的做法是先让儿子在舒适区里待着，不时地游走在学习区的边缘，而这个"最近发展区"才能让儿子享受"快乐的紧张感"，学习在这个"最近发展区"里面自然地发生了。

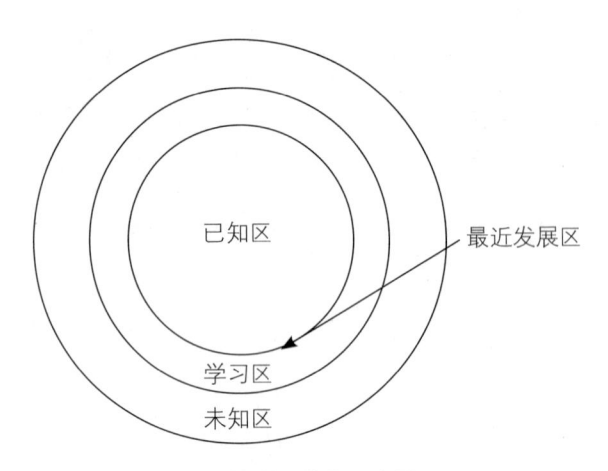

图6-4 学习的最近发展区

这种"快乐的紧张感"就是在学习中伴随的"愉悦感",这种愉悦感来自我们的内反馈回路。米哈里·切克森米哈赖在《心流》中提到了他的一项研究成果,他通过研究证实"一个人的身体或头脑在自觉努力完成某项艰难且有价值的工作过程中达到了极限时,往往是最优体验发生的时候"。这个状态被称为"心流",心流的产生意味着工作其实比休息更能带来享受,在工作中内在目标、反馈和挑战带来的愉悦会鼓励人们全身心地投入到工作之中,以至于忘记了时间的存在。

米哈里·切克森米哈赖的研究同时也表明,大脑对于处在"已知区"之外又不太远的"甜蜜点"上的挑战,改变最为迅速。这个"甜蜜点"就是心流体验的区域,而这个状况到达后,我们的大脑会释放多巴胺、内啡肽等"愉悦物质",从而带来身心的满足感。这种内在的满足会超越外在的奖励,成为推动我们持续投入的力量来源。这种"快乐学习"的体验会进一步刺激我们持续地投入下去,享受这个时刻,而不再为了外在的奖励、奖赏、表扬、荣誉等而羁绊。美国著名棒球运动员泰德·威廉斯在其著作《击打的科学》中总结道:"要成为一个优秀的击打手,你必须等待一个好球。如果我总是去击打甜蜜区以外的球,那我根本不可能入选棒球名人堂。"著名投资人沃伦·巴菲特也深受"甜蜜点"的启发，他通过发现甜蜜区、战略性专注和持续迭代形成了自己的"高手战略"。

五）刻意练习带来深度改变

刻意练习给个体带来的改变不仅发生在看得见的部分，更为神奇的是发生在看不到的内部结构上。现代科学研究已经印证了大脑的内在改变的确存在，神经心理学家把这个神奇的改变称为大脑的"重新布线"。当我们面对一个长期且艰巨的任务时，我们的身心会被深度调动起来以应对这个任务，我们的大脑也会根据任务的变化重新调整神经网络以应对这个挑战。

在《刻意练习》里，埃里克森反复引用了马奎尔在2000年关于伦敦出租车司机的研究。该研究以79名出租车司机作为研究对象，另外招募了31名条件相仿的男性作为控制组。为了保障研究的准确性，将研究对象分成了三组，第一组是已经对伦敦的街道非常熟悉的司机，第二组是接受培训后正式开始成为出租车司机的人群，第三组是控制组，不加训练，也不做出租车司机的人群。几年过去了，经过多轮实验和多次对海马体的扫描，实验结果逐步清晰起来。第二组研究对象接受了出租车司机培训，并成为出租车司机，随着对伦敦街道的高度熟悉，他们大脑中海马体的一个特定部位变大，这个部位在海马体的后部，而与此相反，第三组成员海马体后部的尺寸并没有变化。2011年，马奎尔发表了这项研究成果，提供了大脑为响应密集训练而发展和改变的证据，如果我们足够多地练习某件事，大脑会改变某些神经元的用途，以帮助完成当下的任务。功夫巨星李小龙说过，"我不怕会一万招的人，我只怕一招练一万次的人"。会一万招的人不会给身体和大脑带来深度改变，不过是

"花拳绣腿"而已，而把一招练到一万遍的人却会给自己的身体和大脑带来异于常人的深度改变。

只有主动积极的大脑活动才能引发人的持久改变。人们在应对外在任务和挑战时，大脑在内部也已经做出了积极而主动的调整，甚至会为了完成这些持续而密集的练习而"重新布线"，这些主动调整给人们带来了内部和外部积极而持久的改变。持续上万小时做一件事情并不是一件容易的事情，这常常令人困扰，持续的坚持而没有获得突破的过程，常常伴随着内心的煎熬和痛楚，在普通人眼里甚至认为这是件愚蠢的事情，会常常面临进退维谷的状态。这个阶段的极端感受所塑造的"意志力"也是才能的重要组成部分，意志力是刻意练习送给我们的最高贵的礼物，这个礼物里面有我们可以控制的节奏、激情和成就，更有通过可以控制的部分影响不能控制部分所达成的目标，这种才能不是外部力量可以给予和恩赐的，这种才能的获取只有"自我的塑造"。每一个人都如同米开朗基罗的作品《大卫》一样，自己拿起锤子和钎子把自己身上多余的东西去掉，把我们打造成为自己心目中的"大卫"。

易卜生说过，"我们一生最大的成就是把自己这块材料铸造成器"，而刻意练习正是自我铸造的过程。在自我铸造的过程中，我们收获的不仅是技能，更为重要的是在这个过程中发展出了耐心、细致、专注、自律这些普通人难以获得的可贵品质。

第二节 支持指导

师傅是为了逐步淡出。

——托马斯·卡拉瑟斯

建立反馈的循环非常重要,这样会不断地思考自己做过的事情,以及如何才能做得更好。

——埃隆·马斯克

一、师徒关系中的信任假象

为了验证实际的师徒关系，我们决定搞一次调研活动。调查问卷分为两种，第一种是师傅对徒弟的评价，主要内容是师傅对徒弟在师带徒过程中学习主动性和技能计划完成度的评价；第二种是徒弟对师傅的评价，评价内容为师傅在带徒弟过程中给予指导的评价。评价分为5级，1分为非常不满意，2分为不满意，3分为基本满意，4分为比较满意，5分为非常满意。

为了保障数据能具有参考性，我们将所有的师傅和徒弟按随机抽样的形式分为两个批次，按半数调研方法进行。第一批次的调研取半数在技能考评之前进行，第二次调查取剩下的半数在技能考评之后进行。技能考评是我们单位很有特色的技能评定方式，运维工程师的薪酬水平主要由技能评定结果确定，对每个参加评定的人员而言无疑是一次大考。

第一批次的调研结果很快出来了，结果尚在预料之中。调研结果表明徒弟对师傅的满意度高达91%，师傅对徒弟的满意度也有87%，从数据来看，在师带徒的过程中师徒双方都是非常满意的。紧接着第二批次的调研结果出来了，这次的调研安排在技能考评结果发布之后，这时的技能鉴定成绩已经公布，徒弟的一次通过率不到40%，调研的结果也让我们大跌眼镜，徒弟对师傅的满意度仅为17%，师傅对徒弟的满意度也不足30%。在开放式问题"你对师傅哪些方面不满意"中，有些徒弟甚至恶语相加，对师傅屡有贬低之语，这个情况的出现让我们有些手足无措。

调研数据尽管难以做到完全的客观、公正，但结果呈现出的天地之别倒是挺值得我去思考。于是笔者带着好奇心抽样访谈了几名师傅和徒弟，问题的核心在于师徒关系究竟是建立在分数的结果导向之上，还是建立在基于双方信任的过程导向之上，而师徒之间的信任是建立在外在事物之上（外在信任），还是建立在内在品格之上（内在信任）。结果表明，问题的核心在于师徒关系是建立在基于双方信息的过程导向之上，但我们平时所称的信任，更多的是"外在信任"，这一现象我们称为"信任假象"。

二、师带徒的过程曲线

在师带徒的整个过程中，如何实现从"外在信任"到"内在信任"？我们先从一个案例谈起。

我刚进入变电站不久，就拜了班长老王当师傅，这可是很多人都羡慕的好事，可是没过几天，好事就变成了坏事。

我们所在的变电站雨水频多，当时恰巧遇到了大暴雨，变电站防洪堤发生了大滑坡，如果再下暴雨可能会危及整个变电站的安全。由于人员紧张，师傅居然把这么大的一个差事交给了我。听师傅跟我讲完，我立刻就不淡定了，要知道，土建和施工对我来说可是一窍不通，更别提去跟那些施工方打交道了，这件事想一下都能让我头疼半天。

第二天，我满腹委屈地找师傅倾诉一番，没想到师傅异常平静地说："什么事情第一次干都有难度和挑战，你把你能想到的所有困难列个清单出来，咱们逐项解决。"看着师傅这么有信心，我也不好意思再多讲什么，"既然师傅让列问题，那就别怪我了啊！我要是回去列出一大堆问题，不就可以名正言顺地不干了吗？"我心里默默地盘算着。经过网上查询、请教同学、访谈单位同事，足足列了70多条问题，看着这70多条的"战绩"，我满意地点了点头。

师傅把这70多条问题翻来覆去地看了几遍，居然对我说："怎么才70多条？"这句话把我给问住了。师傅又说："你才列了70多条，当年我干这项工作可是足足列了100多条，看来你比我有信心、有把握，也更有可能把这件事做好。"师傅让我坐下来，一边帮我把70多条归类、分组，一边介绍他当年负责防洪堤的事情，听得我既着迷又羡慕，不知不觉一上午过去了，70多条变成了30多条，我的信心也回升了一半。

从下午开始，师傅带着我跑部门、找领导、访施工、探监理，足足用了一周的时间把这70多条逐项落实了下来。我看着写了几十页的应对方案，心里对师傅是佩服加点赞。随着这两周对项目的熟悉，加上师傅的指导和鼓励，我的底气也飙升了起来。

工程技术交底会正式召开了，施工方、监理单位以及师傅和我共同参加了会议。师傅在会议上介绍了防洪堤的全貌和各项施工标准，并隆重介绍了项目经理——我这个不懂土建和施工的项目经理在兴奋和紧张的心情下正式走马上任。虽然对将要到来的工作没有十足的信心，但有师傅和公司的支持，我相信还是可以完成的。会议结束后，师傅悄悄地把我拉到一旁说："你一定会不负众望的，遇到问题要善用各方的力量，我给你一个锦囊，紧要关头打开就有答案了。"我好奇地追问锦囊的内容，师傅只是笑而不答。

有了前期的工作准备，我开始深度参与工程的各个环节，从施工图开始，到施工材料，再到施工方案，土建施工项目的多个技术难点被我逐个"解锁"，不到半年时间，我对现场的技术要点已经了然于胸。但问题也接踵而至，技术问题好解决，可技术都是需要人去干的，现在的施工人员大多文化水平不高，讲技术也听不懂，一做就错，错了也不改。这下可难住了我，我思来想去也找不到解决方法，甚至多次与施工人员、施工方经理和监理发生冲突，但问题依然没有解决。

我的信心受到了极大的打击，要是这样子下去的话，防洪堤的质量将难以保证，如果再垮堤的话……一连串的问题让我焦头烂额。这时我想起了师傅的锦囊，打开一看，上面写着"重复问自己，如果我是师傅他会怎么办？"于是我试图抽身出来，换个角度思考问题。我写下解决方案，然后打通师傅的电话，把情况跟师傅交流之后，请师傅讲出他的方案，然后把两个方案放到一起对比，我比师傅的方案只少了一条。从这两个方案的比较中我看到了自己半年来的进步和成长，更看到了师傅扶持我步步前行的轨迹。于是我调整应对方案，与施工方和监理修订工程实施细则和工艺标准，同时将施工人员的管理细则纳入考评内容，有了三方认可的规则，现场的管理问题迎刃而解。此后遇到难题，我都采用师徒对照的方法，到后来发现我写出的解决方案居然开始超过师傅了……

经过一年多的摸爬滚打，项目顺利完工。经过这番历练，我从当初的毫无信心外加一窍不通，到如今的驾轻就熟，我这个被逼上岗的项目经理居然变成了真正的项目经理，我和师傅之间也建立了前所未有的信任。

在这段职业经历里实现了从"我"到师傅，再到公司的"三丰收"，对"我"而言，工作技能提升、工作动力提高，实现了自我的升级和跨越；对师傅而言，在帮助徒弟成长的过程中实现了教导能力的提升；对组织而言，实现了徒弟成长、师傅升级、任务完成的三重功效。

在这段职业经历里，徒弟的状态经历了多重变化，重新审视这段经历，大致可以分为四个阶段。

第一阶段，徒弟对建设防洪堤这件事是抵触的。没有做项目经理的职业规划，也难以看到这项工作的收益，自然没有动力去从事这项工作，而对于如何完成工作也缺乏技能，项目经理要做什么，做到什么程度，主要的问题点在哪里，关键点在哪里等，因为不具备专业技能，所以对于如何完成这项工作基本状态是迷茫的。

面对迷茫的徒弟，师傅应当采取什么样的应对方式呢？徒弟不愿意接受这项工作的原因是没有专业技能，导致对这项工作缺乏信心，如何消弭徒弟的内心冲突和障碍，师傅面临多种选择。从师傅自身角度来讲，要同时提高徒弟的工作动力和工作技能是一件极具挑战性的工作，在二者之中，工作技能的形成绝非一朝一夕之功，短期内难以产生实质性的效果，较为可行的方法是先提升工作动力，之后再通过工作实践逐步提高工作技能。从徒弟的角度来讲，要承担这份工作，最大的挑战来自工作技能的缺乏，没有工作技能是他缺少工作动力的原因所在。结合二者，师傅的路径就逐步明晰了：在方向上，先改善徒弟的工作动力，再改善徒弟的工作技能；在方法上，以改善徒弟的技能之名行改善徒弟的工作动力之实。

第二阶段，师傅以提升技能之名行提高徒弟的工作动力之举究竟是如何奏效的？第一步，尊重徒弟的问题，以提高工作技能作为突破口，以徒弟提供的70多项问题为重点，逐项进行落实，这一步让徒弟的担忧减少直至消失，担忧消失之后徒弟的信心恢复才会成为可能。第二步，用减少阻力的方法提高动力，把提高技能和提高动力同步完成，逐项落实徒弟担心的70多项问题，在解决问题中提高做事的技能水平。当70多项阻力逐步消失的时候，动力逐步凸显。第三步，用自己的信心带动徒弟的信心，师傅在第一个阶段展现出了胜券在握的信心，也催生了徒弟信心的萌芽，在徒弟对未来工作逐步有信心，对70多项疑虑逐步打消之后，在跃跃欲试和些许担忧的矛盾心理中，最终被师傅推上了项目经理的岗位，在兴奋和紧张的矛盾心理中走马上任。此时的徒弟即将面对的是施工方、监理、施工人员等各类人员，还要面对的是开工后没有多少把握的各项工作，此时此刻徒弟愈发会感受到压力和担心，这股力量极有可能会压倒刚刚燃起的信心和兴奋。这时候徒弟最需要的是支持，用信心战胜担心，用积极心态压过担忧心态。因此，师傅在会议上隆重地介绍徒弟，在会议结束之后更是面授机宜，危急时刻授以锦囊，这些都让徒弟感受到了支持和力量，从而让信心再次燃起，前进的力量战胜了退却的力量。

第三阶段，徒弟在信心的问题解决之后，亟待提高的是工作技能。虽然在前期70多个问题的基础上，对项目施工有了了解，但不能和专业能力相提并论，此时的徒弟迫切需要在动力提升之后，借助动力来提升专业技能。在实践和理论学习的相互作用下，徒弟的专业技能提升较为顺利，这就如同我们学习初期从20分提升到60分一样，勤奋、努力加时间积累很快提高了一个层次，施工图、施工材料、施工方案这些基础专业技能逐渐被掌握。在较为复杂的技能上，徒弟遇到了挑战，经过几次努力后发现问题不但没有得到解决，反而越努力效果越差，遇到了成长中的"高原现象"，突破很困难，困难打击自信，从而导致工作动力衰减。

面对这个阶段，师傅早有准备，他提前授以锦囊，让徒弟换位思考，从师傅的角度来寻求问题的解决方案，背后的核心却是让徒弟从对师傅的依赖走向独立。师傅采用了比对分析法，而不是简单的告知，从二人处置方法的差异中让徒弟主动发现问题所在，在主动思考中提升自信水平，师傅帮助徒弟顺利地完成了突破，迈入了新阶段。

第四阶段，徒弟此时的能力与当初接手工作时的能力相比已经发生了很大的变化，在完成了一连串的挑战后，工作技能获得了突破性的提升，工作的动力也更加充足，已经有信心超越师傅了。此时的徒弟在经历了一番轮回之后，无论从动力和技能上都完成了自我超越，徒弟也已经从起初的对师傅的依赖走向了独立，已经可以自主掌控工作了。

作为师傅，在第一阶段既要关注徒弟的工作动力又要关心徒弟的工作技能，需要极大的投入才能帮助徒弟获得成长，如今在徒弟的成功时刻，他既不需要过多的关注徒弟的工作动力又不需要过多的关注徒弟的工作技能，徒弟已经可以自主掌控了。

此刻，师傅预先设计的"三丰收"结果正式达成。组织收获了一名合格的员工外加项目竣工，徒弟收获了自我成长和业绩，师傅此刻的收获最为丰盈，一个合格的徒弟，甚至是一生的朋友，更为宝贵的收获是他验证了一条可以不断塑造优秀徒弟的方法和路径，有了这条路径他可以为组织培养更多优秀的徒弟了。

三、师傅的应对方法

在师带徒的互动过程中，徒弟分别处于四种状态，师傅分别采用了四种应对策略。

一）徒弟的四种状态

在整个师带徒的过程中，徒弟的动力水平和技能水平呈现出了四种状态，徒弟状态变化曲线（见图6-5）又分别契合了四个阶段。

第一阶段，徒弟的状态是既没有动力，也没有技能，对完成这项工作完全没有信心，对如何开展工作处于"迷茫态"（S1）。

第二阶段，随着师傅采取了现场支持、上台介绍、授予锦囊等一连串的措施，让徒弟的动力水平得到了提高，工作的积极性和意愿有了改善，但如何开展这项工作的技能并没有什么进步。从中我们也不难看出，只要方法得当，提高一个人的工作动力是相对容易的，尤其是来自外部的动力，而改善一个人的工作技能却相对困难，需要较长一个时期的刻意练习才可以获得，这个时候徒弟动力水平高、技能水平低，处于"积极态"（S2）。

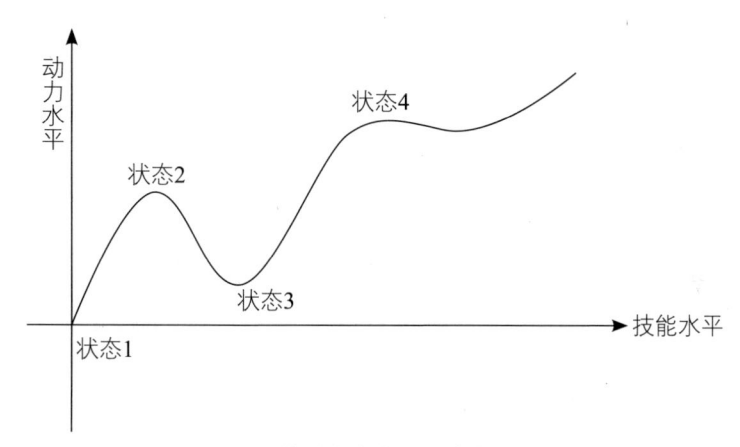

图6-5　徒弟状态变化曲线

第三阶段，徒弟开始从事这项工作，在内外部力量的推动下，开始刻意练习和提高自己的工作技能。随着时间的累加，技能水平稳步提升，自信心和动力水平也得到了维持，这时的动力主要来自内部，来自自己在克服困难中获得的自信，而不是外部师傅的鼓励。随着一个个基础困难得到突破，自我的状态也发生了本质性的改变，当遇到难度较高的工作时，自信心又会回落下来，此时的徒弟动力水平时高时低、技能水平稳步提升，处于"突破态"（S3）。

第四阶段，徒弟完成了一连串的突破和挑战之后，自我的状态也发生了本质性的改善，进入了高动力水平、高技能水平的"掌控态"（S4）。

我们回顾一下徒弟的状态变化，从起初的低动力、低技能的"迷茫态"（S1），进入第二阶段的高动力、低技能的"积极态"（S2），再进入第三阶段的低动力、高技能的"突破态"（S3），直到第四阶段的高动力、高技能的"掌控态"（S4），在整个过程中徒弟走出了一条完美的自我升级和自我蜕变的曲线。

二）师傅的策略

面对徒弟的四个状态，师傅在整个过程中不断地调整自己的策略和应对方法，形成了师傅策略矩阵（见图6-6）。

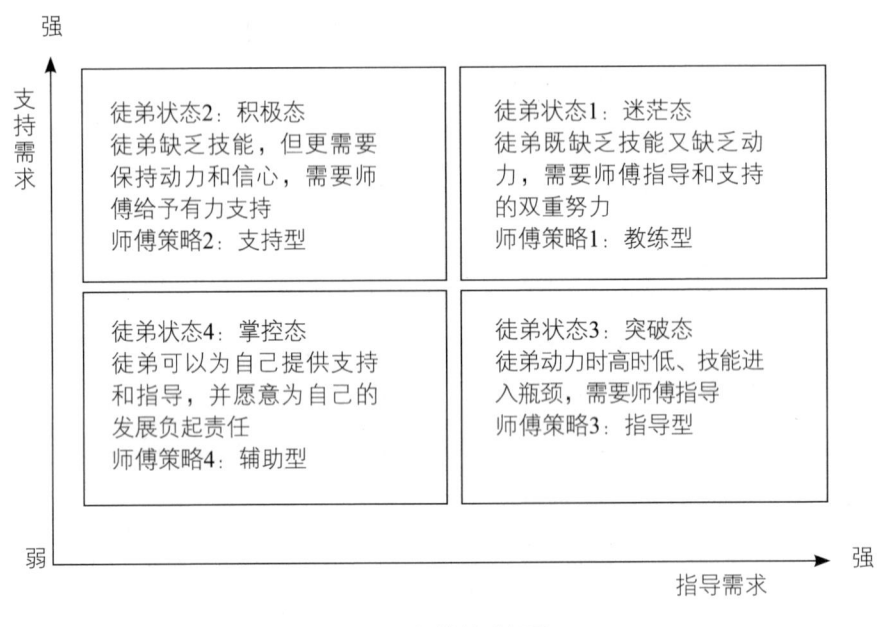

	指导需求弱	指导需求强
支持需求强	徒弟状态2：积极态 徒弟缺乏技能，但更需要保持动力和信心，需要师傅给予有力支持 师傅策略2：支持型	徒弟状态1：迷茫态 徒弟既缺乏技能又缺乏动力，需要师傅指导和支持的双重努力 师傅策略1：教练型
支持需求弱	徒弟状态4：掌控态 徒弟可以为自己提供支持和指导，并愿意为自己的发展负起责任 师傅策略4：辅助型	徒弟状态3：突破态 徒弟动力时高时低、技能进入瓶颈，需要师傅指导 师傅策略3：指导型

图6-6　师傅策略矩阵

在徒弟处于"迷茫态"（S1）时，师傅选择的策略是不断给徒弟动力，让徒弟逐步树立信心和鼓起勇气，徒弟起初认为"天大的事"最后变成了"不过如此"。师傅通过支持让徒弟的动力水平不断提高，通过具体指导每项问题让徒弟技能水平得到进步，师傅采取了两手都要抓的策略，从动力和技能两个方向上提升徒弟的状态，这个阶段师傅的策略是"教练型"（R1）。

徒弟进入第二阶段"积极态"（S2），师傅的重点在于保持徒弟的动力，师傅通过不断给予支持来提升徒弟的动力水平，让徒弟的积极心态战胜消极心态，让动力战胜阻力，这个阶段师傅是高支持、低指导，其策略是"支持型"（R2）。

徒弟进入第三阶段"突破态"（S3），师傅调整了对徒弟的工作重点，将指导业务技能作为重点突破口，徒弟在这个阶段完成各种专业技能的掌握，尤其是师傅通过师徒比较分析法帮助徒弟完成了极为困难的自我突破，这个阶段师傅是低支持、高指导，其策略是"指导型"（R3）。

徒弟进入第四阶段"掌控态"（S4），他无论在动力还是在技能上都获得了实质性飞跃，自我感觉比师傅都要强上了几分，这时师傅的应对方法是逐步淡出。师傅也实现了辅导徒弟的终极目的，从高强度的投入到逐步淡出，此时的徒弟在业务技能和工作动力上都已经达到了师傅预期的目标，师傅此时的最佳选择是在支持和指导两个方面都减少投入，这个阶段师傅的策略是"辅助型"（R4）。

三）徒弟状态和师傅策略的匹配

在整个过程中，徒弟的状态与师傅的策略相互匹配，徒弟处于迷茫态（S1）时，师傅的应对策略是教练型（R1），当徒弟的状态变化为积极态（S2）时，师傅的应对策略是支持型（R2），当徒弟的状态变化为突破态（S3）时，师傅的应对策略是指导型（R3），当徒弟的状态变化为掌控态（S4）时，师傅的应对策略是辅助型（R4）。

在整个过程中，当徒弟处于迷茫态（S1）和突破态（S3）时，师傅分别采取了教练型（R1）和指导型（R3）的策略。在这两个状态下，可以明显地感知到是以师傅为中心的模式，师傅在这两个阶段投入的时间和精力最多，付出的努力也最多。而当徒弟处于积极态（S2）和掌控态（S4）时，师傅采用的是支持型（R2）和辅助型（R4）的策略，在这两种状态下，可以明显地感知到是以徒弟为中心的模式，尤其是掌控态（S4），动力只有来自徒弟自己才更为可靠和持久，如果仅仅是靠师傅的鼓励和刺激，徒弟的动力就会很快衰竭，而激发徒弟的核心恰在自外而内的引导、自内而外的激发。

师带徒的整个过程中，师徒不断地切换主导权，如同接力赛一般，先从师傅手里交到徒弟手里，再从徒弟手里交回到师傅手里，最后师傅把接力棒再次交还给徒弟，而此时的徒弟已然完成了一次蜕变。

第三节 拓展应用

真正的发现之旅不在于追求新大陆,而在于拥有新视野。

——马塞尔·普鲁斯特

兵无常势,水无常形。能因敌变化而取胜者,谓之神。

——孙子

一、技能可以无限拓展

行为科学家将工作大致分为两类,一类是推算型工作,另一类是探索型工作。推算型工作是指根据一系列现有的指令,按照某种途径达到既定结果的工作,也就是说推算型工作有固定的程序和方法,有固定的衡量标准。探索型工作与推算型工作相反,它没有固定的标准和固定的程序,需要在尝试和实验中找到解决方案。我们前面所提到的各种作业,不就是典型的推算型工作吗?工作有固定的程序、步骤和标准,工作是按照程序千篇一律地做下去,这仿佛回到了泰勒的"科学管理时代"。在我们所处的知识型工作时代,这样的工作越来越少,即使貌似推算型的工作,其内核也是越来越朝着探索型的领域发展,这是我们这个时代的典型特征。探索型工作为推算型工作带来了无限种可能,这也使得知识在工作中扮演越来越重要的角色,如果工作不是由知识驱动的,很快会成为新时代的体力工作。

在我们的实训科目中,有一个作业是变桨轴承润滑。其基本工作原理是使用压力更强的注油装置将新的润滑油注入轴承间隙,新的油脂会将废旧的油脂从出油孔中挤出,通过集油瓶将废油回收。在十几年前通常的做法是使用手动注油,它的工序是先使用注油枪从油桶里面吸油,将油脂吸入注油枪的腔体里面,在这个过程中,由于工业润滑油有刺鼻的气味,一般需要佩戴防护口罩,即便如此,多数人也不愿意从事这项工作。

在一次实训中,只见一名学员戴上口罩和眼镜,生怕闻到这刺鼻的味道,他把头用力地往后拧,恨不得拧到后背上去,一直不忍直视那个带味的油桶,当时我们差点笑出眼泪来。一方面在笑这名学员的表现,另一方面为这项工作感到悲哀,难道这项工作就应该如此吗?

几年后，笔者去了公司北部的风电场，场长神秘地向笔者推荐他们发明的新式注油法，笔者怀着好奇的心情一探究竟。原来是个比注油枪大几倍的新玩意！只见他们娴熟地接通注油口和集油瓶，插上电源，一会儿工夫注油完毕。笔者新奇地望着这个似曾相识的大家伙，问道："这个新装备你们从哪里搞到的？"场长只是一味地笑，就是不愿意倒出葫芦里的药，一番追问之下场长才透露了其中的玄机。原来北方地区一到冬天就大雪封路，为了疏通道路，风电场配备了铲雪车。一次偶然的机会，场长发现铲雪车使用的是一款自动加油装置，于是突发奇想将铲车上的加油装置移植到风机的注油装置上。在场长的提议下，几名员工加入了这个试验项目，在对铲车加油装置的注油管、滤芯、压力值等进行一系列的改造后，自动加油装置的原始版本问世。在后续的使用中，经过多次升级改造形成了现今的成熟版本，这一探索性的尝试将原来几小时才能完成的工作缩短到不足半小时，工作效率提高了五六倍，工作负荷也降低到不足原来的五分之一。

事情到这里还远没有结束，公司对这项工作的探索还在继续。不久，一款更为先进的注油系统问世。这款注油系统针对风机的不同型号设置了相应的压力值，使用时只需根据作业对象将旋钮调整到对应的档位即可，而与其配套的黄油桶变成了固定剂量的塑封油管，不同型号的作业对象配套不同剂量的油管，使用时只需要选对型号、选对油管、选对压力值即可完成注油。当笔者看到这套装置时，回想几年前学员捂鼻子、挤眼睛、180度扭脖子的场景时，不禁惊叹探索型工作改进带来的巨大改变。

知识没有边界、创新没有止境。刚刚为之惊叹的一体化注油装置很快为自动化装置所取代，2019年，在金风科技6.0MW海上风机的生产线上我见到了最新列装的自动化注油装置，它在一体化注油装置的基础上增加了自动控制系统，可以实现定期、定量为变桨系统注油，出油孔也使用了自动塑封装置，废油被排出后直接塑封。以前需要一个人在油污、气味的环境中工作几小时，现在只需要登上风机检查装备，然后把废油袋取走即可完成。

为轴承注油这项工作得到极大改善的根本原因在于它演进的方向符合了该技能的本质——精准。这项工作的关键点不在吸油、注油这些繁杂的劳动上，而在定时、定量、定压地将新油注入油孔，定时、定量、定压是这项工作的核心和关键。精准度是很多作业追求的一个关键性指标，如我们熟悉的乐器演奏，在相当长的一个阶段里，练习的目的都是在追求人的动作与乐谱的精准匹配，练习的目的是要建立人的动作与反应之间的一致性神经回路，直到形成无意识的准确反应，这些回路通过不断的练习得以强化，通过强化得以巩固。类似的技能还存在于我们熟悉的很多专业领域，如数学运算、数理统计、建筑设计、计算机编程等。

二、技能学习的陷阱

有一年，笔者去场站交流，在场站的事故事件反馈栏里，看到了一起事件反馈。事件的缘由是员工吊工器具的过程中出现了物品掉落，险些砸中自己。笔者看到后心里"咯噔"一下，吊工具是常用的一项作业，连笔者都能清晰地记得它的工作程序，当事人又是笔者的学员，因此带着疑问找到了他，向他了解了事件的来龙去脉。

当天上午，我们一行三人到达指定位置，按照例行工作程序开展工具起吊作业。一名同事到达机舱后，核对了当天的风速和风向，地面风速6米/秒，风向西南，当即对风机进行了对风作业，随后下达了起吊的指令。对风完成后新情况出现了，风机尾部垂下的起吊绳不远的地方恰是110kV集电线路，如果有瞬时大风，吊绳会被刮到集电线路上。面对这种情况，要么使用防风绳，要么将对风位置进行调整，要么等待风向变化后再起吊，这可怎么办？当时查看了随车带的工器具，没有携带防风绳，同行的司机着急赶往下一个地点，只能将风机进行调向，从顺风向调整为了横风向。整理完工具袋后通知机舱起吊，起吊不久随着高度的增加，风速也在增加。吊到十几米的时候，吊装的工具袋开始大幅度摇摆，几次摇摆之后，吊袋撞上了风机塔筒，只听见"咣"的一声，吊袋被直接撞破，里面的工具"哗啦啦"地洒落下来。最近的工具离我不到十米，我看了看自己的脚，又摸了摸自己的头，吓出了一身冷汗。

反思整个事件，这个简单作业在实操培训中并没有考虑如此复杂的现场应用场景，我们把吊工具当成了一个"静止"的作业，只考虑了风速和风向两个常见因素，没有考虑瞬间风速、机舱风速、工具类型、周边环境（集电线路）、防风绳等诸多现实因素，实训场上的一个简单作业，在现实工作中变成了复杂作业。分析之后才发现，问题的症结出在这位同事身上，也出在培训老师身上，更因为我们在设计技能培训时，误入了一个"陷阱"。

仔细分析比对后，笔者发现类似的现象不仅存在于实操培训中，管理培训、营销培训等更是普遍存在。课堂上讲的很有道理，走到工作实践里就会发现实际场景与培训场景之间有天壤之别，课堂上讲授的方法或技能在实践中几乎找不到应用的地方。这个问题的背后揭示了技能的另一个核心要素——复杂度，这与我们刚刚提到的精准度有着典型的差异，这些技能不因准确度而有差异，而因应用场景的复杂多变而有不同，这些技能培训的核心是将复杂多变的应用场景与所要运用的技能之间形成匹配关系，通过场景与技能之间的匹配解决应用问题。

三、技能需要拓展后应用

我们将技能应用中的两个核心要素——精准度和复杂度进行了组合分类，发现了"技能密码"（见图6-7），它们分别是复杂度和精准度都很低的简单技能，复杂度低但精准度高的精准技能，复杂度高但精准度低的复杂技能和复杂度与精准度要求都很高的精深技能。

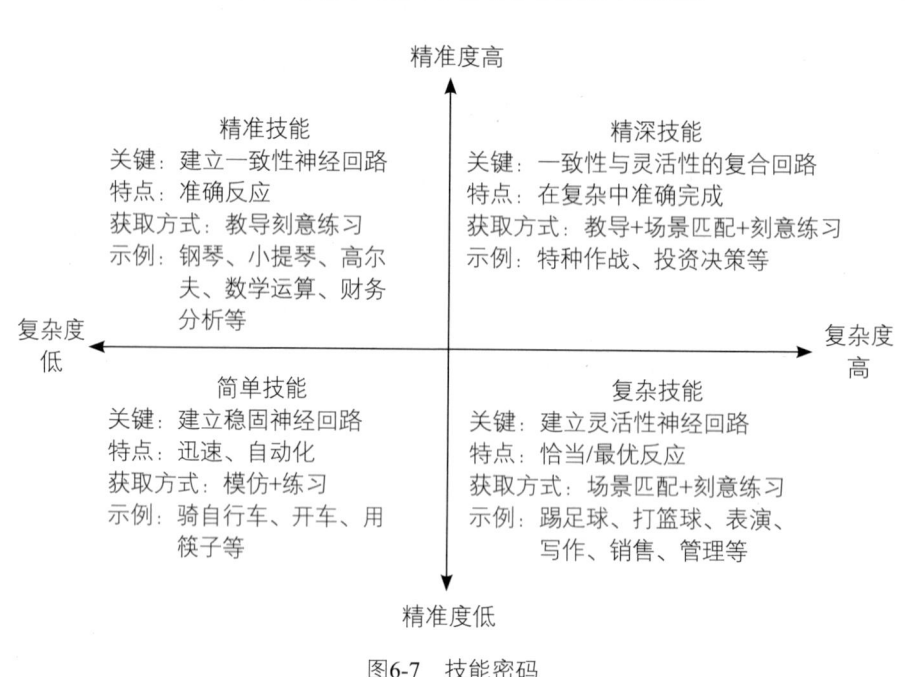

```
                    精准度高
                        │
    精准技能             │      精深技能
    关键：建立一致性神经回路  │  关键：一致性与灵活性的复合回路
    特点：准确反应         │  特点：在复杂中准确完成
    获取方式：教导刻意练习   │  获取方式：教导+场景匹配+刻意练习
    示例：钢琴、小提琴、高尔  │  示例：特种作战、投资决策等
    夫、数学运算、财务       │
    分析等                │
复杂度                   │                        复杂度
低 ─────────────────────┼───────────────────── 高
    简单技能             │      复杂技能
    关键：建立稳固神经回路   │  关键：建立灵活性神经回路
    特点：迅速、自动化      │  特点：恰当/最优反应
    获取方式：模仿+练习     │  获取方式：场景匹配+刻意练习
    示例：骑自行车、开车、用  │  示例：踢足球、打篮球、表演、
    筷子等                │  写作、销售、管理等
                        │
                    精准度低
```

图6-7 技能密码

一）简单技能

简单技能是对精准度和复杂度要求都不高的技能。我们日常生活中的很多技能属于这类，因此它又可以称为生活技能或生存技能。这类技能的习得对普通人而言不会构成挑战，如我们小时候学的刷牙、用筷子等，长大后学的骑自行车、游泳、汽车驾驶等。

简单技能的掌握方法相对简单。每个人天生都具有观察模仿的能力，镜像神经元系统加速了简单技能的习得，经过观察模仿加练习就可以掌握。掌握的标志是形成自动化反应，一旦达到了自动化的程度，我们继续学习的动力就会逐渐衰退，这些也成为一种生活技能被大脑存储起来。从神经学的角度来讲，这些技能在我们的大脑里面形成了稳定的神经元回路，由于我们每天都会不断地使用它们，这些神经元回路会不断地得到巩固和加强，更加巩固了自动化反应的程度。

二）精准技能

对精准技能描述较为贴切的当属明朝文学家魏学洢创作的一篇说明文《核舟记》。此文的内容我们在中学课本中已经学习过，这里不再赘述。全文不过五六百字，但把核舟上的人物、神态、器具、文字等描述得惟妙惟肖，而这些都是在一个"长约八分有奇，高可二黍许"的桃核上雕刻完成的，我们不得不惊叹匠人的技艺高超，这些技艺也较为完整地体现了精准技能的特点。

1. 细节化

相较于精准技能的精细化程度，简单技能只可用粗枝大叶来形容，简单技能者所要求的仅仅是完成这件事情，而对于完成的质量和细节却没有太多的探究，而精准技能在细节的程度上远超简单技能。

乔希·维茨金在《学习之道》一节中将自己对细节的理解比喻为"画小圈"，他把"画小圈"这个过程比作挖掘技能本质的工具。"画小圈"是维茨金学习国际象棋和武术中的重要组成部分，通过压缩技能的外在表现同时紧紧围绕技艺的内在实质进行。经过一段时间之后，他发现技艺的广度会慢慢缩小而力量则会逐渐增加。维茨金说过，"与之相反，其他不解其中真谛的选手会自然而然地倾向于学习重要的招式和花哨的技巧，从而忽视了对细微的吸收与完善，其实这里面学到的东西要比招式数量多得多"。正是对精准技能在本质上的深刻理解促使维茨金在2000年11月赢得了第一个推手全国锦标赛冠军，当时他才学习太极拳不到两年的时间。维茨金总结说，能成为顶尖高手并没有什么秘诀，而是对技能有了更深的理解，这种对外在技能进行内在培养的方法才是制胜的关键所在。因对这些细节极度关注，乔希·维茨金将其描述为"每一个细小的变化，都能在大脑里掀起波澜"。

中国的宋画堪称文化史上的瑰宝，而《清明上河图》堪称瑰宝之中的奇珍。在近五米的长卷中，共描绘了824个人、60多匹牲畜和20多艘船只。能容纳下如此多的内容本身就已经堪称奇迹了，而对这些人物、牲畜和船只的细节描述则更令人惊叹。例如，挤在桥上的一群人正在围观，这些围观人们的表情或紧张，或惊恐或不知所措，再看桥下一艘大船即将通过大桥，船的桅杆尚未完全收起，即将撞上桥体，船上的人则紧张有序，有人负责指挥，有人撑杆减缓速度，有人降下桅杆等，每个人的表情都清晰可见。

中国当代画家冷军有着近900度近视，但这依然没能改变他的画画精度，他的作品放大20倍后才能丝毫毕现，其手法到了精细入微的程度，即使高清摄像机也难以与之媲美。日本画家池田学善于用钢笔画画，是日本钢笔水墨画的代表人物之一，他的作品精细且复杂，画风的瑰丽程度令人叹为观止。池田学有一幅画作名为《重生》，这幅画是为纪念2011年的日本大地震而创作的，在每天画画超过10小时的情况下，他画完《重生》仍然花了3年半的时间。《重生》一经展出，立刻引起了轰动，无数个在地震后发生的故事被池田学凝结在了画笔下，仅凭这一幅画，就道尽了他的千言万语，令观者动容。他的作品被放大9倍之后才会细节毕现，细节之处见真章，人们甚至称他为"细节狂魔"。

精准技能的重心在细小的操作上，有时甚至需要花费数天来调整一个细小的操作，对这些细小操作的深刻理解会让我们真正了解它们所带来的巨大力量。理解了这一点之后，笔者曾尝试着在书法练习中故意将速度放慢，去细细品味每一个细小变化带给身心的感受，当笔者将注意力集中起来运用到非常狭窄的区域里时，以前小的动作会被无限放大，以前忽略的细小差异会被显露出来，可以感知到无穷无尽的细节，与之伴随的是时间感的消失和"心流"时刻的到来，而这些正是注意力与细节融合后造就的，此时笔者才发现注意力是人类自带的技能"放大镜"。

2. 技巧化

简单技能与精准技能的一个重大差异在于简单技能的技巧含量低，这些简单的技巧可以被人的镜像系统直接捕获和复制，而精准技能所包含的技巧性超越了镜像神经元所能获取信息的极限，这些技巧的习得如果没有高水平导师的详细解读和分解，普通人只能看其表而难以究其根本。

技巧化在精准技能里可以用俯拾皆是来形容。例如，民乐竹笛的技法里面就包括了连音、打音、叠音、吐音、花舌等技巧；围棋吃子技巧就包括了边线打吃、抱吃、双吃、征子、枷吃、扑吃、挖吃等技巧；钢琴是另一个精准技能的代表，钢琴的技法从手的动作，就可分为手指技术、手腕技术、手臂技术，从钢琴曲的织体结构，钢琴的基本技术分为四个方面，即单音技术、八度技术、和弦技术和特定形态技术，其中，单音技术主要包括四大类型，即音阶与琶音、颤音、重复音、其他单音织体（如单手双三度、分解八度、分解和弦等），其技巧化的程度远超了外行的理解。

大卫·霍克尼通过研究数百幅西方绘画大师的作品并在大量实证

研究的基础上发表了《隐秘的知识——重新发现西方绘画大师的失传技艺》一书。在这本书中，大卫·霍克尼提出了一个大胆的观点，西方的一些伟大艺术家如卡拉瓦乔、委拉斯开兹、凡·艾克、霍尔拜因等的作品是借助镜子和透镜画成的，他甚至在达·芬奇等画家的笔记中找到了使用的技法。霍克尼在书中详细描述了光学透镜的观看方式以及如何主宰绘画作品的全貌，这些技法如果放在外行面前简直是无法想象的。

著名画家齐白石先生曾说过，"似我者死，学我者生"。做到相似是简单技能所达到的程度，而在精准技能面前，相似只是入门水平，只有真正掌握了技巧之后才能达到"学"的至高境界，学到技法后方能穷神知化。

3. 结构化

精准技能的另一个特点是形成了完整的结构，这些结构是经过长时间打磨的集体智慧，这些结构已然成为这个领域的固定搭配。

例如，中国的诗歌在长期的沿革中形成了较为严谨的对仗结构。《笠翁对韵》卷一中将其描述为"天对地，雨对风，大陆对长空。山花对海树，赤日对苍穹。雷隐隐，雾蒙蒙，日下对天中。风高秋月白，雨霁晚霞红。牛女二星河左右，参商两曜斗西东。十月塞边，飒飒寒霜惊戍旅；三冬江上，漫漫朔雪冷渔翁。"诗词讲究平仄结构，为了形成声律美，平音节奏结束后就必须转换到仄音节奏上去，如五言律诗中的"平平 仄仄 平"结构和七言律诗的"仄仄 平平 仄仄 平"结构。诗歌进一步结构化为词牌，我们熟悉的词牌就有忆江南、长相思、渔歌子、虞美人、清平乐、采桑子、卜算子、雨霖铃、菩萨蛮、醉花阴、浣溪沙、临江仙、渔家傲、蝶恋花、鹊桥仙、浪淘沙、水调歌头等。

围棋结构布局也在长期的对弈中保留了很多经典的结构篇章，如秀策流、二连星、三连星、对角星、向小目、对角小目、星小目、小林流、中国流、高中国流、迷你中国流、小目三三、对角小目三三、星目外、双目外、对角星目外、小目目外、高目布局、五五布局、双三三、初手天元等。其他如计算机编程、作词、作曲等精准技能领域也都有这样的典型结构。

4. 渐进化

精准技能的掌握有明显的先后次序，著名心理学家、教育学家罗伯特·J.斯滕伯格将其称为"支架"，支架是组成高级技能的成分技能，这些成分技能的掌握是完成高级技能的前提和基础。

李昌镐在棋艺上不断追求精进，他曾这样描述："精通是一条渐近线，是一条可以无限逼近却无法到达的线，在追求专精的过程中，我们会接近它、跟随它，能离它非常近，可能永远无法触及它。"日本江户时代的浮世绘画家葛饰北斋这样评价自己的画作："70岁之前的作品完全不值一提，73岁时才稍微了解到了鸟兽、鱼的骨骼，像这样一直坚持练习的话，100岁的时候应该能够达到神妙的境界，如果能坚持到110岁的话，能够让绘画的一笔一画都栩栩如生。"

精准技能的习得没有捷径，渐进性是它的本质属性之一，即使最聪明的人也要付出最笨的功夫。

5. 层级化

20世纪70年代，休伯特·德雷福斯和斯图尔特·德雷福斯兄弟研究人类是如何获取和掌握技能的，经过对多个行业技术能手的研究，1980年，德雷福斯兄弟发表了一份18页的报告，在这份报告中提出了"德雷福斯技能获取模型"（见图6-8）。德雷福斯兄弟将一个人的技能成长阶梯划分为五个阶段，分别是新手、高级新手、胜任者、精通者和专家。

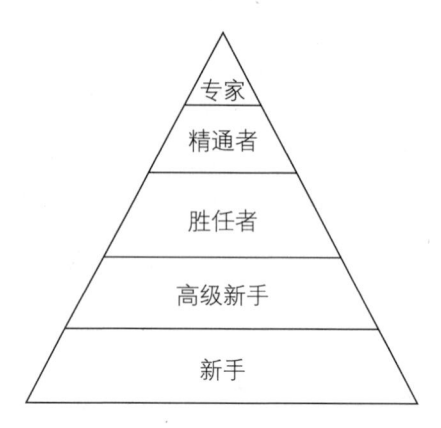

图6-8　德雷福斯技能获取模型

雷德福斯模型表明从新手到专家的层级化特征，人的发展历程需要经历这些成长阶段，越级发展的可能性非常低。"贵以贱为本，高以下为基"，在精准技能的发展路径上，层级化的特征非常明显，精准技能领域的专家即使发挥失常也不会是新手的水平，新手纵使超常发挥也达不到专家的水准。

三）复杂技能

复杂技能对精准的要求不高，但其所面对场景的复杂度却很高。复杂不在技能本身复杂，而在于技能需要应对的场景复杂，场景的复杂性决定了技能的变异性，技能只有以变应变，才能被证明是有效的。而这个命题最大的悖论在于变动的所有权和主动权掌握在技能的使用者手中。

复杂技能的核心在于场景化的应用，技能只有在与场景的互动中，在与场景的匹配中，在与场景的磨合中才能真正被使用者掌握，这才是复杂技能的精髓所在。精准技能可以在实验室里完成，也可以在训练场上完成，而复杂技能只有在大量的实践验证中才能练就。

复杂技能在我们的工作中也是随处可见的，如管理、营销领域就属于典型的复杂技能。学习者需要掌握的关键点和技能项就那么多，可是一到了具体工作中，当场景变了、对象变了，学到的东西瞬间失去了效力，那些在一线摸爬滚打多年的经理们丝毫不逊科班出身的本科生乃至名校的MBA，纵使管理学博士也难以在复杂多变的经营中表现出高水准。这也就解释了知名的CEO大多数并不是管理或营销专业出身，后续学历的倒比比皆是。管理大师彼得·德鲁克很早就认识到了这个问题，他指出管理不是理论，而是一场实践，因此，他在1954年出版的管理学开山之作最终命名为《管理的实践》。

在体育领域有很多复杂技能，如我们熟悉的篮球和足球，基础的技能项数都能数得过来，体育老师教投篮技巧几节课就讲完了，可是学员一到篮球场上就会发蒙，传球不是问题，恰当的传球才是问题；投篮不是问题，把球投进篮才是问题。例如，定点投篮是一项基本的篮球动作，一旦到了篮球场上，很难找到像训练时没有干扰瞄准后投篮的机会，场上局势千变万化，胜败就在一瞬间，在变动的场景中恰当地运用技能赢得比赛才是根本，没有两场完全相同的比赛，也不会有两个完全相同的投篮动作。这也就决定了复杂技能难以在教室里习得。在篮球的世界里，我们熟悉的詹姆斯、艾弗森、韦德、加内特还有罗德曼等，大多是在街边打篮球的，有些还出身于贫民窟，他们的父母不大可能送他们进行专业的篮球训练，但这些没能阻断他们成为篮球巨星的道路。足球与篮球有着相似性，如我们熟悉的球王贝利、马拉多纳、罗纳尔多、C罗、内马尔等，看看他们的成长经历就会发现，他们也不乏来自贫穷家庭，他们的父母不可能为他们请到知名的足球教练，但这些都没能够阻挡他们成为足球巨星的脚步。反观那些花费巨资请到国际大牌教练团队的足球队，也没能练成国际水平，这就是典型的只看表象，在本质上混淆了技能之间的差异。

复杂技能与精准技能在训练方向和方法上也存在着巨大的差异，与精准技能需要建立一致性神经回路不同，复杂技能需要建立的是灵活性神经回路；一致性的神经回路需要高水平教练的指导加刻意练习来习得，而灵活性的神经回路需要场景匹配加刻意练习的方式来习得。这也就解释了为什么很少有人通过自学成为世界级的高尔夫球员、小提琴家、钢琴家，而自学成才的篮球明星、足球明星、作家和演员却很普遍。

这样复杂技能与精准技能的本质性差异就自然区分开来了，为了形象地了解复杂技能的这些特征，我们用电影《地雷战》来解读就直观多了。局部战斗是一个复杂场景，使用地雷是一项简单技能，把简单技能与复杂的战争场景结合在一起，人民群众的智慧被极大地释放了出来，复杂技能的关键特征也随之凸显。

1. 变动化

"兵无常势，水无常形"是复杂技能所处的典型环境，环境的变动性决定了只能因势利导，依据环境的变动来做变动性调整，技能的内核不变，但其外在形式却呈现出了千姿百态。

在电影《地雷战》中，地雷的本质并没有大的变化，依然是炸药、引爆装置和弹体三者的组合。但在不同的场景化应用中，其外在形态却被一次次地重塑，起初使用的是标准版铁质地雷，后来敌人对根据地实施了封锁，物资运不进来，根据地军民只能依据新的情形想出对策；再后来，敌人引入了排雷工兵，形势再度发生变化，攻守双方不断依据对方的反应做出调整，导致局势和场景的再次变化，变动化是复杂技能所处的基本环境，也是技能不断被重塑的关键原因，变动场景本身就是复杂技能的试练场。

2. 匹配化

稳定的技能与不稳定的场景做匹配后才能发挥效力，未能完成匹配的技能不但难以发挥效力，反而成了限制因素，问题不是出在技能上，而是出在了运用技能的人身上，在复杂场景中以不变应万变无异于纸上谈兵、襄公论战。

在电影《地雷战》中，抗战军民在物资匮乏的情况下选择了地雷作为主要的斗争武器，初次使用就发挥了效力，但敌人很快采取对策封锁物资，同时派出了工兵队伍排雷，在这些因素的作用下，敌人轻松闯入了根据地；面对新形势，抗战军民想出新办法，用石头替代铸铁弹体，一硝、二磺、三木炭自制炸药，解决了供给难题，石头地雷的应对方式的巧妙性在于对地雷的三大构件进行了深度改造，以适应当下场景变动的需要，完美地匹配了新场景，在复杂场景里，没有固定不变的技能，只有匹配不良的技能。

3. 组合化

复杂技能的复杂和精妙在于可以依据场景需要做匹配组合，这些技能在组合化的过程中不断衍生出新技能，真可谓"运用之妙，存乎一心"。

复杂技能需要依据场景做随机应变的组合，它不像精准技能那样有自己固定的结构或搭配，它可以做多种桥接和组合，如假地雷加真地雷就成了子母雷，地雷加石头就成了"天女散花"，地雷放在空中就成了天雷……

4. 再造化

复杂技能面对的是变动的场景，当现有的技能难以做到匹配时，技能就需要做深度改造了，这些应对多变场景的技能改造后常常有了创造性的拓展，这也成了复杂技能创新和复杂的重要来源。

在电影《地雷战》中，面对敌人的工兵排雷，灵敏度极高的头发丝雷被创造了出来；面对敌人让乡亲们走在敌人队伍前面，让乡亲们踩自己布下的地雷的新场景，怎么办？这就需要创造性地使用地雷，于是前引信后引爆的新式地雷被发明并投入了实战，为了配合老乡们的转移，使用的方法和技巧都发生了很大的变化。地雷的三大件没有发生本质性的改变，但使用场景变了，就需要依据新场景做二次创造，再造化是复杂技能的典型特征之一。

5. 风格化

尽管复杂技能需要不断进行组合和再造，在长期应对复杂的场景中，个体处理问题的方式会相对稳定下来，"你有千条计，我有老主意"就是对风格的生动写照。

地雷战本身就是一个群体风格化的缩影，其他如地道战、麻雀战、狼群战等都是风格化的标签。在篮球领域，科比以各种假动作调动对手，之后寻找进攻机会的打法很像眼镜蛇的进攻方式，因此被球迷们称为"黑曼巴"；奥尼尔依靠身体挤压和大力扣篮得分而被称为"大鲨鱼"；球星诺维斯基大尺度的后仰跳投和稳定的得分能力也成为标签，球迷们称他为"诺天王"等。篮球教练也会在长期应对复杂的比赛中形成自己的打法，如我们熟悉的普林斯顿打法、菲尔·杰克逊的三角进攻打法等。

理解的多样性和应用的差异性是成就复杂技能的源泉和动力所在，这与精准技能的精准化在发展方向上存在着本质性的差异。如果用发展精准技能的方法来训练复杂技能，一味地推行标准化操作，不仅成为现代版的邯郸学步和东施效颦，也泯灭了创新的来源和动力。在复杂技能上包容和理解操作上的多样性才是保持"创新张力"的源泉。

通过上述分析，当初由于没有搞明白精准技能和复杂技能的本质区别，真的闹出了不少笑话，导致我们在摸索前行的道路上走了很多弯路。例如，把复杂作业的高空吊物理解为了简单或精准作业进行训练，险些闹出事端。

四）精深技能

精深技能则是融合了复杂性和精准性两项要素，兼具了处理复杂问题的灵活应对和精准问题的准确操作，这就决定了习得精深技能需要同时采用精准技能和复杂技能两种训练方式。例如，特种兵训练的科目既包括精准技能的训练内容，如车辆驾驶、枪械射击、爆破等，也包括了潜伏窃听、擒拿格斗等复杂技能，当然更有融合复杂和精准技能的团队对抗、人员营救等科目。

"天下之大事，必作于细；天下之难事，必作于易"，大事是细节精准化后的结果，难事是易事场景化后的结果。这里的"细"和"易"更像是我们所说的"简单技能"，就单一技能而言，无论从难度和复杂度上都不高，这些简单技能在细节上叠加之后朝向精准技能发展，在重组之后朝向了复杂技能发展，进而形成了各自领域的精准技能和复杂技能，精准技能和复杂技能再次融合后形成了精深技能，从而达到了技艺的至高水准。

"道生一，一生二，二生三，三生万物"，技能的发展也符合这个规律，简单技能、精准技能、复杂技能和精深技能之间存在着相互转换的关系，从而形成了我们千姿百态的人类世界。

四、揭开技能迁移的秘密

无论是哪种技能类型，在应用层面都离不开技能的迁移。关于技能迁移的理论分类实在太多，按性质分有正迁移、负迁移和零迁移；按方向分有垂直迁移和水平迁移；按内容分有成分迁移和非成分迁移等。著名学者诺维克、加涅、魏特等都对技能迁移开展过专题研究。不同学者对技能迁移的定义和类型划分虽有不同，却厘清了技能迁移的边界，技能迁移究竟有无章法可循，我们从实践层面来审视一番。

一）技能迁移的实践

笔者无意间看了明朝抗倭名将戚继光的《练兵实录》，饶有兴趣地关联阅读了《万历十五年》，才发现从技能迁移角度来看，戚继光是一位名副其实的技能专家。

在戚继光未现身之前，明朝军队在抗倭战斗中胜少败多，形势急剧恶化，倭寇居然在东南沿海建立了根据地，企图长期待下去并建立政权。为了赶走外来的"钉子户"，明朝起用了戚继光。到达前线后，戚继光与倭寇初步接战，先做到知己知彼，随后开始了一连串的技能迁移。

1. 重新招募军队

原有军队多奸猾之徒，未战先乱，新军只招收农民，以吃苦耐劳和坚韧不拔作为选人的条件，但新军缺少战斗经验和战斗技能。

2. 团队作战

原有明军重个人武艺，参军前多为武师、打手等，但在与倭寇的交锋中屡屡落败，原因在于倭寇由流浪武士组成，他们表现突出的也是单兵作战能力，这种硬碰硬的打法让明军屡屡吃亏。针对倭寇的特点，戚继光要求在个体技艺娴熟的前提下从个体作战迁移到团队作战。为了完成团队作战的打法实施集体负责制，实行连坐法，一人退却一人被斩，全队退却队长被斩，队长殉职而全队退却则全队被斩，同时还引入了团队精神的教育。

3. 配套战法

为了应对倭寇以小股步兵为主、求速胜的战术特点，为适应海寇和南方地形开发新战法。针对倭寇单兵近战能力强的特点，迁移了藤牌兵负责防御，做到先为不可胜；针对倭寇兵器短、多利刃的特点，迁移筶帚的特点开发了新兵器"狼筅"，有了藤牌和狼筅就可以压制住进攻的敌人；为了消灭已经被压制的敌人，迁移了长枪兵刺杀敌人的有生力量；为了配套团队内部和团队之间的协同，开发了统一的口号、旗帜和旗语。几番迁移后，"鸳鸯阵"诞生了。

4. 个体训练

在团队作战和配套战法确立后，个体训练被推上日程，在团队配合战法下，对个体的要求大大降低，这就适应了以农民为主体的军队结构。藤牌兵重在防御，要求体壮有力，狼筅兵重在压制敌人的反抗，要求臂力过人，长枪兵则要求刺的准和狠，为此戚继光开发了专门的训练教程，类似于我们前面提到的作业手册，连不识字的人也能看得懂、练得实。

5. 实战检验

通过小规模接战和中型战斗的考验后，"鸳鸯阵"开始显现出针对倭寇的巨大威力，直接"吊打"倭寇。台州花街之战，斩首308颗，淹死数目不详，己方牺牲3人；白水洋之战，全歼2 000多名倭寇，生擒5名，己方牺牲3人；横屿岛渡海之战，消灭倭寇1 000多名，斩首348颗，俘虏29名，己方牺牲13人；牛田之战，击溃上万倭寇，斩首688颗，己方无一人牺牲……

6. 演化拓展

倭寇平息后戚继光改任蓟州，这次的对手变成了擅长骑射的蒙古大部队骑兵，场景变了，"鸳鸯阵"匹配的要素也开始变化，变身为"战车阵"。

战车以防御为主，作战时战车并肩衔接，摆成圆形或方形的防御据点，每辆战车上安装"佛郎机"轻炮两门，远程用炮击，近程使用鸟铳发射铅弹，每二十人配置一辆战车，其中十人为佛郎机配弹，其余十人以藤牌、镗钯、长枪和长柄单刀迎敌，这种配置很像直接迁移了"鸳鸯阵"的近战打法，单刀的作用变成了砍马腿，狼筅压制敌人，长枪击杀敌人。一个这样的混成旅，有骑兵三千、步兵四千、重型战车128辆、轻型战车216辆。迎敌时骑兵先接战，为战车组装赢得时间，骑兵且战且退，敌人接近射程时骑兵退入据点，接着是炮击和鸟铳，然后是"鸳鸯阵"，这就形成了几道攻击波和梯次防御阵型，再由喇叭指挥动作的协同，等敌人攻击受挫撤退，骑兵再从据点出击，追杀敌人。

"战车阵"出战即告捷，更是取得了万历三大征的胜利，由此可见，戚继光对技能的拓展和迁移已经到了纯熟的境界。黄仁宇在《万历十五年》中对戚继光做出这样的评价："他不是在理想上把事情做到至善至美的将领，而是最能适应环境以发挥他天才的将领，他能够在当时的政治环境中，找到唯一可以并允许的方案。"

二）技能迁移的深层解读

戚继光的技能迁移有着众多可供汲取的营养，这也形成了不同层面的技能迁移，具体包括思维层面、原则层面和方法层面。

1. 思维层面

技能迁移充满了哲学思维和辩证法。在哲学思维上，遵循了事物发展由盛转衰、由弱到强的发展规律，充分把握了敌我的优势转换，并恰当地利用了这个转换点；从辩证法来看，充满了辩证思维，如新与旧、攻与守、长与短、动与静、个体与团队等，同时重视团队和武器之间的配合，每个团队有防御有进攻，有长短不同武器的配合，将哲学思维和辩证法贯穿了始终。

哲学思维和辩证法的引入使得技能在思维层面的迁移更容易，更具有普适性，但难度也较大，不易为大众所掌握。

2. 原则层面

在原则层面我们从变化、适配和效果三个方面进行解读。

变化主要看场景是否发生了变化，场景变化了，技能就需要做出调整，不能用固定的技能去应对变化的场景。对手从山贼变成了倭寇，场景变化了，应对方法就要变，对手由倭寇变成了蒙古骑兵，场景变化了应对的方法也要变。

适配是变化的技能是否适配新的场景，哪些可以直接应用？哪些需要做补充？哪些需要削减？哪些需要改造后再应用？

效果是对已经选定的方案做大胆实践，"实践是检验真理的唯一标准"，实践越充分，越容易从实践中找到改进的方向和路径，效果是从实际应用看迁移的效果，用我们常用的话就是"不看广告，看疗效"。

原则层面易于理解，但难以运用，我们再从方法层面进行分析。

3. 方法层面

技能迁移有明显的内在规律，技能迁移与两个关键要素有关，一个是场景，另一个是技能。

技能需要考虑与场景的匹配关系，场景变了，技能就需要发生调整；还需要考虑的是技能自身的适应性，技能本身适应性宽广，需要改造的幅度就相对小，反之亦然。例如长跑这项技能，作为基础技能，它就具备较宽的匹配性，而乒乓球单打这项技能迁移到乒乓球双打容易一些，要迁移到足球就困难得多。

我们将技能迁移的场景性和匹配性组合之后，就可以组合出技能迁移的方法，如图6-9所示。

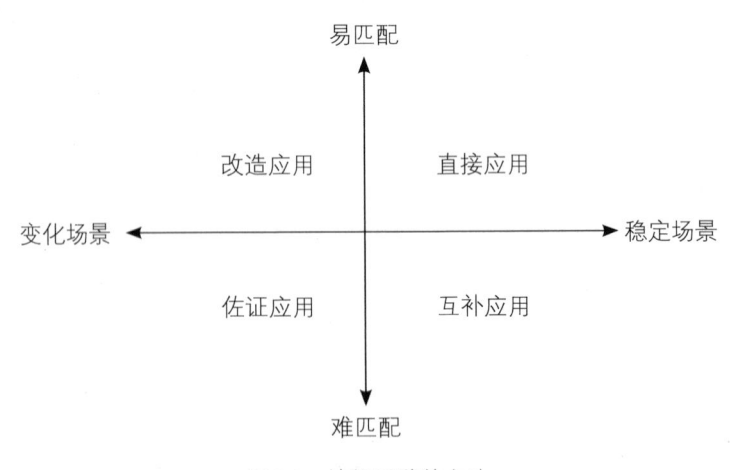

```
              易匹配
                ↑
     改造应用   |   直接应用
                |
变化场景 ←——————+——————→ 稳定场景
                |
     佐证应用   |   互补应用
                ↓
              难匹配
```

图6-9　技能迁移的方法

（1）稳定场景加易匹配的技能，直接应用。

在这种情形下，技能可以直接被应用，场景属于相对稳定，但技能还是缺少在新场景下的应用。

在田径比赛中，选手需要到跑道上试跑就属于这类问题，增加稳定场景下的训练次数就可以了。我们熟悉的奥运赛场上有很多就属于这种情形，如长跑、短跑、举重、跳水、跳高等，变化的只是地点或裁判，而影响技能本身发挥作用的各种条件没有太多变化，或者几乎没有变化，在这种情况下，技能只需要做微调或适应就可以直接应用。

对于"缺练"的情形，应对方法是"多练"。

（2）稳定场景加难匹配的技能，互补应用。

原有的技能难以在稳定的场景中发挥作用，出现问题的不是场景而是技能本身，这经常表现为技能本身"缺项"，通俗来讲就是技能不够全面，缺少某一方面或一些方面。

儒家文化中强调君子的六艺，指的是礼、乐、射、御、书、数；《孙子兵法》中强调将领应有五项素质，分别是智、信、仁、勇、严；传统相声的四项基本功为说、学、逗、唱；兰州拉面的传统技法为和、拌、捣、揉、掼、摔。

对技能"缺项"的情形，应对的方法是"补项"。

（3）变化场景加易匹配的技能，改造应用。

场景变技能就需要变，这种"变"属于变中有常、常中有变。这种变化并没有超出可控的界限，这时候需要对原有的技能进行适应化的改造后再应用。技能在改造后只要在可接受的范围内就可以认为是匹配，这种场景下最需要把握的是度，匹配不良往往是"缺度"的表现。

常见情形如销售技巧中的约见客户，在课堂上面对的是老师，可以按照固定流程走完，可是一旦碰上真正的客户，客户会有不同的诉求，就需要针对单个客户的特点展开，约见理由也需要根据客户的特点进行针对性改造：注重个人价值的就需要呈现个体价值，注重组织价值的就需要呈现组织收益，面临难题的就需要呈现解决方案……

对技能"缺度"的情形，应对的方法是"改造"。

（4）变化的场景加难匹配的技能，佐证应用。

这是技能迁移中最难的一种类型，场景的变动性和技能的不确定性两个方面都难以把握，出现这种情况的根源是当事人的技能层级不匹配，用我们常用的话就是"缺维"。解决的方法就是用内在的确定性解决外在的不确定性，用一种确定性抵消另一种不确定性。在这个过程中需要不断进行尝试和修正，因此被称为佐证应用。

我们再回到戚继光的案例中来。面对以前战斗失利的情况，戚继光如果沿用原有士兵加原有战术，结果大概率是相同的。戚继光的高明之处就在于采用了双向并进的策略，在应对场景的不确定性上将个体战斗升级为团队战斗，在应对技能的不匹配上采用了招募新兵、采用新式训练方法，经过与倭寇的小规模战斗积累经验，修正战斗方法，然后快速推广到整个队伍。在这个过程中，人、战法、兵器、号令等诸多要素协同改进形成了"鸳鸯阵"，当内在确定性提高时就可以从容地应对外在的不确定性。戚继光改任蓟州后运用了同样的双向升级方法，在应对场景的不确定性上将冷兵器升级为热兵器，运用火炮、火铳等火器，在战法技能上升级为"战车阵"，在实践的佐证中不断修改。

《师从天才》一书中介绍了生物学家布罗迪的故事，下面从技能迁移的角度做一下解读。由于日本发动太平洋战争占领了马来西亚、菲律宾等金鸡纳霜的产地，导致盟军治疗疟疾的药物紧缺，本来是个直接应用的情形现在变成了佐证应用。好在布罗迪掌握了疟疾与金鸡纳霜反应后的染色体变化，几番试验之后将佐证应用变成了互补应用，于是尝试用内在确定性匹配外在的不确定性，他将纺织业的染色试剂逐一试验，用于确定哪种试剂可以达到相似的效果，最后在尝试了甲基橙试剂时获得成功，一举解决了盟军的难题。

保罗·格雷厄姆是一名黑客、投资家、画家，他非常擅长跨界学习，喜欢尝试各种佐证应用。在其著作《黑客与画家》中他就这样佐证了黑客与画家的相似之处：直接动手干，不会再查书；临摹，从好程序里找；先整体后细节，语言是用来帮助思考程序的，而不是表达你想好的程序的。

对技能"缺维"的情形，应对的方法是"升维"。

善于根据场景的变化而对技能进行各种组合，找到解决问题的路径是技能迁移的核心要旨，尤其是那些擅长在变动场景和难匹配技能中找到应对方法的人，这很像《孙子兵法·虚实篇》中提到的"兵无常势，水无常形。能因敌变化而取胜者，谓之神"。

第四节 复盘总结

善学者尽其理，善行者究其难。

——《荀子·大略》

经验并非是人类与本质隔离开来的一块屏障，而是逐步深入本质的一种方式。

——约翰·杜威

一、复盘的方法论

荀子在《儒效篇》中这样写道:"不闻不若闻之,闻之不若见之,见之不若知之,知之不若行之。学至于行而止矣。行之,明也;明之,为圣人。"荀子提出了为学的四个关键步骤:闻、见、知、行。"闻"指的是从过去的经历中收集感受和素材;"见"指的是对材料进行分析和加工,形成自己的见解;"知"是形成结构化,可传播的知识或智慧;"行"是带着已经成型的知识再次实践验证。持续的做闻、见、知、行的复盘总结就可以达到"明"的状态,这个状态是"圣贤"的境界。荀子的主张可谓鞭辟入里,但要操作起来却有着不小的难度,如果能有一个可操作的方法或工具就好了。

解决方法问题的是美国社会心理学家、教育家大卫·库伯。库伯在总结了约翰·杜威、库尔特·勒温和让·皮亚杰学习理论的基础上提出体验学习圈(见图6-10),可以说库伯的体验学习圈本身就是复盘总结的成果。库伯认为"学习是一种精心设计的体验之上的社会化过程",在这个过程中搭建起了感性与理性、理论与实践、抽象与具体、情感与认知之间的桥梁。从体验中学习是成人学习的主要方式,成人的学习更多的是在实践体验的过程中不断修正并获得知识的一个连续过程,在这个过程中我们不是被动地接受、记忆和重复,而是主动地去实践、去改进自己的学习成果,因此,个体知识的获取源于对自我经验的升华和理论化,学习是一个循环提升的过程事件,而不是结果事件。

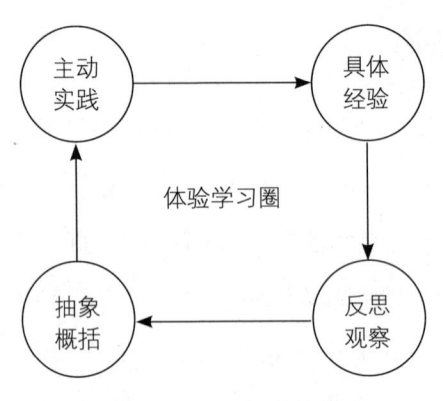

图6-10 体验学习圈

库伯认为我们要形成一个完整的学习链条，需要包括四个不可分割的组成部分，分别是具体经验、反思观察、抽象概括和主动实践。

一）具体经验

具体经验，也被称为具体体验。学习的起点是从我们的实际需求出发的，有需求就有动力去探索和开展各种行动。在这个过程中，我们会获得来自自身经历的直接感受或经验，也有来自他人分享或传授的间接经验，这些就构成了我们学习和成长的起点。笔者长期观察身边的人发现，经验既是很多人学习的起点，也是他们学习的终点，很多人甚至乐此不疲，把这些零散的、表象的、局部的经验当宝贝。很多组织也会无意识地误导大家的认知，很多单位每年搞经验交流会，更是造成了成长止于经验的假象。其实很多十年经验，大多情况是一年的经验用了十年。

二）反思观察

经验不是学习的终点，而是真正学习的开始。皮亚杰在认知发展论中反复强调智力是在经验中形成的，个体的知识源于感官的经验。有了经验，下一步便是对已获得的经验进行反思，反思可以理解为将零散的、表象的、局部的经验原料进行粗加工的过程。反思观察的主要任务是尽可能掌握经历的全貌，通过不同的人从不同的角度来审视同一个经历，将零散整体化、表象深刻化、局部全面化，从而避免"管中窥豹，可见一斑"。

三）抽象概括

库伯认为，"知识的获取源于对经验的升华和理论化"。我们现在学习的理论知识是先辈们不断抽象概括的结果，如果我们把个体的经验比喻为一滴水的话，那么对经验的升华就是设法通过一滴水去映射太阳的光芒，每一滴水里面都隐藏了水的所有奥秘，对这个奥秘的破解就如同人类从细胞中发现了生命的奥秘一样。抽象概括绝非一次可以完成，需要经过多轮次的充分验证，我们常用的方法有去粗取精、去伪存真、由此及彼、由表及里。

四）主动实践

对主动实践阶段有多种不同的叫法，如行动应用、主动实验等，大致是翻译的区别，在这几个选项中我更偏爱后者。因为抽象概括出来的流程、方法、理论需要接受新的实践考验，需要在实践中完善发展，而"主动实验"是带着抽象概括的成果去实践，带着新认知去实践，新一轮的主动实验已经超越了上一轮次的具体经验，新一轮的迭代升级已经开始，学习循环又有了新起点，我们的能力升级就是在这种不断的学习循环中完成的。

二、多数人的学习源于行动

我们都知道小马过河的寓言故事，故事的梗概是这样的。

小马的妈妈让小马送一袋粮食到河的对岸。小马到了河边，看到河流湍急，思考如何才能过去。这时候，一只小松鼠跳出来说："千万不要过河，这里的水很深，昨天我的一个同伴就是在这里落到了水里，再也没有上来，直接被水流卷走了。"小马听后犹豫起来，正在这时，牛伯伯走过来对小马说："这里的河水一点都不深，也就刚刚没过我的脚踝而已，我每天都要来回走几趟呢。"听了牛伯伯的话，小马又看了看小松鼠，它愈发不知道该怎么做了。犹豫过后小马驮着粮食又回了家，把小松鼠和牛伯伯的话都告诉了妈妈，妈妈看了看它说道："水的深浅，只有自己走过去才会明白。"小马听从了妈妈的建议，勇敢地走到了水里，发现河水既不像小松鼠说的那么深，也不像牛伯伯说的那样浅，刚刚没过自己的膝盖。

关于成长有两种观点。第一种观点认为成长是先内而后外的，只有考虑清楚了，思考明白了才能行动，这种观点认为成长和改变是从思考开始的，成长源于内在的认知，成长的顺序是思考、行动、成长。第二种观点恰恰相反，认为成长是自外而内引发的，只有行动起来才会有真正意义上的成长，成长的顺序是行动、思考、成长。小马过河的故事告诉我们，在我们成长的初期阶段真正引发成长的往往是后者，大多数人在思考之后陷入的是犹豫和彷徨而不是行动。

我国著名教育家陶行知原名陶文濬，他认为自己领悟了知行的道理之后，毅然改名为陶知行，经过了岁月的洗礼后，他对知行的智慧有了更深的体悟，而后更名为陶行知，知与行的智慧直在其中矣！《能力陷阱》的作者埃米尼亚·伊贝拉认为，在自我成长的道路上我们需要的是一场自外而内的转变，一个人的思维方式很难改变，因为他总在寻找外在的证明，要想成为什么样的人，首先就是要像"那个人"一样行动，对于绝大多数的人而言只有当环境需要我们做出改变时，我们才不得不进行自外而内的转变。

很多研究也从不同的角度证实了在成长的初期我们很难通过主动思考引发行动。大卫·赫尔在《科学与选择：生物进化与科学哲学论文集》中提到，人类大脑所遵循的准则是，能不用脑，就不用脑，该用脑时也不用脑。从生物进化论观点来看，大脑虽然只有1 400克左右，大约占人体重的2%，却消耗了我们每天摄入能量的20%以上，是个毫无争议的耗能大户，大脑这个高能耗器官在漫长的进化过程中形成了经济性原则。人类在漫长的进化旅程中多数时间处在饥饿或半饥饿状态，对能量的分配极为苛刻，要预留出足够的能量以备在危机时刻逃跑或搏斗，而烧脑这类活动要耗费大量的能量，这显然违背了经济性原则，因此大脑天然喜欢待机。基思·斯坦诺维奇在《超越智商》一书中也提到，我们都是认知吝啬鬼。《认知天性》的作者彼得·布朗等也认为，"我们多数人是天然的不合格学习者"。

率先引发学习和成长的常常是行动，而不是思考。只有主动实验才能带来更为深刻的经验，因为没有比经历更深刻的经验了。维克多·弗兰克尔说："旁观者可能具有客观性，但并不意味着他一定能够做出价值的判断，只有亲身经历过这一切的人才会知道价值所在。"从主动实验开始，我们就可以将库伯的学习圈演变成了连续的自我提升线（见图6-11），主动实验和具体经验位于学习提升线的上方，原因在于主动实验和具体经验属于学习活动的可见部分，属于体验和感受的部分，主要运用了发散思维，而反思观察、抽象概括属于学习活动的不可见部分，主要运用了收敛思维，每一轮次的学习循环之后又成了下一个学习循环的开始，循环往复，持续提升。

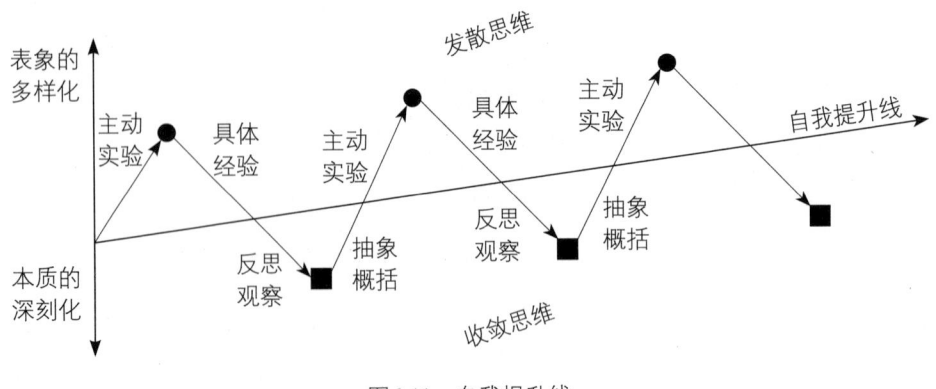

图6-11 自我提升线

三、被具体化的才叫经验

没有具体化的叫体验，被具体化的才叫经验。通过主动实践获得两样东西：一个是内在的隐性体验，另一个是外在的显性经验。

体验是通过感官收集而来的信息，正如我们所知，人类的感官只能接收特定范围的信息；同时人类感官存在着的各种错觉和偏差，也阻碍了信息的全面性和真实性；再者，体验是人内在感受的产物，我们对一个事件和经历的评价往往受到个体情感倾向性的影响，当我们为经历赋予正向情感时会评价过高而"爱屋及乌"，反之当我们为经历赋予负面情感时"一朝被蛇咬，十年怕井绳"，就会有相反的评价。

与个体内在而隐性的体验相比，经验就显得外在且具体了，经验是个体在实践过程中形成的零散的、表象的、局部的认知碎片，具体经验有个性化、场景化和表面化的特征。

经验具有个性化特征，经验是个体内在体验的外显表达，这就决定了经验的个性化特点。经验与具体实践的场景相关联，经验附着于具体场景和经历，虽然是相同的内容，但每次发生的时间、地点、人物等都有着典型差异性，这就决定了其呈现形式的差异性。经验具有表面化的特点，如同"盲人摸象"，每个人认为的大象都是大象，又都不是大象，因为每个人认为的大象都是大象表面特征的一部分。尽管经验具有这些"肤浅"的特点，但几乎每个人都会对自己的经验深信不疑，正如英国作家史利夫·史戴普·路易斯所说的，"一个有经验的人永远不会任由一个有理论的人的摆布"。

四、反思观察的技法

反思观察的过程是启动我们的"元认知"对整个过程进行重新审视的过程。对元认知的理解的英文表述为"thinking about thinking"，意思是思考如何进行思考，这个过程就包括了元认知对认知策略的监控、评估和调整。我们从以下五个方面对元认知加以阐述。

（1）理解人类关于认知的常见方式。基于人类认知的一般规则或原则，只有了解了一般规则和原则才能让我们的认知方式符合而不至于偏离正常的轨道。

（2）理解自己的认知方式和习惯。每个人理解和掌握知识的方式是不同的，有听觉型的、有视觉型的也有动觉型的，按大卫·库伯的分类，有经验型、反思型、理论型和应用型，同样的内容，不同认知方式的关注点有着很大差异，充分认识自己的优势和局限性才能更好地了解事物的全貌。

（3）监控自己认知方式的有效性。依据结果和他人的反馈监控自己学习方式是否达到了目标，以及达到的程度，自我评估的过程为自我调节奠定了基础。

（4）主动管理自己的学习动机和态度。学习的结果不仅受学习方法的影响，同时受学习态度和学习动机的影响，调整学习动机和学习态度，学习策略才能最大化地发挥作用。

（5）适时调整自己的认知策略。当发现结果与预期之间存在差异时，根据自身的状况调整认知策略、工具方法、动机和态度等。

由此可见，元认知包括了对学习者、学习内容、学习策略和学习环境的优化，并让四者相匹配。在没有启动元认知之前，个体还是被动地接受外来的刺激，在启动元认知之后，个体开始与外在刺激进行互动，通过改变自己的可控要素逐步形成自己的行为模式和学习方式。

可是问题来了，我们每个人的学习方式一旦固定就会习惯于待在自己的习惯模式里，很少有意识或主动去做"反习惯练习"，正如海伦·帕尔默所说的，"我们每个人都通过特定的管道来观察这个世界，持续不断地固化我们的信仰，全然不顾世界的丰盛"。个体差异性所带来的局限性，可以通过两个方面的努力来弥补：一方面，通过个体升级的方式来解决，"知人者智，自知者明"，了解自己的优势和局限性才能更好地洞察他人的收获；另一方面，通过团队学习的方式来弥补，用当下流行的词就是多搞行动学习，将不同类型的学习者整合到一起，通过联机的方式将散落在组织中的经验进行整合。"真正的旅行是通过别人的眼睛看世界"，通过兼收并蓄，其他人看到的世界是反思观察的高阶反应。

反思观察的过程通过启动元认知，丰富和拓展了主动实验和具体经验的边界，达到了定向收集素材的目的，接下来对素材的深度加工才是拉开差距的关键所在。

五、抽象概括的两个方向

古印度有这样一则寓言：有人想穿越大陆，但是陆地上布满了荆棘，面对这种状况，他有两种选择，第一种是开出一条路来，征服大自然，另一种是编制一双草鞋，找到内心的解决方案。开辟道路是外在的解决方案，通过找到方法直接解决面对的问题，而编制草鞋是内在的解决方案，当我们无法让世界顺从我们时，解决路径是调整自己。因此，抽象概括可以沿着两个方向展开：外修技艺，内修品格。一个是以事为主线，总结如何将事做得更好，这是对方法的复盘；一个是以人为主线，总结如何塑造一个人的独特优势，这是对风格的复盘。

一）以事为主线的抽象概括

以事为主线可以分三个层面展开。

1. 通过实践总结经验

每年一度的工作总结开始了，自然少不了优秀单位的经验分享。分享者介绍自己的先进经验，大部分会以这样的方式开始，首先描述取得的成绩，其次介绍取得成绩的艰辛困苦，最后总结经验几条。与台上人的激动兴奋相比，台下人通常有三种反应。第一种适用论，这些经验放在你们那里行得通，有本事去我那里试试？第二种是巧合论，今年业绩好归因为自己的功劳，明年业绩差了又会说市场环境不好。第三种是关系论，今年又没少做领导的工作，安排了次发言机会。

台上人视自己的经验为法宝，台下人视他人经验如草芥，问题出在所处的位置和经验的归属上。具体的经验具有个性化、场景化和表面化的特征，它解决了实用性的问题，也就是在当事人面对当时的场景下是有效的、实用的，一旦变换了环境就难发挥作用，要解决这个问题就需要对具体经验进行升级。

2. 通过经验凝练方法

我们通过一个案例看经验和方法的区别。

跳闸了！随着一阵急促的警报声和应急灯闪烁，全站人都紧张了起来，我一边紧急集合一边思索着："真不凑巧，师傅休假了，要是师傅在该有多好啊！"

经过分析，初步断定是一条12千米线路跳闸所致，接到工作令，我和班组所有人出动了，沿着12千米的线路开始了从头到尾的巡视。12千米线路用9个人，预计2小时就能解决问题，于是班组分工分段后从上午9点开始了巡视工作。我们来来回回走了三遍居然没有发现问题所在，这下可把我给难住了，原以为是个很简单的问题，结果是个复杂问题。无奈之下只好报告站长，下午2点，站长带领剩下的几名员工也加入巡视行列。我们仍然采用老经验，到了下午5点事情仍然没有进展。我们一群人开始紧张起来，站长抓耳挠腮的也没了主意，每一秒都在给公司造成损失啊！时间一点点过去了，转眼就到了晚上7点，天空也慢慢暗下来了，工作仍然没有进展。这个时候我惊醒道："按照这个方法查下去根本就不可能查出问题，我们需要专业的指导……"我这个时候想起了师傅，于是打电话向师傅请教。师傅问清楚缘由后思索了一会，告诉我们以开关的位置为基准，把线路分成几个段，一节一节送电，这样就可以将问题锁定到故障点上了。按照师傅的方法，我们分批次进行送电测试，在测试到第四节点的时候，发现了导致跳闸的故障点，从开始到排除故障，总共用时不到1小时。

12个人用10小时没有解决的问题，师傅不到1小时就轻松化解，这个事件警醒了我：解决问题需要用恰当的方法，一味地蛮干、苦干，在技术至上的今天已经过时了。师傅回到岗位后，我和师傅一起升级了巡视方法，又根据不同的线路特点先后开发了巡线的五种策略，现在这套方法已经从我们变电站推广到了公司更多的地方。

直接从行为和做法切入是经验主义的惯常做法。沿着线路巡视就能找到问题显然是具体经验引发的行为，找不到问题就增加人员是具体经验引发的后续行为，当具体经验在新的场景下不能被验证时，才恍然发现过往经验的局限性和不适用性。方法则直接脱离了具体做法，从场景匹配的角度入手，通过分析问题而后适配应对方法，同样的方法在不同场景下可以通过变化形式做到多场景或多任务匹配，这就是方法的力量。

从经验升级到方法是抽象概括阶段需要完成的第二轮升级，方法之所以比经验有效，关键在于方法有着四大优势。

（1）方法是经验的有序化炼制。

具体经验是个性化、场景化、表面化的，是对实践过程从内在体验到外在呈现的一次总结。即便是相同的任务，每一次的感受和体验也是有差别的，提取的经验也是不同的，这就需要从不同的经验里面寻找共同性。我国中医理论里面就有"取象比类"的技法，通过寻找共同的内在特征，将不同的品类重新划分隶属关系，从而将整个系统从无序的外在特征走向有序的内在特征。

我参加了一个会议，在会议上某领导突然向我发问："杨老师，我们公司目前在运的风机品牌十余种，机型多达二十余个，现在培训中心仅使用一种机型作为培训样本，如何能够满足多机型的需要，又如何能够区分出运维工程师的专业水准？"这个提问虽然有兴师问罪的嫌疑，客观来讲提问的水平还是挺高的，一时间会场的目光都聚集在我的身上。对于这个突如其来的问题，要是早几年提问，估计自己无以应对，好在做完复盘总结不久，对方法体系已经了然于胸，略加思索后回答："这个问题提得非常好！但我想两句话就可以回答这个问题，专家看到的是统一性，新手看到的是差异性，回答完毕。"

（2）方法是原理的多样化表达。

有一次参观公司的标准化仓库，看到琳琅满目的各种零部件和工器具不禁感叹工作的复杂性，随同的李老师情不自禁地说："杨老师，我用两个原理能把这满屋的零部件和工器具整合掉一半。"看着他自信的表情，我的好奇心迸发了出来，用羡慕的眼光看着他说："愿闻其详。"只见李老师不紧不慢地说，一个是杠杆原理，将各种能量转换为机械能；另一个是电磁感应原理，将机械能转化为电能，我们现场的各种零部件和工器具大多离不开这两个原理的变形。以杠杆原理为例，你看工具库里面的各种呆扳手、力矩扳手等都是直接运用了这个原理，你再看逃生器、力矩放大器、减速机、齿轮箱等是通过齿比变化间接运用了杠杆原理……而运用电磁感应原理的工具如钳形电流表、高压验电器、非接触低压验电笔……都是该原理的不同变形。经过李老师的一番品评，感觉眼前的这些纷繁复杂瞬间清晰可辨，仿佛找到了这些不同工具的共同基因。原来，工具是方法的具体形式，方法是原理的多样表达。

（3）方法是规律的向导。

《道德经》有云："道生一，一生二，二生三，三生万物。"这是老子阐述道的演化路径，当我们从万物反向推演道该如何做呢？《道德经》第16章有这样的论述："万物并作，吾以观复。夫物芸芸，各复归其根。"从万物推演到"道"时就需要通过一轮轮的筛选到三、到二、到一、再到道的过程。推演的过程离不开工具和方法作为向导，通过不同层次工具和方法的相互嵌套，找到"道"的踪迹。从这个角度来理解，每个工具或方法只能解决一类问题，它的适用范围是有限的，而对工具或方法的乱用或错用常常让我们迷失问题的本质。

有一次家里的灯不亮了，我以为是灯管出了问题，更换了新灯管仍然不亮，于是顺藤摸瓜判断是开关出了问题。专门找来了验电笔和万用表，验完电之后发现电源有电，于是买来开关更换，更换完开关之后仍然不亮。找来电工，电工检查完之后说："你确定要更换这个开关吗？"我有些疑惑，"开关坏了不换开关换什么？"电工居然对我说："你的开关没有坏，你的灯管也没有坏。"我听完后满脑子疑惑，"这怎么可能，我都用万用表测过了，电源有电，灯不亮，不是开关出了问题是哪里出了问题？"他笑而不答走到另一个开关，一推灯就亮了。我看完后心里不断回响："这是怎么回事？"电工一本正经地对我说："这是双开单控结构。"

（4）方法是同类问题的简单解。

工具和方法在没有定型之前有很多种可能，但在被定型以后，只能有有限种可能，工具和方法与经验的最大差异是经验是一把钥匙开一把锁，解决了实用性问题，工具和方法则更像万能钥匙，可以解决适用性问题。

以我们现实中的工具为例，当我们测量电流时会依据电流的等级选取不同的工具。当电流小于10A时，用万用表可以测量，当电流较大又小于600A时，钳形电流表可以测量，当大于600A时，这些工具都已经无能为力了，这个时候就需要用电流互感器。工具在适用的条件下可以直接使用，弊端在于从它定型的那一刻开始，它的功能和适用范围同时也被锁定了。

《易经·系辞》有云："形而上者谓之道，形而下者谓之器。"道有三十二相，器不过是道的一种变形。孔子《论语·为政》篇曰："君子不器"，君子不应该像器皿一样，被固定了样式和功能，这句话恰如其分地阐述了工具和方法的适用性和局限性。

3. 通过方法找到规律

工具和方法是连接现象与本质的桥梁。通过它们向外可以拓展多样性，向内可以挖掘本质性。我们通过案例来了解一下。

我在实习期间，就跟师傅干了件大事。早上做设备监控，我发现7通道046号逆变器故障报警，早班会后的第一件事就是带上装备直奔现场。到了现场发现比我想的要严重得多，只见逆变器的外壳有明显的电击痕迹，设备停止了工作。我赶紧做了断电、验电、挂牌、隔离的安全措施之后，通知师傅到现场看看。

师傅检查了安全措施，冲我点了个赞，然后打开逆变器柜门发现里面有更多的电击痕迹，可以初步断定是电击造成了逆变器损坏并进一步引发了设备故障。为了避免电量损失，我们更换了新设备后返回了基地。

我原以为事情到此就结束了，没想到师傅把这个损坏的逆变器当成了"宝贝"，放在工作台上反复研究起来，还时不时地给厂家打电话，让厂家提供图纸和技术参数。师傅还嫌不够，直接从备件库中调来了一台新的逆变器，把两台放在一起看。我们从师傅的工作台前路过，都觉得有些可笑，逆变器损坏了更换一台不就可以了，何必如此自找麻烦？

有一天，师傅对着两台逆变器问我："你看，它们两个有什么不同？"这可难住我了，这不是一个厂家的同型号的逆变器吗？怎么会有不同呢？我看了半天也没有看出不同。师傅又拿出厂家提供的技术图纸对我说："你再对着技术图纸看有什么不同。"我对着图纸一条线、一条线地检查，足足用了半天仍然没有发现不同之处。师傅拿出红笔在图纸上圈了个圈，让我往那里看。顺着师傅指点的方向，我再次检查了一遍，发现实际接线方式与图纸标识的并不一致。"是的！这就是发生故障的原因所在！非但如此，再看A、B母排的距离，你拿把尺子量一下，再拿电压值复核一下。"我测量完距离，又把电压值代入公式中，发现A、B母排的距离与安全距离非常接近。师傅又提示说："电在实际变压过程中存在一定的浮动，你把浮动的上限值代入就会发现母排之间会发生电磁感应现象，我初步断定放电的根源就在于此。"我听了师傅的分析，我佩服地竖起大拇指。师傅接着说："现在咱们排查一下这种型号和批次的逆变器在公司有多少台。"

经过公司与厂家三个多月的联系和技术论证，厂家终于承认事故逆变器属于同款机型的两种制造方案，同时承认了事故机型存在设计缺陷，同意为场站已经安装的50多台逆变器进行无偿更换，同时为公司所有同批次的逆变器提供免费更换。这个结果大大出乎了我的预料，我的疑问也终于解开了。

一个故障居然可以引出"蝴蝶效用"，电弧小小的翅膀，居然可以煽动50多台逆变器的更换，一个小小的公式居然可以为公司挽回上百万元的损失，我眼里的"小"和师傅看到的"小"原来竟有着如此大的不同！

师傅通过对比分析，公式带入的方法顺藤摸瓜找到了症结所在，并根据安全距离和电磁感应发现了问题根源，又通过运用原理顺利地为公司挽回了上百万元的损失，这就是善用原理或规律的力量带来的差异。

类似的案例我们并不陌生，阿基米德为了揭开王冠掺假的迷局用了各种方法，但都没有达到目的。当他躺入盛满水的浴缸里的时候，浴缸里的水随着他的进入而外溢，这个场景进入了他的脑海，促使他进一步思考不同的物体进入盛满水的容器，外溢的量是不一样的，这个方法可以检测出王冠掺假的迷局。发现这个秘密的阿基米德高兴地跳出浴缸，光着身体在大街上狂奔……更为可贵的是，阿基米德并未因此停止研究的脚步，而是通过方法的引领进一步揭开了浮力原理的奥秘。此外，牛顿发现万有引力、弗莱明发现青霉素、门捷列夫梦到元素周期表等都验证了规律的神奇力量。

法国生物学家让·巴蒂斯特·拉马克通过研究生物的现状和进化史发现，生物进化遵循着两个方面：垂直进化和水平进化。垂直进化的方向是从简单到复杂，水平进化的方向是多样性，垂直方向上从简单无序到复杂有序，水平方向上从相似到不同。尽管演进的方向上存在差异，但每一个生物体都包含了所有演进的奥秘，这与当代基因工程所揭示的生命密码有着惊人的相似。

陈中在《复盘》一书中也提出，复盘的最终目的是为了推演规律，只有掌握了规律才能不被多样的表象所迷惑。一旦掌握了规律，就如同拿到了上帝的调色板，可以根据需要调配出缤纷的色彩。正如《孙子兵法》所说："声不过五，五声之变，不可胜听也；色不过五，五色之变，不可胜观也；味不过五，五味之变，不可胜尝也。"

二）以人为主线的抽象概括

通过对事的复盘抽离方法，通过对人的复盘形成风格。风格是个性化的品格，是把自己的独特优势发挥到极致的心理状态。

韩国围棋名将李昌镐通过对自己师傅的不断观察总结道：像我的老师（曹薰炫）及李世石九段这样的高手，不管对手是谁都不会丢失中心，有明确的"自己的流派"，不管对手是谁，都会把对方引到自己擅长的领域，用对自己有利的局势完成比赛。李昌镐通过将自己的特点融入到围棋之中形成了自己的风格，并将自己的棋风定义为"厚实"，正是这种专注、镇定、持久、不轻易动摇的"厚实"之风，牵制对手进入自己的领域，最后以自己的优势风格赢得比赛。李昌镐称风格为"深入骨髓的力量"，聂卫平对弈李昌镐后对其厚实风格给出了八个字的感受——"动如脱兔，静如深海"。李昌镐后来将这种风格发展成为"谦逊"的人生哲学，他总结道："拥有不屈之心的人才能够做到谦逊。"

乔希·维茨金在《学习之道》中将风格称之为个人修炼的"软区域"，这样才能将自己的成长建立在才智和坚韧的意志力之上。有一次，维茨金参加国际比赛，开赛前组织方临时调整了比赛规则，新规则对维茨金很不利，面对这种状况，很多参赛选手把精力用在了质疑规则上，而维茨金却将精力用在了调整自己的"软区域"上，这使得在比赛规则调整之后他依然可以通过调整自己最终获得冠军。还有一次，一位选手在比赛中不停地敲击桌子，并用脚踢对手，这让很多对手分散注意力后陷入困局并落败，当维茨金面对该选手时依然可以取胜，这堪称"奇迹"。正是在"软区域"里下了硬功夫，才收到这样的奇效。维茨金总结道："输赢之间的差距很小，每个人都有巨大的心理空间来填补。学习包括两个部分，一部分与我们的学习方法有关，另一部分与我们的状态有关。"

风格有着典型的个性特征，不仅在体育领域，在商业、政治、军事等领域中我们都能看到不同人物对风格的独特定义。理想的状态是将自己的风格、方法和天赋合而为一，形成自己毫无例外的专长，同时善于利用自己的优势将形势引入对自己有利的方向。

通过主动实践、具体经验、反思观察、抽象概括四个环节，主动实践已经经历了一次完整的升级改造，一轮新的实践升级呼之欲出了。

后记

感谢老领导康书亭把我带入了培训的大门，让我拥有了新视野。感谢师傅田俊国给予的谆谆教导让我有机会将工作和修行整合到了一起，他的言传身教使我改变了人生状态。感谢辛立平老师给予的三字箴言"净、静、境"帮助我重新审视了职场。

感谢我的团队，从组建时的三个人发展到现在的四十余人，每个人都用孜孜以求的精神将培训中心从一棵幼苗培育成大树，他们的治学之道和求学之志给我了无限的动力，他们的智慧滋养了我的课程和心灵。其中，李猛、王巍、肖皓芸为本书做出了直接贡献，雷承杰、张玉林、越洪波、邵宝福、董建雨等也为本书贡献了不少力量，此外，李占、孙玲娜、王铁志、徐鹏飞、汪洋、王玉超、张鹏、沈伟峰、左钦、王晗、侯大晴、黄倩等也以不同的方式为本书做出了直接或间接的贡献。

感谢我的学员，这门课程从无到有，从课程到书籍，正是你们的接纳和认可让我有机会在公司讲了几十遍，让课程在课堂上完成迭代升级。这其中不乏让我感动的时刻，李昆持续分享他和徒弟的故事，让我看到了新型师带徒在公司的生根发芽；吴者不断实践和升级师带徒的方法，让我看到新型师带徒带给大家的改变；黎赛华一次带出三个徒弟，个个优秀……这些都让我坚信新型师带徒可以为公司和个人持续创造价值。更有学员三次来到课堂……这些都使我相信每个人都可以通过树立目标、掌握方法、大胆实践、塑造品格来改变自己、改变团队乃至改变公司，实际上，改变就是这么发生的。

感谢新能源事业和新能源公司，正是行业和公司的大发展才有了对人才的渴求和对培训的重视，才使得新能源培训人有机会从幕后走到前台，从四线部门走进管理视野，正是这些机遇造就了新能源培训人。

感谢我的妻子吕丽峰女士，用她的话说，"我对你的信心超越了你自己"，正是这份信任让我有无限的动力完成看似不可能完成的事业。

是以为记！

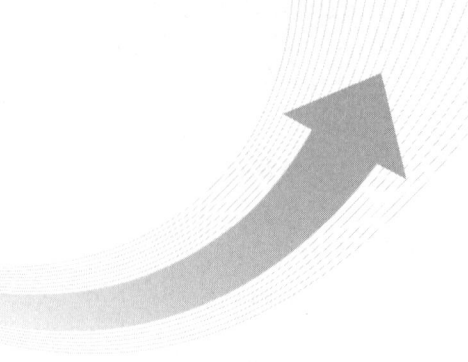

参考文献

[1] 米德.代沟[M].曾胡，译.北京：光明日报出版社，1988.

[2] 希科克.神秘的镜像神经元[M].李婷燕，译.杭州：浙江人民出版社，2016.

[3] 德韦克.终身成长[M].楚祎楠，译.南昌：江西人民出版社，2017.

[4] 焦尔当.学习的本质[M].杭零，译.上海：华东师范大学出版社，2015.

[5] 弗兰克尔.活出生命的意义[M].吕娜，译.北京：华夏出版社，2018.

[6] 库伯 D A.体验学习——让体验成为学习与发展的源泉[M].王灿明，朱水萍，译.上海：华东师范大学出版社，2008.

[7] 田俊国.讲法[M]北京：电子工业出版社，2018.

[8] 田俊国.赋能领导力[M].杭州：浙江人民出版社，2017.

[9] 田俊国.精品课程是怎么炼成的[M].北京：电子工业出版社，2014.

[10] 田俊国.上接战略 下接绩效[M].北京：北京联合出版公司，2013.

[11] 德克森.认知设计[M].简驾，译.北京：机械工业出版社，2018.

[12] 艾利克森，普尔.刻意练习[M].王正林，译.北京：机械工业出版社，2019.

[13] 斯特纳.练习的心态[M].王正林，译.北京：机械工业出版社，2016.

[14] 李昌镐.不得贪胜[M].许丽，译.北京：化学工业出版社，2012.

[15] 加尔韦.身心合一的奇迹力量[M].于娟娟，译.北京：华夏出版社，2017.

[16] 布朗，罗迪格三世，麦克丹尼尔.认知天性[M].邓峰，译.北京：中信出版社，2018.

[17] 大亚湾核电运营管理有限责任公司.大亚湾核电运营人才培训[M].北京：原子能出版社，2010.

[18] 凯里.如何学习[M].玉冰，译.杭州：浙江人民出版社，2017.

[19] 今井睦美.深度学习[M].罗梦迪，译.北京：北京联合出版社，2018.

[20] 库奇，汤，栗浩洋.学习的升级[M].徐烨华，译.杭州：浙江人民出版社，2019.

[21] 安德森.布卢姆教学目标分类学[M].蒋小平，译.北京：外语教学与研究出版社，2015.

[22] 尼尔森.正面管教[M].玉冰，译.北京：北京联合出版公司，2016.

[23] 白金汉，克里夫顿.现在发现你的优势[M].方晓光，译.北京：中国青年出版社，2007.

[24] 梅迪纳.让孩子的大脑自由[M].王佳艺，译.杭州：浙江人民出版社，2012.

[25] 葛文德.清单革命[M].王佳艺，译.北京：北京联合出版公司，2017.

［26］格劳普，朗纳.精益培训方式[M].刘海林，林秀芬，译.广州：广东经济出版社，2009.

［27］卫蓝.反本能[M].北京：天地出版社，2017.

［28］林登.愉悦回路[M].覃薇薇，译.北京：中国人民大学出版社，2014.

［29］瑞森.组织型事故风险管理[M].胡开元，杨涵涛，译.北京：中国民航出版社，2018.

［30］徐大维.超级个体[M].北京：清华大学出版社，2019.

［31］成甲.好好学习[M].北京：中信出版社，2017.

［32］布莱克，格雷格森.变革始于个人[M].王霆，译.北京：中国人民大学出版社，2011.

［33］梅多斯.系统之美[M].邱昭良，译.杭州：浙江人民出版社，2012.

［34］海特.象与骑象人[M].李静瑶，译.杭州：浙江人民出版社，2012.

［35］考夫曼.绝非天赋[M].林文韵，杨田田，译.杭州：浙江人民出版社，2017.

［36］平克.驱动力[M].龚怡屏，译.杭州：浙江人民大学出版社，2018.

［37］平克.全新思维[M].高芳，译.杭州：浙江人民出版社，2013.

［38］纽波特.深度工作[M].宋伟，译.南昌：江西人民出版社，2017.

［39］阿吉里斯.组织学习[M].张莉，李萍，译.北京：中国人民大学出版社，2004.

［40］梅里安，凯弗瑞拉.成人学习的综合研究与实践指导[M].黄健，张永，魏光丽，译.北京：中国人民大学出版社，2011.

［41］科伊尔.一万小时天才理论[M].张科丽，译.杭州：浙江人民出版

社，2015.

[42] 契克森米哈赖.心流[M].张定绮，译.北京：中信出版社，2018.

[43] 莱斯利.好奇心[M]. 马婕，译.北京：中国人民大学出版社，2017.

[44] 都希格.习惯的力量[M].吴奕俊，陈丽丽，曹烨，译.北京：中信出版社，2017.

[45] 伊贝拉.能力陷阱[M].王臻，译.北京：北京联合出版公司，2019.

[46] 德鲁克.管理的实践[M].齐若兰，译.北京：机械工业出版社，2006.

[47] 德鲁克.21世纪的管理挑战[M].朱雁斌，译.北京：机械工业出版社，2006.

[48] 达克沃思.坚毅[M].安妮，译.北京：中信出版社，2017.

[49] 伍登，贾米森.教导[M].杨斌，译.北京：清华大学出版社，2020.

[50] 格拉德威尔.异类[M].苗飞，译.北京：中信出版社，2014.

[51] 迪尔茨.语言的魔力[M].谭洪岗，张瑛琦，译.北京：世界图书出版公司，2008.

[52] 迪尔茨.从教练到唤醒者[M].黄学焦，李康诚，译.郑州：河南人民出版社，2009.

[53] 派克.重构学习体验[M].孙波，庞涛，胡智丰，译.南京：江苏人民出版社，2015.

[54] 冯忠良.结构化与定向化教导心理学原理[M].北京：北京师范大学出版社，2001.

[55] 希思A，希思 D.行为设计学——打造峰值体验[M]. 姜奕晖，译.北京：中信出版社，2018.

[56] 卡尼曼.思考，快与慢[M].胡晓娇，李爱民，何梦莹，译.北京：中信出版社，2012.

[57] 福格.福格行为模型[M].徐毅，译.天津：天津科学技术出版社，2021.

[58] 莱考夫，约翰逊.我们赖以生存的隐喻[M].何文忠，译.杭州：浙江大学出版社，2015.